フル・サービス型ホテル企業における女性の人的資源管理

飯嶋 好彦 著
Yoshihiko Iijima

学文社

まえがき

　筆者は，1999年に，それまでのサラリーマン生活を離れ，教職の世界に移ってきた。現在の職場では，ホテル経営論などを教えているものの，恥ずかしながら，ホテル営業の第一線で働いた経験がない。

　前職時代にホテル・マネジメントの末端に，社内の人事異動で偶然携わり，ホテルという事業を観察する機会を得た。ところが，それまでの筆者は，ホテル・マネジメントの「素人」であったため，プロフェッショナルなホテルマンから，「あなたはホテル業をわかっていない」としばしばいわれた。

　しかし，筆者は，「素人」の目を通してホテル・マネジメントを見直したとき，例えば，部門を超えた人事異動が少ない，特定部門の出身者が総支配人に就任することが多い，優れたサービスを提供する意欲は高いものの，それを提供する際に要するコストをさほど重視していない，多くの女性が働いているのに幹部社員に女性がほとんどいないなどの不思議な現象に気づいた。

　トップ・マネジメントを養成するのであれば，多くの部門の業務を経験させた方がよいだろうし，コスト意識は不可欠ではないのか。また，ホテル業で労働人口の半数以上を占める女性を活用しなければ，マンパワーの浪費ではないのか。むしろ，マネジメントがわかっていないのは，筆者ではなく，プロフェッショナルなホテルマンたちではないかと思ったものである。

　たしかに，当時の筆者には，ホテル・マネジメントに関する知識や経験が全くなかったため，プロフェッショナルなホテルマンたちからの批判に，反論できなかった。むしろ，上述した疑問を感じながら沈黙するしかなかった。そこで，筆者は，知識や経験を蓄えると同時に，プロフェッショナルなホテルマンたちに自分の考えを理解してもらうためには，自分自身を理論武装する必要があると考えた。

　筆者が前職時代，悪戦苦闘したわが国のホテル業は，1868（慶応4）年の築

地「ホテル館」の開業から，既に140年以上の歴史を有している。わが国は，明治時代以降，百貨店，スーパー，ファミリーレストラン，ドラッグストア，コンビニエンスストアなどのさまざまな業態を海外から取り入れてきたが，ホテルはそのなかでも「老舗」の部類に属する。

一方，2003年，総理大臣であった小泉純一郎氏による「観光立国宣言」以来，観光が国内経済や人びとの雇用，地域の活性化に大きなプラスの影響を及ぼすという考えが広がり，観光産業が21世紀のリーディング産業のひとつとして捉えられるようになってきた。

そして，観光が注目されると同時に，わが国の大学教育にも変化が現れはじめた。それは，観光系学部や学科の急増である。例えば，観光系大学の定員をみると，1992年度は240人であったが，2009年度になるとこれが4,402人（39大学43学科）へと拡大している。そして，これにともないホテル・マネジメントを教授する大学が増えてきた。

しかし，ホテルを対象にした学術的な研究成果は，この大学の急増に追いついていないのが現状である。日々のオペレーションに関するノウハウ本や，ホテル業の現状を報告する記事や書籍は数多くあるが，マネジメントに関する文献はなかなか入手できない。

筆者は，前職時代に，理論武装する必要性を感じたと前述した。だが，ホテル・マネジメントを学術的に学びたいと思っても，かならずしも自己のニーズに合致した研究に出会うことがなかった。そのため，筆者は次第に，自力で自己の問題意識を解決しなければならないと感じるようになった。そして，そのひとつの成果が，前著『サービス・マネジメント研究　わが国のホテル業をめぐって』である。

今般，この前著に続き，幸いにして本書を上梓することができた。しかし，本書を書き上げたとき，達成感はあったものの，ホテル・マネジメントに関する理論を構築するむずかしさと，その道程の遠さを改めて痛感させられた。やっとスタートしたにすぎないのではないかと。この先の旅程を思うと，自己の無

力さを思い知るばかりである。

　筆者は，意気込み勇んでホテル研究を始めたが，その奥深さを考えたとき，自分だけの力では到底無理であると思い至った。むしろ，多くの方々にご批評いただき，より精緻なものへと高める必要があると信じている。その意味で，本書に対して，是非皆様方の忌憚のないご意見を賜りたい。

　今回，本書を執筆するにあたって，不勉強の筆者を叱咤激励し，親しくご指導いただいた恩師である横浜市立大学名誉教授・関東学院大学教授の齊藤毅憲先生に，心より感謝の念を申し述べたい。同先生のご指導がなければ，本書はけっして誕生できなかったと考えている。また，本書の草稿段階から貴重なアドバイスをいただいた関東学院大学の石崎悦史，高橋公夫両教授からも多大な学恩を受けた。改めてお礼申し上げたい。

　さらに，本書の出版に際して，独立行政法人日本学術振興会「平成23年度科学研究費補助金（研究成果公開促進費）」および学校法人東洋大学「平成23年度井上円了記念研究助成金（刊行の助成）」の交付を受けることができた。これも，筆者にとって，望外の喜びである。

2011年12月

飯嶋　好彦

目　　次

はじめに ……………………………………………………………………… i

序章　従前の研究との関連性および本研究の目的，問題意識，方法と構成 …… 1

第1節　従前の研究と本研究の関連性 …………………………………… 1
1　サービスの定義とサービスの基本的な性質 ……………………… 2
2　標準的なサービス形態としてのわが国のホテル企業 …………… 3
3　「サービス・デリバリー・システム」と従業員の重要性 ……… 6
4　ホテル企業の人的資源に関連した従前の研究と本研究の関係性 …… 9

第2節　本研究の目的 ……………………………………………………… 12
1　主要な労働力としての女性 ………………………………………… 13
2　不遇な女性労働 ……………………………………………………… 14
3　非正規雇用のウェイトが高い女性労働 …………………………… 16
4　ホテル市場と女性の働き方のグローバル化 ……………………… 17
5　女性管理者への期待 ………………………………………………… 19

第3節　本研究の問題意識 ………………………………………………… 21
1　「ガラスの天井」理論に対する疑義 ……………………………… 21
2　先行研究が依拠するキャリア観に対する疑義 …………………… 22
3　女性の同質性に対する疑義 ………………………………………… 23

第4節　本研究の方法 ……………………………………………………… 25
1　先行研究のレビュー ………………………………………………… 25
2　既存データの分析 …………………………………………………… 26
3　質問紙調査 …………………………………………………………… 26

第5節　本研究の構成 ……………………………………………………… 28

第1章　ホテル企業の人的資源管理に関する先行研究の検討 …… 37

第1節　はじめに …………………………………………………………… 37
第2節　本研究が対象とするホテル ……………………………………… 38

1　旅館業法による宿泊施設の種類とホテルの定義……………………38
　　　2　国際的なホテルの分類手法……………………………………………40
　　　3　研究対象となるホテルの範囲…………………………………………45
　第3節　ホテル企業の人的資源管理に関するわが国の先行研究……………50
　　　1　先行研究の特徴…………………………………………………………50
　　　2　従業員のキャリアに関連した研究……………………………………51
　　　3　従業員の心理に関連した研究…………………………………………56
　　　4　正規・非正規労働に関連した研究……………………………………60
　　　5　求められる人材像，人事評価，人材教育に関連した研究…………63
　　　6　先行研究の総括…………………………………………………………67
　第4節　女性ホテル従業員のキャリアに関する海外の先行研究……………69
　　　1　研究の背景………………………………………………………………69
　　　2　研究上の主な論点………………………………………………………70
　　　3　海外の先行研究の問題点………………………………………………77
　第5節　小　　括…………………………………………………………………81

第2章　ホテル企業の経営と従業員の働き方……………………………………87
　第1節　はじめに…………………………………………………………………87
　第2節　ホテル企業の経営………………………………………………………89
　　　1　売上構成とその特異性…………………………………………………89
　　　2　営業費用の構成と人件費の位置づけ…………………………………91
　　　3　当期純利益の推移………………………………………………………92
　　　4　有形固定資産の割合……………………………………………………94
　　　5　曜日・月単位での変動する需要………………………………………95
　第3節　ホテル従業員の働き方…………………………………………………96
　　　1　給与水準と労働時間……………………………………………………96
　　　2　雇用形態別の労働力構成と女性の働き方……………………………99
　　　3　正規・非正規雇用の現状………………………………………………105
　　　4　女性の勤続年数…………………………………………………………106
　　　5　従業員の採用手法………………………………………………………107
　　　6　従業員の離職率…………………………………………………………108
　　　7　ホテル労働に対する従業員の評価……………………………………109

第4節　小　　括 ………………………………………………………… 110

第3章　キャリア・モデルとしての総支配人のキャリア・パス … 114
　　第1節　はじめに ………………………………………………………… 114
　　第2節　総支配人のキャリア・パスと海外の先行研究との比較 …… 117
　　　1　総支配人の属性 ……………………………………………………… 117
　　　2　総支配人になるまでの経歴 ………………………………………… 121
　　第3節　調査結果からみた総支配人昇進のための要件 ……………… 127
　　　1　ジェンダー …………………………………………………………… 128
　　　2　ホテル・マネジメントに関する専門教育や実務経験 …………… 129
　　　3　総支配人になる前に経験すべき部門 ……………………………… 131
　　　4　ホテル・オペレーション経験 ……………………………………… 132
　　　5　主体的なキャリア開発 ……………………………………………… 133
　　第4節　小　　括 ………………………………………………………… 134

第4章　女性ホテル従業員のキャリア観 …………………………… 138
　　第1節　はじめに ………………………………………………………… 138
　　第2節　女性従業員のキャリア観に関する調査結果 ………………… 140
　　　1　回答者のプロフィール ……………………………………………… 140
　　　2　回答者の職位満足度，昇進および勤続意欲など ………………… 143
　　　3　社内の男女格差および管理職昇進のための要件と障害 ………… 146
　　　4　将来の女性管理職増に対する予測 ………………………………… 149
　　第3節　調査結果に対する考察 ………………………………………… 150
　　　1　回答者の年齢と学歴との関係 ……………………………………… 151
　　　2　上司に対する同性・異性選好 ……………………………………… 151
　　　3　職位満足に影響を与える要因 ……………………………………… 152
　　　4　勤続意欲に影響を与える要因 ……………………………………… 154
　　　5　昇進意欲に影響を与える要因 ……………………………………… 159
　　　6　女性管理職の典型的なプロフィール ……………………………… 160
　　　7　将来の女性管理職増予測に影響を与える要因 …………………… 165
　　　8　管理職にもっとも重要な資質・能力と管理職昇進への最大の障害 ……… 168

9　勤務先ホテルに存在する最大の男女格差 …………………………… 170
　　　10　勤続意欲と昇進意欲がともに低い若年女性 ………………………… 171
　第4節　小　　　括 ……………………………………………………………… 173

第5章　男女のキャリア観とホテル企業の女性管理施策　177
　第1節　はじめに ………………………………………………………………… 177
　第2節　男女のキャリア観に関する調査結果 ………………………………… 178
　　　1　回答者のプロフィール ………………………………………………… 178
　　　2　男女の職位満足，昇進意欲および勤続意欲とその異同 …………… 182
　　　3　女性管理職の有無と将来の増加予測 ………………………………… 185
　　　4　キャリア開発上の要件，障害と社内の男女格差 …………………… 187
　第3節　ホテル企業の女性管理施策に関する調査結果 ……………………… 191
　　　1　回答企業のプロフィール ……………………………………………… 191
　　　2　今後重視する人事施策 ………………………………………………… 192
　　　3　ワーク・ライフ・バランス制度の有無とその利用状況 …………… 194
　　　4　非正規従業員向けの人事制度とその利用状況 ……………………… 195
　　　5　女性従業員に対する人事施策 ………………………………………… 196
　第4節　小　　　括 ……………………………………………………………… 198

第6章　女性ホテル従業員のキャリア課題　201
　第1節　はじめに ………………………………………………………………… 201
　第2節　ホテル企業が解決すべき課題 ………………………………………… 202
　　　1　早期離職と希薄な勤続・昇進意欲 …………………………………… 202
　　　2　キャリア阻害要因の多様性 …………………………………………… 209
　　　3　女性キャリア問題に対する男性の不完全な理解 …………………… 214
　　　4　ワーク・ライフ・バランスの困難さ ………………………………… 217
　　　5　非正規化する女性労働 ………………………………………………… 221
　　　6　非正規従業員の職域拡大と均衡処遇 ………………………………… 223
　第3節　小　　　括 ……………………………………………………………… 225

第7章　ダイバーシティ・マネジメントと複線型人事制度……229
第1節　はじめに……229
第2節　女性に焦点をあてたダイバーシティ・マネジメント……231
  1　ジェンダー・ダイバーシティの必要性……231
  2　ダイバーシティ・マネジメントの前提としての主体的なキャリア開発……234
  3　ダイバーシティ・マネジメントの効果……236
第3節　ポジティブ・アクション制度……237
  1　ホテル企業にみる女性の積極的活用例と女性活用上の要諦……237
  2　ポジティブ・アクション制度の象徴としての女性管理職……240
第4節　ワーク・ライフ・バランス制度……244
  1　ポジティブ・アクション制度との併用の必要性……244
  2　制度の実効性を担保する仕組みづくり……245
第5節　複線型人事制度……246
  1　複線型人事制度の意義……246
  2　ホテル企業の導入事例……247
  3　複線型人事制度の進化形としてのダイエーCAP制度……251
  4　ホテル企業からみたCAP制度の利点……254
  5　複線型人事制度実現のための要件……256
第6節　ダイバーシティ・マネジメントとトップ経営者の役割・責務……261
  1　トップ経営者の役割……261
  2　長時間労働の解消に対するトップ経営者の責務……264
第7節　小　括……265

終章　本研究の要約，発見，貢献および結論と今後の研究課題……270
第1節　本研究の要約……270
第2節　本研究の発見……274
  1　キャリア開発を妨げる「時間の障壁」……274
  2　主体的で境界なきキャリア開発を行う従業員……277
  3　ホテル従業員が従う6つのキャリア開発の形態……280
  4　3次元構造の複線型人事制度……283

第3節　本研究の貢献 …… 287
1. サービス・マネジメント研究への貢献 …… 287
2. 女性のキャリア研究への貢献 …… 289
3. ホテル企業の人的資源管理への貢献 …… 292
4. ホテル企業以外へのインプリケーション …… 293

第4節　本研究の結論 …… 294
1. ガラスの天井理論の限界性 …… 294
2. 男性のキャリア開発をモデルとし昇進・昇給を理想とする
キャリア観の錯誤性 …… 297
3. 職位やライフ・ステージなどにより変化する
キャリア開発上の阻害要因 …… 299
4. ダイバーシティ・マネジメントにおける複線型人事制度の意義 …… 301
5. ホテル企業の人的資源管理と女性従業員 …… 305

第5節　今後の研究課題 …… 307
1. 女性離職者の実態と離職後の進路 …… 307
2. 女性上司と女性部下との関係 …… 308
3. 部門間異動を妨げる要因 …… 310
4. 旅館を対象にした人的資源管理にかかわる研究 …… 312

あとがき …… 316
引用文献一覧 …… 320

序章

従前の研究との関連性および本研究の目的，問題意識，方法と構成

第1節　従前の研究と本研究の関連性

　筆者は，サービス・マネジメント論に立脚し，わが国のホテル企業を研究対象に選び，そのマネジメント課題について考察してきた。そのひとつの理由は，わが国ではホテル企業を取り扱うサービス・マネジメント研究が著しく遅滞しているからである。

　それ以上に筆者がホテル企業を重視する理由は，わが国のホテル企業が生産・提供するサービスが，多様な形態をもつサービスのなかで，標準的，または平均的な形態に近いと考えられるからである。そのため，この研究から得られた知見は，他の形態のサービスを生産・提供する企業にも応用可能であることから，ホテル企業への貢献にとどまらず，わが国のサービス・マネジメント研究の振興に寄与できると考えているからにほかならない。

　このように筆者は，わが国のホテル企業に着目してきたが，従前の成果については，2001年に『サービス・マネジメント研究　わが国のホテル業をめぐって』に集約し，上梓した。筆者は，同書のなかで，サービス・マネジメント論の主な研究領域として，サービスの生産・提供と消費をつかさどる「サービス・デリバリー・システム（service delivery system）」に関連する領域と，経営理念，組織文化や組織構造，または経営者の役割などを取り扱う「マネジメント上のインフラストラクチャー」に基づく領域のふたつがあると主張した[1]。さらに，そのうちの「サービス・デリバリー・システム」では，従業員が中核的な地位

を占め，そのマネジメントがもっとも重要であると述べた。

これに対して，本研究は，ホテル企業の従業員のなかから女性を取り上げる。その理由は，彼女たちが労働力の過半を占めるものの，昇進などの処遇面で優遇されていなかった，また，その離職率が高いなどから，女性のマネジメントに問題があると思慮するからである。そこで，本研究は，女性の人的資源管理について考察することで，過去の研究を踏襲し，かつ，それを発展させることを目的にした。

本節は，このような目的に従い，まずサービス・マネジメントに関する既存研究を振り返り，サービスの定義およびその基本的な性質について整理する。その後，ホテル企業が生産・提供するサービスがサービス全体からみれば標準的，または平均的なものであることを示す。そして，ホテル企業の従業員の重要性を明らかにする。そのうえで，ホテル企業の従業員をテーマにして筆者が行った過去の研究を紹介しつつ，それらと本研究との関連について論じたい。

1 サービスの定義とサービスの基本的な性質

「サービス」という言葉は，多義的に使われている[2]。また，その定義も，研究者によりさまざまに行われてきた。例えば，米国マーケティング協会（American Marketing Association, 1960：21）は，「サービスとは，単独またはモノの販売に付帯して提供される活動（activities）であり，便益（benefits），または満足（satisfactions）である」と定める。

また，Kotler（1991：456-459）は，「サービスとは，取引関係にある一方が他方に与えるなんらかの活動，または便益であり，それは基本的に無形であって，所有権の変更をもたらさない。その生産は，物質的な商品と結合することもあるし，しない場合もある」という。そして，Grönroos（1990：27）は，「サービスは，程度の差はあるものの，基本的には無形の活動，または一連の活動である。そして，かならずしもすべてではないが，通常，顧客と提供者とのあいだ，または顧客と提供者が有する物質的資源やシステムなどのあいだの相互作用に

より生起する」と定めている。

これに対して，Bessom（1973：9）は，「サービスとは，販売のために提供されるなんらかの活動であり，それにより価値ある便益，または満足を顧客に与えるものである。そして，その活動は，顧客が自分ではできない，または，したくないと思うようなものである」という。さらに，Lehtinen（1983：21）は，「サービスとは，接客係または物質的な機械との相互作用により生起するなんらかの活動，または一連の活動であり，その活動が消費者に満足を与える」と述べている。

上述した定義を一瞥すると，サービスの定義には統一的な見解が存在していないようにみえる。しかし，それぞれの定義を仔細に分析すれば，各研究者がほぼ共通して抱いている認識が浮かび上がる。その認識とは，「サービスは，顧客に便益または満足を与える無形の活動であり，顧客との相互作用を通じて生起するという基本的な性質をもつ」ということである。

2 標準的なサービス形態としてのわが国のホテル企業

サービスの基本的な性質は，無形性と顧客との相互作用性であると上述した。しかし，実際のサービスは，多様な形態を有している。つまり，無形性の度合いが高いサービス（例えば，教育やコンサルティング・サービスなど）もあれば，その度合いが低いサービス（例えば，銀行のATMや車の修理など）もある。また，顧客との相互作用性の度合いが高いサービス（例えば，デイケア・サービスや理・美容）もあれば，低いサービス（例えば，テレビやラジオ放送，映画など）もある。

そのため，多様なサービスをひとまとめにすれば，各形態の特異性が消失してしまい，表面的な共通性を述べるだけの総論的な研究に終始する。だが逆に，個別の形態ごとに研究を行えば，それぞれの特殊性が強調されやすくなり，研究成果の汎用性に欠ける。

それゆえ，サービスに関する研究を進めるためには，この両者の中間的な視

点が求められる。そのためには，サービスがもつ多様性を一定の分類枠組みを用いていくつかのカテゴリーに区分けし，そのカテゴリーごと，またはそのカテゴリーを代表する形態に着目して研究を進めることが望ましい。

そして，この分類について考えるとき，Vandermerwe & Chadwick（1989）の研究が参考になる。彼らは，サービスの基本的な性質である無形性と顧客との相互作用性のふたつを使用し，種々のサービスを6つのカテゴリーに大別している。それによると，ホテル企業が提供するサービスは，無形性は中程度であるが，顧客との相互作用性が低い形態として位置づけられている（図序-1参照）。しかし，この位置づけは，諸外国のホテル企業を考慮した結果であり，わが国のホテル企業を対象にすれば，異なる結論が導出できる。

ホテル企業は一般に，宿泊業に属すると捉えられている。事実，諸外国のホテル企業をみれば，営業収入の過半から約6割が宿泊収入によってもたらされている（表2-2参照）。それゆえ，ホテル企業を宿泊業を営む組織と認めても異議が出ないであろう。

しかし，わが国では，宿泊機能に特化したいわゆる「ビジネスホテル」を除

図序-1　無形性と顧客との相互作用性によるサービスの分類

	顧客との相互作用の度合い	
	←相対的に低い	相対的に高い→
無形性 高い↑	I 郵便サービス，ナイフ研ぎ	Ⅳ 教育，広告宣伝，法律サービス，財務サービス，コンサルティング，医療サービス
	Ⅱ 物流サービス， ホテル， ファスト・フード	Ⅴ 金融， 施設監視・メンテナンス， 旅客輸送
↓低い	Ⅲ 音楽，ソフトウエア， 映画，ビデオ， 放送，書籍・雑誌編集	Ⅵ TVショッピング

出所：Vandermerwe & Chadwick（1989）82頁を利用して一部筆者修正。

くと，宿泊収入は営業収入の3～4割程度を占めているにすぎない。むしろ，レストランや宴会場での会食，またはパーティーや会議などにともなう料飲収入が営業収入の約6割近くに達することもめずらしくない。どちらにしても，このような収入構造をもつホテル企業は，諸外国では見当たらない。そのため，わが国のホテル企業は，宿泊業というよりも，宿泊，食事や宴会などに関連する諸サービスを複合的に提供している組織と定義した方が実態に合致しやすい。

　前述したVandermerwe & Chadwickは，ホテル企業が生産・提供するサービスを，顧客との相互作用の度合いが相対的に低く，かつ無形性の度合いが中程度のものと捉えていた。たしかに，ホテル企業では，客室などの物理的な施設が不可欠であることから，この物理的な施設の存在がサービスの無形性を弱めるであろう。

　また，彼らが，ホテル企業のサービスを顧客との相互作用の度合いが低いカテゴリーに帰属させたのも，諸外国のホテル企業では宿泊がホテル営業の中心であることからみれば，妥当な結論であったといえよう。なぜなら，宿泊収入が主体になるホテル企業では，顧客との相互作用，特に人的な相互作用は，チェックイン，チェックアウトの2時点にほぼ限定できるため，相対的に低頻度で発生すると推察できるからである。

　しかし，上述したようにわが国では，ビジネスホテルを除外すると，顧客との相互作用をしばしば必要とするレストランや宴会などが営業の中核を占めている。そのため，レストランや宴会営業の存在が，わが国のホテル企業全体を前掲の図序-1で示した位置から右側にシフトさせる。これにより，中程度の無形性と中程度の顧客との相互作用性をあわせもつ傾向が強くなる（図序-2参照）。

　その結果，わが国のホテル企業が生産・提供するサービスは，無形性と顧客との相互作用性の両面で，中間的なサービス形態に近い存在になる。それゆえ，ホテル企業は，多様な形態をもつサービスの標準的な，または平均的な形態と認定することができ，サービス・マネジメント研究において適切な研究対象のひとつになる。

図序-2　標準的なサービス形態としてのわが国のホテル企業

	顧客との相互作用の度合い	
	←相対的に低い	相対的に高い→
無形性 高い↑	I 郵便サービス，ナイフ研ぎ	IV 教育，広告宣伝，法律サービス，財務サービス，コンサルティング，医療サービス
	II 物流サービス，ファストフード	V （わが国のホテル企業）金融，施設監視・メンテナンス，旅客輸送
↓低い	III 音楽，ソフトウエア，映画，ビデオ，放送，書籍・雑誌編集	VI TVショッピング

出所：前掲図序-1を使用し，筆者作成。

3　「サービス・デリバリー・システム」と従業員の重要性

　他方，どのようなサービスであれ，サービスはシステムとして捉えることができる(3)。つまり，顧客は自分の要望をサービス企業に伝え（インプット），サービス企業はその要望にふさわしいサービスを生産し（変換），顧客に提供する（アウトプット）。そして，このシステムは通常，「サービス・デリバリー・システム」と呼ばれている。また，サービス・デリバリー・システムは，「フロント・オフィス（front office）」と「バック・オフィス（back office）」(4)のふたつのサブ・システムに分割することができる。

　このうちの「フロント・オフィス」とは，顧客と日常的に接してサービスを生産・提供するサブ・システムである。例えば，ホテルのフロント係やレストランのウェイトレスやウェイター，小売店の販売員，タクシーやバスの運転手，または病院の医師や看護師など，顧客を直接接遇する従業員（以下「フロント・オフィス従業員」という）が，このサブ・システムを構成する。

　また，サービス企業が有する施設の内・外装や什器，備品，装飾品，または

施設内の室温，香り，バック・グラウンド・ミュージックなど，サービスの生産・提供と消費をとりまく環境を意味する「物理的環境」も，このフロント・オフィスに含まれる。

これに対して，「バック・オフィス」は，顧客との直接的な接触をもたないものの，フロント・オフィスでのサービスの生産・提供が効率的，効果的に行えるように，後方から支援・協力するサブ・システムである。例えば，上例を借用すれば，ホテルの警備や保守管理，小売店の仕入れ，レストランの調理，タクシーやバスの整備，または病院の調剤や会計などを担当する人びとや組織がこのバック・オフィスを形成する（図序-3参照）。

顧客の視点からサービス・デリバリー・システムをみたとき，バック・オフィスは顧客の視界に入らないことが多く，また顧客は，そこにおける活動に関心を向けることがほとんどない[5]。一方，フロント・オフィスの物理的環境は，それが劣っていれば，顧客の不満をもたらすが，それがきわめて優れていたからといってかならずしも多くの顧客を誘引するわけではない。どちらかといえば，Herzbergが提唱する「衛生要因」[6]に近い性格をもっている。

図序-3 サービス・デリバリー・システムとその構成要素

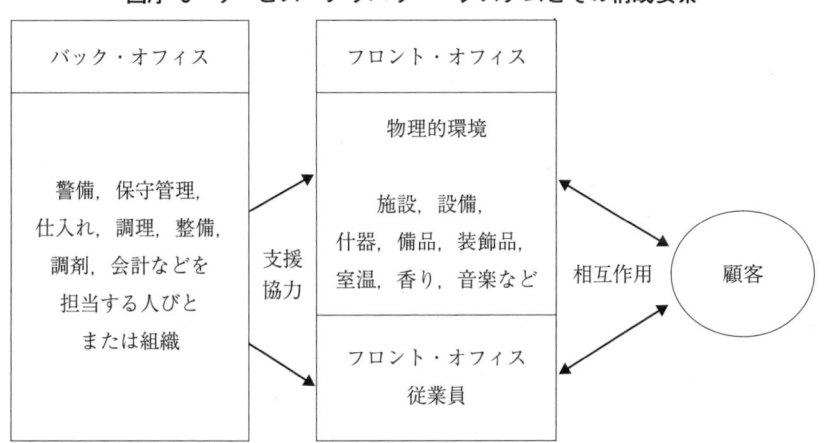

筆者作成。

その一方で，顧客は，フロント・オフィス従業員との相互行為を通じてサービスの生産・提供を受け，それを消費することが多い。特に，顧客との相互作用性の度合いが高いサービスではそうである。そのようなサービスでは，フロント・オフィス従業員が企業を代表し，代理して，顧客と交渉し，取引を行っている[7]。そのため，彼・彼女らは，それぞれが独自に，かつ裁量的に行動するようになる。

　また，フロント・オフィス従業員は，この交渉過程で顧客情報を収集し，そのなかから所属企業にとって好ましい情報（例えば，新しいサービスに関するアイデアなど）を取り入れ，好ましくない情報（例えば，顧客の法外な要求）を排除することにより，情報のフィルター機能を果たしている。さらに，フロント・オフィス従業員は，この顧客情報に基づき，顧客が望むサービスを提供する。そのため，彼・彼女らは，マーケティング機能と生産・提供機能を同時に果たすことになる。

　このように，フロント・オフィス従業員は，さまざまな機能を果たす。それゆえ，顧客は，この従業員をサービス・デリバリー・システムそのものとして捉えやすい。さらに，顧客にとって，フロント・オフィス従業員の行動，態度，外見，または知識やスキルは，サービス企業が提供するサービスのクオリティを判断するための重要な手段になるとともに[8]，顧客の満足やロイヤリティ（忠誠心）を獲得するための要因になっている[9]。

　逆に，サービス企業では，高度な教育・訓練を受け，知識や経験豊かな従業員の存在なくして，優れたサービスを提供できない[10]。そして，有能な従業員は，サービス企業にとって，長期にわたり持続可能な差別化と競争優位性を生み出す源泉になっている[11]。

　それゆえ，従前のサービス・マネジメント研究では，このフロント・オフィス従業員に注目し，彼・彼女らと顧客との相互作用がサービス・クオリティや顧客満足，または顧客ロイヤリティを生み出すメカニズムの解明に努めてきた[12]。

4　ホテル企業の人的資源に関連した従前の研究と本研究の関係性

(1)　人的資源に関連した従前の研究とその概要

　上述したように，サービス企業，特に顧客との相互作用の度合いが高いサービス企業では，フロント・オフィス従業員は，サービス・デリバリー・システムにおいて中核的な地位を占める。一方，わが国のホテル企業は，中程度の顧客との相互作用性を有している。それゆえ，このフロント・オフィス従業員をいかに採用し，教育し，動機づけるか，そして彼・彼女らの仕事と企業にコミットさせるかは，ホテル企業にとって最大の経営課題になる。また，優秀な従業員は短期間で養成しにくい経営資源であるため，その離職を防ぎ，いかに雇用し続けるかも課題になる。

　しかし，サービスは，フロント・オフィスとバック・オフィスが表裏一体となってはじめてその生産・提供が可能になる。そのため，サービス企業からみれば，両オフィスの重要性には差異がないはずである。それゆえ，フロント・オフィス従業員に限定せず，バック・オフィスの従業員をも含め，全従業員へと研究上の視点を拡張すべきである。

　ところが，サービスに関する経営学的な研究は，世界のなかで最初にサービス経済化が進展した米国において，マーケティング学者が中心になり，1970年代に始動した。そのため，伝統的にサービス研究では，マーケティングの影響が残り，サービス企業の従業員は顧客とセットで取り扱われる傾向があった。そして，どちらかといえば，顧客にサービスを提供し，その満足を追求する存在という立場から従業員を研究することが多かった。

　その結果，顧客と直接的な接触をもたないバック・オフィスの従業員に対する研究は，かならずしも豊富にあるとはいえない。また，従業員を顧客から切り離し，単独の研究対象として捉え，その内心面を論究するような研究もどちらかといえば出遅れていた。

　そこで，筆者は，従前のサービス研究に対するこのような反省をふまえ，前

出の『サービス・マネジメント研究　わが国のホテル業をめぐって』において，「フロント・オフィス従業員の役割とストレス対処」[13]，および「ホテル業における従業員の離職とそのインパクト」[14] をテーマに選び，検討を加えた。

　そのうちの前者は，フロント・オフィス従業員が果たす役割と，その役割がもたらすストレス，およびストレスを避けるために行うストレス対処を取り上げ，それらへのマネジメントについて議論したものである。また，そこでは，以下を述べた。

　サービスは，顧客とフロント・オフィス従業員との相互作用によって生産・提供され，消費される。そして，この相互作用は，サービス企業という名前の演出家によりあらかじめ設定された環境下で，一定の手続きに従い遂行される。

　しかし，顧客，従業員およびサービス企業の思惑と利害はつねに一致しているわけではなく，この3者の他者に対する支配力が同一であるわけでもない。むしろ，従業員は，サービス企業と顧客に対して従属的な関係にあり，この両者から並立しにくい要求をしばしば受ける。そして，それが従業員の役割ストレスを生み出す。

　他方，従業員は，このストレスを軽減するために，企業の方針を墨守し，融通のきかない対応をしたり，顧客との接触を避けたりするなどのストレス対処を行うことがある。しかし，このストレス対処は，顧客の失望をまねき，結果としてその顧客を失うなどの損失をしばしば企業に与える。それゆえ，サービス企業は，従業員のストレス対処をマネジメントする必要があり，そのためには，ストレス耐性のある人材を採用するための仕組みを作るべきだなどと論じた。

　これに対して，「ホテル業における従業員の離職とそのインパクト」では，従業員の離職が，企業内外に及ぼす影響について分析した。そして，具体的には，従業員の離職が，顧客の喪失，残留した他の従業員のモラール低下，組織内コミュニケーションの劣化，または離職の連鎖化などの負のインパクトを組織に与えると述べた。

その反面，従業員が離職し，新しい企業に入職することで，彼らが属人的に有していたマネジメント・ノウハウが企業間を移転するという組織外インパクトを生み出すこともある。事実，わが国の新規開業ホテルでは，開業前にホテル経験者を雇用し，開業準備を担わせるケースがしばしば見受けられる。そこで，筆者は，「ホテルのマネジメント・ノウハウが離職者を媒介にして伝播する」という仮説を立て，新規開業したホテルを対象に質問紙調査を実施することで，この仮説を検証したところ，この離職者を媒介したノウハウの伝播を確認することができた。

(2) 従前の研究と本研究の関係性

筆者は，人的資源に関するこれまでの研究，特に，ホテル業における従業員の離職研究を通じて，外部労働市場を利用してキャリア開発を行う従業員の存在に気づいた。また，わが国のホテル企業では，従業員の離職率の高さに加え，入社後早期に離職する人が多いこと，若年従業員と女性従業員の離職率が高いこと，さらに，自己都合による離職者が多いことを知った。加えて，ホテル企業では，規模の大小を問わず，離職が頻発することを理解した。

しかし，前述したように，ホテル企業にとって従業員は，貴重な経営資源であったはずである。そのような従業員の離職が多発するということは，ホテル企業の人的資源管理が失敗していると考えても誤りではなかろう。とりわけ，ホテル従業員の半数以上を占める女性の離職率の高さは，女性のマネジメントになんらかの欠陥があることをうかがわせる。

そこで，筆者は，これまでの研究スタイル，つまり，「顧客との関連で従業員を取り扱うのではなく，従業員を単独で取り扱う」に則り，マネジメントに問題があると推察する女性従業員を取り上げ，彼女たちのキャリアの視点から，わが国のホテル企業の人的資源管理を見直すことを目的にして，本研究を開始した。また，わが国には，ホテル企業の女性従業員を対象にした研究が皆無であったことも，本研究をはじめた契機になっている。

第2節　本研究の目的

　本研究は，わが国のホテル企業で働く女性の人的資源管理に焦点をあてる。具体的には，独自に実施した調査を通じて，特に彼女らのキャリア観やキャリア開発上の障害などを把握し，それらを踏まえながらホテル企業が対処すべき女性のキャリア課題を明確にする。

　そのうえで，このキャリア課題を解決し，かつ彼女たちの多様な働き方に即した新しい人的資源管理である「ダイバーシティ・マネジメント（diversity management）」について考察するとともに，それを具現化する仕組みとしてワーク・ライフ・バランス制度とポジティブ・アクション制度に加え，複線型人事制度を提言することを最終的な目的にしている。このような研究目的を設定した主な理由は，以下である。

　世界のホテル企業には，多種多様な職種が存在し，性別，年齢，人種，学歴，婚姻状況，雇用形態，宗教・信条などが異なる人びとが働いている。一方，ホテル企業の顧客には，自国内の老若男女に加え，文化や生活習慣が異なる諸外国からの旅行者も含まれる。また，ホテル利用者は宿泊者だけでなく，レストランでの食事客や宴会場での会議，パーティーの出席者などさまざまである。

　このように，顧客が多様であることから，サービスを提供するホテル企業側の対応が画一的であれば，顧客ニーズに的確に応えられない。それゆえ，従業員の多様性は，多様な顧客ニーズに対応するために必須であり，ホテル企業の重要な経営資源のひとつと考えられる。

　そこで，世界のホテル企業は，人材の多様性を活かして，その多様性のなかから新しい価値や市場競争力を得ようとするダイバーシティ・マネジメントに注目しはじめている[15]。このダイバーシティ・マネジメントには，多様性を受け入れ，尊重するという理念がある。しかし，幅広い人びとに対して門戸を開いたとしても，既存の企業文化やシステムに同化させようとすると，同化を強いられた人びとは，自分のパーソナリティや価値観を発揮できないため不満を

感じるようになる。

　それゆえ，企業は，多様な従業員を活用するために，既存の組織文化やシステムを変革し，多様性を受容する新たな組織文化やシステムを構築しなければならない[16]。そして，既存の企業文化やシステムの変革のひとつとして，それまで企業内で影響力を行使してきた集団にとって有利であった働き方や，それを支える人的資源管理システムの改変を指摘できる[17]。

　これまでのホテル企業で，影響力を行使してきた集団といえば男性であった。そのため，ダイバーシティ・マネジメントの確立を目指した人的資源管理システムの改変は，男性の対極にある女性に主眼を置くべきである。そのうえで，彼女たちの価値観やニーズに合った働き方を尊重し，その価値観やニーズを実現できるシステムを創造しなければならない。

　他方，ダイバーシティ・マネジメントは，すべての多様性に注目するものではない。むしろ，前述したように，多様な人材を通じて競争優位を創出することを目的にしていることから，自社の利益につながる特定の多様性に注目することになる[18]。そして，本研究は，この視点からみても，ホテル企業は女性に注目すべきであると考える。その理由は，以下である。

1　主要な労働力としての女性

　ホテル業は，世界的にみても女性がもっとも活躍する産業のひとつである。例えば，国際労働事務局（2007）によると，ホテル業が属する宿泊・飲食業の2007年度の女性就業者比率は，わが国が59.6％，ドイツ58.5％，イギリス55.2％，中国54.3％，アメリカ52.8％であった。また，韓国69.1％やロシア79.0％のように女性割合が7割から8割近くに達する国もある。

　他方，今日の米英などの大学では，ホテル・マネジメントを学ぶ学生の約6割から7割が女性であるといわれている[19]。逆に，男子学生は，ホテル・マネジメントを魅力ある学問と考えていない[20]。

　わが国においても状況は同じであり[21]，男子学生はホテル業を女性的な仕事

と考えている。さらに，男子大学生は，女性が多い職業よりも，男性が多い職業を好む傾向がある[22]。そうであるとすれば，将来の人材供給源という視点からみても，ホテル業における女性の重要性はますます高まることになる。

　これに対して，『週刊ホテルレストラン』(2009e) がホテル企業に勤める女性を対象に行った調査[23]では，「ホテルは女性が活躍できる職場か」という質問に対して，回答者76名のうち約8割が「そう思う」と答えている。そして，その理由として，「女性特有の細やかさや気配りなどの能力を発揮できるから」という回答が多数寄せられた。

　このことから，調査回答者である女性は，ホテルを女性の職場として好意的に捉えていることが理解できる。そして，女性がホテルを肯定的に評価しているのであれば，今後も女性の就業参加が進むと予想できる。

2　不遇な女性労働

　ところが，ホテル企業の女性はこれまで，人数的には多数派であったが，昇進の面では，どちらかといえば冷遇されてきた。例えば，Woods & Viehland (2000) は，全米ホテル・モーテル協会に所属するホテルに勤め，かつマネジャー以上の役職に就く5,547人を対象に，彼・彼女らのキャリア開発の実態を調べている。この5,547人のうちの41％は女性であり，人数的には男女ほぼ拮抗していた。しかし，総支配人（general manager）の性別を調べ直すと，女性の割合は15.5％に激減する。つまり，女性はマネジャーにはなれるが，それ以上の職位へなかなか昇進できない。

　そして，Li & Leung (2001) がシンガポールの女性ホテル・マネジャーを対象に行った調査によると，回答者の約73％が，マーケティング・セールス，ハウスキーピングおよびフロントの3部門に配属されていた。また，前出のWoods & Viehland (2000) の調査でも，女性マネジャーの約4分の3は，マーケティング・セールス，人事，ケータリング，およびハウスキーピング部門に所属していた。さらに，Kattara (2005) がエジプトのホテル企業を対象に行った研究

でも，女性マネジャーの62％はマーケティング・セールス，人事およびハウスキーピング部門で働いていた。

しかし，Nebelら（1995）やLadkin（2002）などが行ったホテル総支配人のキャリア・パス（career path）研究をみるかぎり，総支配人になるためには，フロント部門または料飲部門のマネジャー経験が不可欠であった。逆に，総支配人になった人は，この2部門以外でマネジャー職に就いたことがほとんどない。

そのため，女性が集中的に配置されていた大半の部門は，昇進のために有利とはいえず，むしろ，キャリア・パスから外れたルートとして位置づけることが可能な職場であった[24]。そのうえ，人事やハウスキーピングは，利益を生まない部門であるため，社内での影響力が弱く，出世に不利であることから，男性に敬遠されがちな部門であった[25]。

第2に，ホテル企業の女性の不遇は，これだけにとどまらない。Poulston（2008）は，企業内の地位が低いため，女性は同僚男性やホテル利用者からセクハラを受けやすいという。また，Sparrowe & Iverson（1999）によると，ホテル企業の女性マネジャーは同等の職級に就く男性マネジャーに比べ収入が約6割少ないという。

第3に，ホテル業は，世界的にみても離職率が高い産業のひとつである。そのなかでも女性の離職率は，男性に比べて明らかに高い[26]。また，米国では，ホテル・マネジメントを学び，ホテル企業に就職した女子学生と男子学生の離職率を比べると，前者が後者の3倍近く高いといわれている[27]。

このようにみてくると，ホテル企業の女性は，男性と同等の昇進を得ているわけではなく，同じ職務経験を有しているわけでもないことがわかる。そのうえ，女性は，給与の格差や離職の頻発またはセクハラという問題も抱えている。

一方，世界のホテル業では，市場が急速に拡大したため，人材需要がきわめて旺盛になっている。しかし，現状は，有能かつ経験豊かな人材が不足していることから，この需要を満たすことができない[28]。さらに，対人的な接客業務が多いホテル業では，省力化には限界がある。そのため，世界のホテル企業は，

優秀な人材をいかに集め，いかに維持するかという難問に直面している[29]。

そして，わが国においても，事情は同じである。昨今の経済不況により切迫感は和らいだとはいえ，団塊の世代の退職や，少子化にともなう若年人口の減少により，人手不足が深刻化しつつある[30]。また，新卒学生の採用が以前に比べてむずかしくなってきたといわれている[31]。そのため，将来的には外国人労働者の雇用も検討せざるをえない状況に至っている[32]。

このような状況下で，就業者の過半数以上を占める女性の離職を放置し続け，また彼女らを補助的な労働力，男性労働力の穴埋めと位置づけることは，きわめて問題である。むしろ，女性を適切に処遇し，その能力を遺憾なく発揮できるような職務環境を整えることが必要になる。

3 非正規雇用のウェイトが高い女性労働

世界のホテル企業では，パート・タイマーやアルバイトなどの非正規従業員が多数働いている。例えば，Baum（2006）は，英国グラスゴー市内のホテル従業員の半数以上が学生アルバイトであるという。そして，このような非正規雇用の増大，つまり，量的，質的基幹化は，北米や北ヨーロッパの国ぐにでは容易に観察できる現象である[33]。

同じようにわが国のホテル企業でも，1990年以降，非正規雇用が次第に増えはじめている[34]。例えば，「東京ドームホテル（客室数1,006室）」では，2003年9月現在の従業員総数は740人であり，そのうちの約半数350人がアルバイトであった。また，同ホテルのレストラン部門の6割がアルバイトである。そして，そのアルバイトの6割が女性であるという[35]。

一方，ホテル企業の非正規雇用をみると，国内外を問わず，以前からその大半が女性であった。例えば，英国のHotel and Catering Industry Training Board（HCTB）（1987）によると，1987年の同国のホテル・ケータリング業では230万人が働いていたが，そのうちの約57％に相当する130万人がパート・タイマーであり，そのうちの3分の2が女性であった。

また，わが国でも，例えば，日本労働研究機構（1994：179）の調査対象[36]になったホテルの中から相対的に規模が大きい都市ホテル24軒（平均客室数385室）を抽出し，その労働力構成をみると，従業員数の平均は481.5人であり，そのうちの約37％が非正規であった。そして，非正規従業員の約6割は女性が占めていた。他方，筆者が2009年に行ったあるチェーン・ホテルを対象にした調査では，従業員の約62％が非正規で，そのうちの約7割が女性であった（表2-19参照）。

このように，ホテル企業の非正規従業員は女性であることが多い。そのため，ホテル企業にとって，非正規の雇用問題は同時に，女性の雇用問題である。それゆえ，この非正規雇用の観点からみても，ホテル企業の人的資源管理について論究する場合は，女性を無視できない。

4　ホテル市場と女性の働き方のグローバル化

2005年頃から東京23区を中心に，ハイアット，フォーシーズンズ，マンダリンオリエンタルやザ・リッツ・カールトンなどのグローバル・ホテルが進出してきた。これにより，わが国のホテル市場もグローバル化しはじめた。そして，市場のグローバル化は，従前の米英などの事例をみると，ホテル利用者の国籍やホテル企業のマーケティング・セールス活動のグローバル化を促すだけでなく，労働の2極分化をも生み出すことになる[37]。

つまり，さほどのスキルが求められていない仕事には，海外の安い労働力が流入しはじめる。この現象は，現段階のわが国では顕在化していないが，近い将来生起すると予想する。その一方で，知識やスキルを有する労働力に対しては，一国内だけでなく，グローバルな労働市場から求人が舞い込むようになる。

これにより，人材の組織間移動にも，製品やサービスと同様，国境という概念がなくなる。また，企業活動のグローバル化が進めば，外国に赴任しなくとも，自国内に進出してきた外国企業で働くことが可能になる。その結果，従業員はもっとも好ましいと考える企業を国内外から選ぶことができるようになる。

そのため，魅力的な雇用条件や労働環境を提示できない企業は，「エンプロイヤビリティ（employability）」に富んだ人材を獲得できないだけでなく，人材流出による人手不足に直面することもあるだろう。これは今日の金融業界やIT業界でしばしば観察できる現象であるが，わが国のホテル業も同様な状況を迎えようとしている。

例えば，上述したグローバル・ホテルのひとつである「マンダリンオリエンタル東京（2005年12月開業，178室）」では，女性管理者比率が35％に達しており，この数値はわが国のホテル企業のなかでは群を抜いて高い。そして，同ホテルの人事部長ペティットは，「採用の面でも『マンダリンオリエンタル東京は，女性が活躍できる職場だ』という認知が広まり，優秀な女性が集まってくるという実感がある」と週刊誌のインタビューに答えている[38]。つまり，女性管理者比率の高さが，同ホテルの採用活動にプラスの効果を与えている。

マンダリンオリエンタルの開業により，わが国の女性は，女性を積極的に登用するホテルの存在を知った。これにより，彼女たちは，ホテル企業を選択するための新しい「尺度」または「比較指標」を得たことになる。そして，次に彼女たちは，この尺度，指標を利用して，自分たちの就職先やキャリア開発の方向性を模索するようになるだろう。このように，ホテルのグローバル化は，人事情報のグローバル化を派生させており，人びとのキャリア開発行動を変える力を有している。

この尺度，指標に関連して，関口（2009）は，米国やEU内の企業では，GPWT（Great Place to Work Institute）[39] が認証する「働きがいのある会社」として認められることが，企業競争力を高めると同時に，優秀な従業員を集めるためのメルクマールになっているという。また，わが国でも，『日経WOMAN』誌が「女性が働きやすい会社ベスト100」[40] を発表している。そして，このランキング結果は，女子学生の就職希望企業の決定に際して大きな影響力を与えていると関口はいう。

そうだとすれば，わが国の女性は，GPWTや『日経WOMAN』誌が提供す

る「働きがいのある会社」や「働きやすい会社」という尺度・指標を用いて，国内外の企業を比較できることになる。その結果，「働きがい」や「働きやすさ」に対する評価が低い企業は，優秀な女性を集めることが困難になるであろう。

さらに，女性が働きやすい会社は同時に，多様な価値観を認め，能力があれば年齢や性別に関係なく人材を抜擢する会社であることが多い[41]。それゆえ，そのような会社には，女性だけでなく男性も集まりやすくなる。それゆえ，男子学生の関心が相対的に低いホテル企業にとって，女性に好まれる会社をつくることは，優秀な男性を誘引するための手段になる。いずれにしても，女性が働きがいを感じる，働きやすい会社づくりは，わが国のホテル企業にとって重要な経営課題になると考える。

5 女性管理者への期待

さらに，女性が有しているマネジメント・スキルは，現代の企業がまさに求めているものである。Smith & Smits (1994) は，今日の企業ではコミュニケーション能力の高さ，融通性，適応力，チームワーク力が要求されていると主張している。そして，そのような能力は，多くの女性が有していることから，「マネジメントの女性化（feminization of management）」が起こっていると Smith & Smits はいう。

また，Bass & Avolio (1994) は，従来とは異なる女性化したマネジメント手法が従業員個々の，グループの，そして組織全体の成果に対して，強いプラスのインパクトを与えているという。そうだとすれば，わが国のホテル企業は，この効果を得るために，女性を積極的に活用する必要があるだろう。

これに対して，Umbreit & Diaz (1994) が，米国ワシントン州立大学でホテル・レストラン・マネジメントを学ぶ女子学生120人に対して，「将来ホテル企業に入社したら，どの程度まで昇進できると思うか」とたずねたところ，その24％は地区統括マネジャーまで，23％が総支配人，23％がCEO，また11％が本社の副社長まで昇進できると答えた。そして，この120人のうちの42％は，CEO

になりたいと考えても，それはけっして非現実的ではないと回答している。

他方，公益財団法人日本生産性本部の「働くことの意識（2004年度）」調査によると，わが国の女性新入社員（18歳から22歳）で，将来は役職（課長相当職以上，社長までの合計）に就きたいと考えている人の割合は1976年に8.0％であったが，2003年になるとこれが21.2％に増加している。これに対して，男性新入社員で将来役職に昇進したいと考える人の割合は約60％と高い。しかし，男性新入社員の役職昇進希望者比率を時系列でみると，右肩下がりになっていることに気づく。つまり，トレンド的には，女性は昇進を望みはじめており，男性は昇進を避けるようになってきたといえる。

また，前出の『週刊ホテルレストラン』（2009e）の女性ホテル従業員を対象にした調査でも，回答者の約６割は課長職以上の管理者を目指していると答えていた。以上から，女性は管理者にまったく興味がないわけではなく，またキャリアのスタート時から昇進を諦めているわけでもないことがわかる。むしろ，管理者になるための心構えをもっているのである。

しかし，現実は，女性の昇進にはしばしば限界があり，また女性は入社後短期間で離職することが多い。このように，女性の希望と現実の間にはギャップがある。そして，このギャップの存在は，期待の高さにもかかわらず，女性管理者が増えない原因のひとつと考えられる。だが，このギャップを温存させることは，人材不足が顕在化しつつあるわが国のホテル企業にとって，女性という貴重な財産をみずから放棄することを意味する。それゆえ，ホテル企業は，女性に対するマネジメントを再考すべきであると考える。

以上の理由から，本研究は，わが国のホテル企業の女性従業員を研究対象に選んだ。そして，この女性に加えて，本研究が，「わが国」をキーワードのひとつに加えた理由は，わが国の視点から米英などの先行研究をみたとき，いくつかの疑義が生れるからである。

また，この疑義に加え，これまでのわが国には，ホテル企業の女性従業員を

テーマにした研究が飯嶋（2008）以外にないため，米英などの先行研究を無批判に受け入れることに対して，いささかのためらいを感じているからでもある。そこで，本研究は，「わが国」というフィールドを用いて，米英などの先行研究の成果を検証したいと考えた。

第3節　本研究の問題意識

　本研究が米英などの先行研究に対して抱く疑義は，大別して3つある。そのひとつは，それがしばしば言及してきた「ガラスの天井（glass ceiling）」に関するものである。ふたつ目は米英などの先行研究が依拠するキャリア観，3つ目は女性を同質と考え女性をひとまとめにして分析するという研究手法に対する疑義である。

1　「ガラスの天井」理論に対する疑義

　1980年代の中葉以降，米英を中心にして，ホテル業に携わる女性のキャリア問題は，多くの研究者の注目を集めてきた。例えば，英国ではGuerrier（1986），Mckenna & Larmour（1994），Maxwell（1997）など，また米国ではGregg & Johnson（1990），Brownell（1993），Brownell（1994），Diaz & Umbreit（1995），Knutson & Schmidgall（1999），Woods & Viehland（2000）などの研究がある。さらに，インドネシアではLi & Leung（2001），香港ではNg & Pine（2003），エジプトではKattara（2005），オーストラリア・ニュージーランドではMooney（2009）やMooney & Ryan（2009）の研究がある。

　これらの研究者たちは，ホテル企業では，女性と男性の職務内容が異なっていること，金銭的処遇において女性は差別されていることなどを主張してきた。また，女性のキャリア・アップを妨げる「ガラスの天井」がホテル企業内に存在すると考え，それを形成する要因の解明に努めてきた。しかし，本研究は，この「ガラスの天井」について疑義をもっている。

　「ガラスの天井」の議論は，けっして打ち破ることができないバリアが組織階

層の上部にあることを示唆する。しかし，それは，組織階層の下部からこのバリアに至るまでのあいだには，あたかも男女均等に昇進機会があるかのような印象を与える。

たしかに，飯嶋（2007）が行ったわが国のホテル総支配人のキャリア・パス研究では，無作為に選ばれた回答者160名のうち，女性総支配人は6名しかいなかった。そのため，わが国においても，「ガラスの天井」が存在しているように思われる。

だが，現実は，組織階層の頂点の一歩手前で初めて前途を絶たれるわけではなく，そこに至るまでのあいだにいくつもの関門があり，多くの女性がそこで脱落する[42]。これについて，厚生労働省の「雇用動向調査（2007年度）」をみると，ホテル業が属する「宿泊・飲食業」の女性離職者の約半数は24歳以下であった。そして，この数字は，卸・小売業における24歳以下の離職者の割合が30.4％であり，教育・学習支援業では14.4％，医療・福祉業では11.2％，また製造業全体では13.8％であることに比べて，著しく高い。

さらに，財団法人女性職業財団（1991）[43]や日本労働研究機構（1994）の調査は，入社後5年未満で離職する女性がきわめて多いことを示している。だが，年齢が24歳以下，ないしは入社5年未満の女性であれば，その職位はさほど高くないであろう。このことから，わが国のホテル企業では，組織階層の上部ではなく下部において女性の脱落が生じていると推察できる。それゆえ，わが国のホテル企業の女性は，米英などの先行研究が想定する「ガラスの天井」だけでなく，キャリアの初期段階でその発展を妨げるなんらかの要因に直面していると考えられる。

2 先行研究が依拠するキャリア観に対する疑義

さらに本研究は，上述した「ガラスの天井」に加え，米英などの既存研究が依拠する伝統的なキャリア観についても疑問をもっている。この伝統的なキャリア観は，Moen & Roehling（2005）によると，「継続的で，フルタイム，長期

勤続」を前提にしている。そして，そこでは，男性をベンチマークとして，女性の昇進・昇格や配属，または金銭的処遇を考察している。また，総支配人などの上級マネジメント職への昇進，より高額な給与と威信の獲得を「キャリアの成功」と捉えている。

さらに，Rosenbaum（1984）は，伝統的なキャリア観は予想される一連のキャリア・ステージと定められたキャリア・ラダーを一直線に突き進むことを前提としており，初期キャリアの成功または失敗がその後の昇進や昇給に影響を与え続けるという。

ところが，わが国のホテル企業では，上述したように，キャリアの初期段階で多くの女性がドロップ・アウトしている。また，わが国の女性は，出産または育児のためにキャリアを中断することが多く[44]，出産・育児を契機に労働時間の調整が可能な非正規労働へ移行することも多い[45]。

そのため，米英などの既存研究が依拠する伝統的なキャリア観は，わが国の女性のキャリアを考える際の基盤として適切であると考えられない。むしろ，「キャリアの成功」をキャリアを歩む本人の視点を通じて主観的に規定し，かつ仕事と家庭生活との両立を考慮したキャリア観に依拠することが必要になる[46]。

3 女性の同質性に対する疑義

米英などの先行研究は，女性を同質なものと捉え，彼女らをひとまとめにして，そのキャリア問題を研究してきた[47]。だが，今日では女性の働き方は多様化している。

例えば，ある女性は，自分のキャリアの方向性が確定するまで，あるいは，一定の地位を築くまで結婚を思いとどまるかもしれない。また，一生結婚せずにキャリアを極める女性もいるだろうし，結婚後は専業主婦になり，その後はフルタイムで働かない女性もいるであろう。さらに，ある女性は結婚や出産後も引き続きフルタイムで働くかもしれないし，逆に，まず家庭をつくり，家庭生活のめどがついた段階で再度キャリアを模索する女性もいるであろう。このう

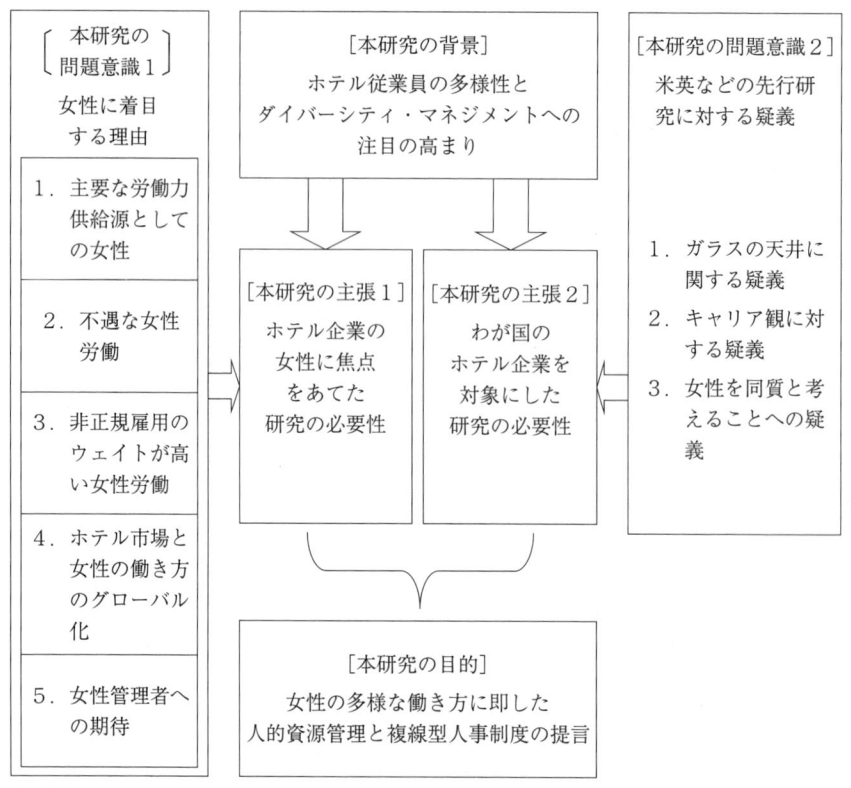

図序-4　本研究の目的と問題意識

［本研究の問題意識1］
女性に着目する理由

1. 主要な労働力供給源としての女性
2. 不遇な女性労働
3. 非正規雇用のウェイトが高い女性労働
4. ホテル市場と女性の働き方のグローバル化
5. 女性管理者への期待

［本研究の背景］
ホテル従業員の多様性とダイバーシティ・マネジメントへの注目の高まり

［本研究の主張1］
ホテル企業の女性に焦点をあてた研究の必要性

［本研究の主張2］
わが国のホテル企業を対象にした研究の必要性

［本研究の問題意識2］
米英などの先行研究に対する疑義

1. ガラスの天井に関する疑義
2. キャリア観に対する疑義
3. 女性を同質と考えることへの疑義

［本研究の目的］
女性の多様な働き方に即した人的資源管理と複線型人事制度の提言

筆者作成。

ち，どれが正しく，どれが誤りであるとはいえず，個人のライフ・スタイル観の違いにすぎない(48)。

　また，同じ女性であっても，ライフ・ステージが異なれば，キャリア阻害要因に対する認識が変わるはずである。例えば，仕事と家庭生活の両立は，乳幼児をもつ女性にとって，キャリア開発上の重大な障害のひとつになるであろう。だが，子どもが成長するにしたがい，この障害は軽減するのではないか。

　そのため，本研究は，さまざまなライフ・ステージに立つ女性をひとまとめにして，同質的に取り扱う米英などの研究手法は誤りであったと考えている。む

しろ，女性の異質性または多様性を前提にした研究を行うべきであると考える。

以上で述べた本研究の目的と問題意識をまとめると，左図序-4のようになる。

第4節　本研究の方法

本研究は，①ホテル企業で働く女性のキャリアや，ひろく人的資源管理一般に関連する内外の先行研究のレビュー，②ホテル企業の経営と労働の実態を示す既存データの分析，③本研究が独自に企画・実施した質問紙調査の分析を行い，これらを総合して，前節で述べた本研究の目的を達成したいと考えている。

1　先行研究のレビュー

本研究はまず，「ホテル企業で働く女性のキャリア問題」を取り扱う内外の先行研究をレビューする。このうちの国内については，「国会図書館雑誌記事検索」や「CiNi NII 論文情報ナビデータ」などのデータベースを用いて，先行研究を検索した。その結果，本研究に類似する研究が，わが国ではほぼ皆無であることがわかった。そのため，検索の範囲を，「ホテル企業の従業員」に関連した研究へ拡張したところ，27件の先行研究を見出すことができた。そこで，この27件のレビューを行い，それぞれの論旨と本研究の参考となる知見を整理する。

これに対して，海外については，1980年代中葉からホテル企業の女性のキャリア問題に関する研究が始動していた。そこで，それ以降2009年に至るまでに発表された諸研究をレビューする。そして，このテーマの研究を生み出した背景や，研究上の主な論点を明らかにする。そのうえで，海外の先行研究にみられる問題点について考察する。

他方，本研究は，ホテル企業の女性のキャリア問題を検討するために，ダイバーシティ・マネジメント，ワーク・ライフ・バランス（work-life-balance），またはポジティブ・アクション（positive action）などの諸研究を精査する。加え

て，従業員の離職問題，正規・非正規雇用問題，複線型人事制度などについても，最新の研究成果をリサーチする。

なお，以上の文献レビューは，第1章，第6章，および第7章をはじめとして，本研究全般の基礎になっている。

2 既存データの分析

一方，本研究は，ホテル企業を対象に行われた既存の諸調査，ホテル業界団体または業界誌が発表した統計データなどを用いて，わが国のホテル企業の経営と従業員の働き方の実態を分析する。その理由は，ホテル企業の女性のキャリア問題に対して，企業の経営環境や労働環境は，さまざまな影響を与えるからである。

具体的には，ホテル企業の売上高や営業費用の構成にみられる特徴，従業員の給与水準や労働時間，雇用形態別の従業員数とその変化，従業員の勤続年数や離職率などについて考察する。そして，この考察結果を，第2章の議論で活用する。

3 質問紙調査

さらに，本研究では，以下の4種類の調査を行った。

① 総支配人のキャリア・パス調査

ホテル企業の総支配人は，宿泊，料飲などの営業部門と，人事，総務，購買などの管理部門を統括するホテル運営上の最高責任者である。そのため，従業員にとって，理想的なキャリア到達点のひとつになっている。そして，この総支配人は，海外の女性キャリア研究でも，女性のキャリア・モデルとして捉えられている。

そのため，総支配人のキャリア・パス，つまり，彼・彼女らの学歴に加え，どのような職務を経験し，いつ総支配人になったのかなどを知ることは，女性の

キャリア開発について考えるとき，不可欠になる。しかし，このテーマに関する研究は，わが国では前例がない。そこで，本研究は質問紙調査を通じて，このキャリア・パスを把握する。その結果については，第3章に反映されている。

② **女性のキャリア観やキャリア開発課題などに関する調査**

次に，本研究は，わが国のホテル企業の女性従業員を対象にして，彼女たちが抱くキャリア観やキャリア開発上の課題などを調べることを目的にした調査を行った。

海外の先行研究は，前節で述べたように，ガラスの天井の存在に着目していたため，平社員といわれる「一般社員」（以下，「一般社員」という）が自己のキャリアに対してどのような見解をもっているのか，またはホテル企業でキャリアを追求するときどのような課題に直面しているのかなどがわからない。

加えて，わが国には，ホテル企業の女性をターゲットにしたキャリア研究がない。さらに，わが国には元来，女性管理職が少ない。そこで，本研究は，一般社員を含めてひろく女性従業員を対象にして，このキャリア観やキャリア開発課題などについて聴取した。そして，その結果は，第4章の議論の基盤になっている。

③ **男女のキャリア観やキャリア開発課題などの異同に関する調査**

本研究は，ホテル企業で働く男性，特に幹部社員が，女性従業員のキャリア観やキャリア開発課題などを正確に認識しているのかという疑問を抱いている。そこで，男性従業員は，女性のキャリア観などをどのように理解しているのかを実際に聴取することで，この疑問に対応する。

従前のわが国のホテル企業では，男性が管理職を含めたトップ・マネジメントを独占していた。そのため，彼らは，女性のキャリア開発に影響力を及ぼすことができると考える。その彼らが，もし女性のキャリア観やキャリア開発課題を見誤っていれば，女性のキャリアに対するマネジメントに齟齬が生まれる。

そこで，本研究は，男性が考える女性のキャリア観やキャリア開発課題などと，女性が考えるそれらとを比較するための調査を実施した。なお，この調査結果は，第5章の前段の議論の土台になっている。

④ ホテル企業の女性管理施策に関する調査

本研究は，女性のキャリアに対する男性側の認識と同様に，女性従業員に対するホテル企業の人事施策が女性のキャリア開発を左右すると考え，この施策に関する調査を実施する。調査対象者は，ホテル企業の人事担当者である。

具体的には，今後重視する人事制度，産休制度や育児休業制度などのワーク・ライフ・バランスに配慮した人事制度の整備状況やその利用度，および女性従業員のマネジメントに関する企業側の考え方を聴取する。そして，この調査結果の分析は，第5章の後段で活用する。

第5節　本研究の構成

本研究の構成は，この序章のほかに，第1章から第7章，および終章によって構成されている。このうち，終章は，それまでの議論の取りまとめと，本研究の発見と貢献，および今後の研究課題について述べている。また，第1章から第7章までの概要は，以下になる。

(1) ホテル企業の人的資源管理に関する先行研究の検討（第1章）

本研究はこれまで，「ホテル」という言葉を定義せずに使用してきた。しかし，一概にホテルといっても，実際にはさまざまな業態が存在する。例えば，「ビジネスホテル」と「都市ホテル」では，施設内容だけでなく，売上構成や従業員数も異なる。

そのため，本研究は，ホテルの定義を含めて，研究対象とするホテルの範囲を明確にすることから考察を開始した。そのうえで，本研究のテーマである「女性ホテル従業員のキャリア」に関する内外の先行研究をレビューする。

国内の先行研究をみると,「女性ホテル従業員のキャリア」を取り扱う研究は,飯嶋（2008）以外には見当たらなかった。そこで,本研究は,次章以降の議論の参考にするために,「女性キャリア」に限定せず,「ホテル従業員」へと検索範囲を広げた。その結果,「国会図書館雑誌記事検索」などのデータベースを活用し,1960年代後半から2009年までに至る期間から27件の先行研究を見出すことができたため,第1章ではこれら先行研究の概要をとりまとめている。

なお,この27件の先行研究は,ホテル従業員の,①キャリアに関連する研究,②感情労働などの心理に関連する研究,③正規・非正規労働に関連する研究,④求める人材,人事評価,教育に関連する研究の4つに分類することができた。

他方,米英などの国ぐにでは,1980年代中葉以降から女性ホテル従業員のキャリア問題が研究の俎上に載りはじめた。そこで,第1章では,女性のキャリア研究を始動させた経緯を含め,研究上の主要な論点を整理した。次いで,米英などの先行研究に内在する問題点,特にその成果をわが国に適用する場合の問題点を指摘する。

(2) ホテル企業の経営と従業員の働き方（第2章）

第2章では,既存の調査データを用いて,わが国のホテル企業の経営実態をふまえつつ,ホテル従業員の働き方を分析した。ホテル企業の女性をとりまく企業の経営環境と労働環境を把握するためである。そして,ここでは,この分析を通じて,以下を明らかにする。

- わが国のホテル業は宿泊業というよりも,多様なサービスを提供する「総合サービス業」である。
- 営業費用に占める人件費比率が高い。
- 女性の勤続年数が短く,入社後5年未満で離職する人が多い。
- 女性正規従業員は,料飲部門や宿泊部門に配属されることが多い反面,調理部門に配属されることはきわめて少ない。
- 正規従業員に占める女性割合はかならずしも高くないが,非正規従業員は

女性であることが多い。
・小規模ホテルを中心に，非正規雇用が進展している。
・業界内に給与格差が存在し，給与水準の高低が勤続年数の長短に影響を与えているようである。

(3) キャリア・モデルとしての総支配人のキャリア・パス（第3章）

　米英などの先行研究は，ホテル企業の組織階梯の上部に，目に見えない「ガラスの天井」というバリアがあり，それが女性の昇進を阻んでいるという。そこで，第3章では，そのバリアを超えた先に存在する職位である総支配人に着目し，質問紙調査法により，彼・彼女らがホテル業に携わってから総支配人に就任するまでのキャリア・パスを把握する。

　総支配人という役職は，わが国の従業員，また諸外国の従業員にとって，キャリア到達目標のひとつとして捉えられている。その意味で，総支配人は，ホテル従業員の理想的なキャリア・モデルである。また，総支配人は，上述したバリアを突破できた人である。そのため，米英などの国ぐにでは，総支配人になった人びととの対比により，女性のキャリア問題を考える研究が多い[49]。

　そして，第3章では，総支配人のキャリア・パスを分析した結果，学生時代に専門教育を受けることがなく，ホテル入社後は主に，管理部門，セールス・マーケティング部門，または宿泊オペレーション部門で勤務したのち，副総支配人または宴会オペレーションの最高責任者を経由して，40歳代半ばにはじめて総支配人に就任するというキャリア・パスを抽出することができた。

　なお，第3章では，国内外のホテル従業員がモデルとする総支配人のキャリア・パスが，わが国と米英などでの国ぐにで同じなのか，それとも異なるのかを知るために，両者の異同についても併せて分析した。

(4) 女性ホテル従業員のキャリア観（第4章）

　第4章は，従前の米英などでの先行研究に不足していた女性従業員のキャリ

ア観を把握するために，質問紙調査法により回答者のプロフィールや，現在の職位に対する満足度，課長相当職以上の管理職（以下「管理職」という）への昇進希望，社内にみられる男女格差，および管理職に就くために必要な資質や能力，または管理職になることを阻む要因などに対する回答者の意見を聴取した。

そして，この調査から，以下の知見を得ることができた。

- 約75％の回答者の職位は係長相当職以下であったが，同時に回答者の約6割は現在の職位に満足していた。
- 管理職への昇進を希望する人は，回答者の約25％にすぎなかった。
- 回答者の半数は，「結婚・出産を迎えるまで」などのように，一定の期間内だけホテル業に従事したいと考えていた。
- 管理職になるためには，「問題解決力」，「仕事に取り組む姿勢」，「効果的なコミュニケーション能力」および「仕事への精励」が重要であると考えられていた。
- 「仕事と家庭生活との両立」がキャリア開発上の最大の障害であると捉えられていた。

(5) **男女のキャリア観とホテル企業の女性管理施策（第5章）**

第5章では，女性従業員のキャリア観を分析した。しかし，それは，女性特有の考え方なのか，それとも男性を含めて一般化できるのかがわからない。そこで，第4章で使用した質問紙を用いて男女のキャリア観を聴取し，その異同を把握した。これにより，女性従業員のキャリア観を相対化させ，より明瞭にすることを目的にしている。

そして，この異同の分析を通じて第5章では，女性従業員の勤続と昇進に対する意欲が男性に比べて希薄であることや，女性がキャリア開発に際して直面する障害について，男女間の意見に相違があることなどを明らかにする。

他方，企業の人事施策は，女性従業員のキャリア開発に対して多大な影響を与えると考える。そこで，第5章は，ホテル企業の人事担当者を対象に質問紙

調査を行うことで，今後重視する人事戦略，産休・育児休業制度などのワーク・ライフ・バランスに配慮した人事制度の整備状況や同制度の利用状況，および女性従業員のマネジメントに関する考え方などを聴取した。

この聴取を通じて第5章では，能力・成果主義がホテル業においても重視されていること，ワーク・ライフ・バランスに配慮した人事制度はあるものの，そのなかには従業員が使いやすい制度と使いにくい制度があること，また，ホテル企業は女性管理職の増加を望んでいるが，それを増加させるための具体策をもっていないことなどを明らかにする。

(6) **女性ホテル従業員のキャリア課題（第6章）**

第6章は，第2章から第5章までで行った，既存データおよび総支配人のキャリア・パスをはじめとする3つの調査の分析結果を踏まえ，女性のキャリア開発に関連し，かつホテル企業が解決すべき課題を明らかにすることを目的にしている。他方，次の第7章では，この課題を解決するための人的資源管理について考察したいと考えている。それゆえ，第6章は，次章の導入部として位置づけることができる。

そして，第6章では，その解決すべき課題として，①女性従業員の早期離職と勤続・昇進意欲の希薄さ，②女性のキャリア開発を阻害する要因の多様さ，③女性のキャリア問題に対する男性の不完全な理解度，④ワーク・ライフ・バランスの困難さ，⑤結婚や出産・育児を契機に非正規化する女性労働，⑥女性が過半を占める非正規雇用で進展する職域の拡大と正規・非正規間の均衡処遇，を取り上げた。

(7) **ダイバーシティ・マネジメントと複線型人事制度（第7章）**

ホテル企業には，年齢，婚姻状況，職位，仕事上の専門性，雇用形態などが異なるさまざまな従業員が働いている。また，第5章で述べたように，男女のキャリア観も異なる。そのため，ホテル企業内には，多様な働き方をする人び

序章　従前の研究との関連性および本研究の目的，問題意識，方法と構成　　33

図序-5　本研究の構成

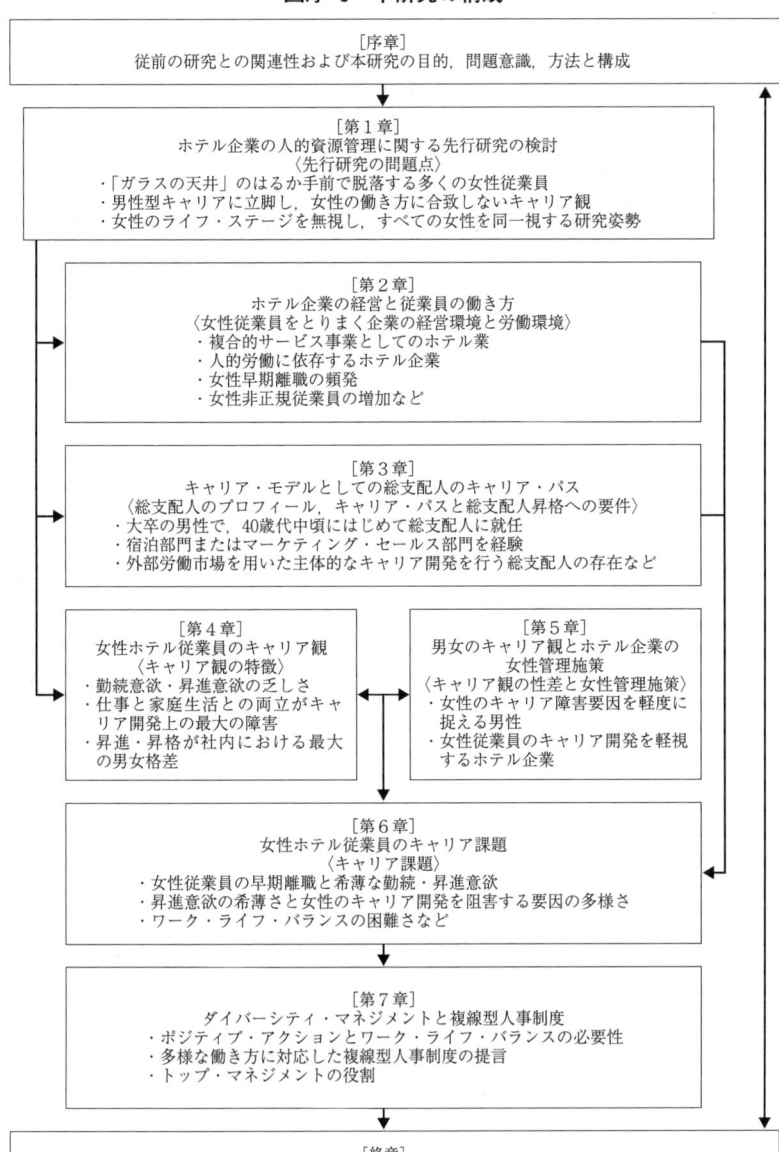

```
┌─────────────────────────────────────────────────┐
│ ［序章］                                          │
│ 従前の研究との関連性および本研究の目的，問題意識，方法と構成 │
└─────────────────────────────────────────────────┘
        │
        ▼
┌─────────────────────────────────────────────────┐
│ ［第1章］                                         │
│ ホテル企業の人的資源管理に関する先行研究の検討      │
│ 〈先行研究の問題点〉                              │
│ ・「ガラスの天井」のはるか手前で脱落する多くの女性従業員 │
│ ・男性型キャリアに立脚し，女性の働き方に合致しないキャリア観 │
│ ・女性のライフ・ステージを無視し，すべての女性を同一視する研究姿勢 │
└─────────────────────────────────────────────────┘
        │
        ▼
┌─────────────────────────────────────────────────┐
│ ［第2章］                                         │
│ ホテル企業の経営と従業員の働き方                   │
│ 〈女性従業員をとりまく企業の経営環境と労働環境〉    │
│ ・複合的サービス事業としてのホテル業               │
│ ・人的労働に依存するホテル企業                     │
│ ・女性早期離職の頻発                               │
│ ・女性非正規従業員の増加など                       │
└─────────────────────────────────────────────────┘
        │
        ▼
┌─────────────────────────────────────────────────┐
│ ［第3章］                                         │
│ キャリア・モデルとしての総支配人のキャリア・パス    │
│ 〈総支配人のプロフィール，キャリア・パスと総支配人昇格への要件〉 │
│ ・大卒の男性で，40歳代中頃にはじめて総支配人に就任  │
│ ・宿泊部門またはマーケティング・セールス部門を経験   │
│ ・外部労働市場を用いた主体的なキャリア開発を行う総支配人の存在など │
└─────────────────────────────────────────────────┘
        │
        ▼
┌──────────────────────────┐   ┌──────────────────────────┐
│ ［第4章］                 │   │ ［第5章］                 │
│ 女性ホテル従業員のキャリア観│◄─►│ 男女のキャリア観とホテル企業の│
│ 〈キャリア観の特徴〉       │   │ 女性管理施策              │
│ ・勤続意欲・昇進意欲の乏しさ│   │ 〈キャリア観の性差と女性管理施策〉│
│ ・仕事と家庭生活との両立がキャ│  │ ・女性のキャリア障害要因を軽度に│
│ 　リア開発上の最大の障害   │   │ 　捉える男性              │
│ ・昇進・昇格が社内における最大│  │ ・女性従業員のキャリア開発を軽視│
│ 　の男女格差              │   │ 　するホテル企業          │
└──────────────────────────┘   └──────────────────────────┘
        │
        ▼
┌─────────────────────────────────────────────────┐
│ ［第6章］                                         │
│ 女性ホテル従業員のキャリア課題                     │
│ 〈キャリア課題〉                                  │
│ ・女性従業員の早期離職と希薄な勤続・昇進意欲        │
│ ・昇進意欲の希薄さと女性のキャリア開発を阻害する要因の多様さ │
│ ・ワーク・ライフ・バランスの困難さなど              │
└─────────────────────────────────────────────────┘
        │
        ▼
┌─────────────────────────────────────────────────┐
│ ［第7章］                                         │
│ ダイバーシティ・マネジメントと複線型人事制度        │
│ ・ポジティブ・アクションとワーク・ライフ・バランスの必要性 │
│ ・多様な働き方に対応した複線型人事制度の提言        │
│ ・トップ・マネジメントの役割                       │
└─────────────────────────────────────────────────┘
        │
        ▼
┌─────────────────────────────────────────────────┐
│ ［終章］                                          │
│ 本研究の要約，発見，貢献および結論と今後の研究課題  │
└─────────────────────────────────────────────────┘
```

筆者作成。

とや，労働に対してさまざまな考え方をもつ人びとが混在しているといえる。

それゆえ，ホテル企業は，その多様性に対応したダイバーシティ・マネジメントと，それを具現化した新しい人事制度の導入が求められている。そこで，第7章では，この人事制度として，多様な働き方に対応可能な複線型人事制度を提唱した。

しかし，この人事制度だけでは，女性のキャリア開発問題は解決できない。第4章で明らかにしたように，女性のキャリア開発に対する最大の障害が仕事と家庭生活の両立であった。そのため，本研究は，複線型人事制度に加え，ワーク・ライフ・バランス制度を同時に完備することが不可避であると主張した。

さらに，ワーク・ライフ・バランスが保たれていても，女性を積極的に活用し，登用することがなければ，女性は今日と同じようにすぐに辞めてしまうであろう。そこで，ポジティブ・アクション制度も欠かせない。

そして，第7章では，このワーク・ライフ・バランス制度とポジティブ・アクション制度の理念は，複線型人事制度の完成により，結実すると述べている。さらに，ダイバーシティ・マネジメントの導入事例を観察すると，トップ経営者の関与が重要であることが理解できたため，このトップ経営者の役割について付言した。

以上，本研究の構成を概観した。そして，各章間の関係を示すと図序-5のようになる。

注
（1） これについては，飯嶋（2001）9-15頁参照のこと。
（2） 「サービス」という言葉の日常的な用法については，羽田（1998：3-7）を参照のこと。
（3） Lovelock（1992）p.22.
（4） Grove & Fisk（1996）は，これらを演劇にたとえて，「フロント・ステージ（front stage）」，「バック・ステージ（back stage）」と呼んでいる。
（5） 例えば，レストランの顧客は，厨房内をほとんど目にすることがない。また，顧

客は，料理の完成度に対して関心をもつものの，食材の仕入れや調理作業などのバック・オフィスでの活動に関心を抱くことが少ない。
(6) Herzberg (1966) を参照。
(7) 以下の記述は，Aldrich & Herker (1977) を参照。
(8) 米国のGallup社が1988年に米国消費者1,005人を対象にして，「あなたにとって『サービスのクオリティ』とはなにを意味しているか」と質問した調査によると，回答者の3分の1は，これがもっとも多い回答であったが，礼儀正しさ，態度，親切さなどの接客従業員に関連した事項をサービス・クオリティと考えていた。この調査については，Gallup (1988) を参照のこと。
(9) Heskket et al. (1994) を参照。
(10) Zeithaml & Bitner (1996) を参照。
(11) Pfeffer (1994) を参照。
(12) 例えば，Bitner et al. (1990), Bitran & Hoech (1990), Schneider (1980) など。
(13) これについては，飯嶋前掲書（2001），68-95頁を参照のこと。
(14) 同上，96-149頁を参照のこと。
(15) Maxwell et al. (2000) を参照。
(16) Thomas (1990) を参照。
(17) 日経連研究会（2001）を参照。
(18) 渡辺（2008）を参照。
(19) この女子学生比率については，例えば，Knutson & Schmidgall (1999), Purcell (1996), Richardson (2009), Umbreit & Diaz (1994) を参照のこと。
(20) Pizam (2006) を参照。
(21) 例えば，平成21年度の東洋大学国際地域学部国際観光学科では，専門課程に学ぶ2年生から4年生の754人のうち女子学生が約6割を占める。また，同学科でホスピタリティ経営を専攻する学生をみると，その7割は女性である。
(22) 小久保（2002）を参照。
(23) この調査は，同誌の読者を対象に行われ，回答者の約85％は正規従業員で，8割は30歳代以下であった。また，回答者の7割は，ホテル業界での勤続年数が10年以下である。
(24) Woods & Viehland (2000) を参照。
(25) Mooney (2009) を参照。
(26) Lam et al. (2001) を参照。
(27) Brownell (1994) を参照。
(28) この人材不足問題については，例えば，Barr (2006), Robinson & Barron (2007) を参照のこと。
(29) これについては，Andorka (1996), Dermady & Holloway (1998), Hinkin & Tracey (2000) を参照のこと。

(30) 南（2006）を参照。
(31) 小川（2007）を参照。
(32) 中村（2009）を参照。
(33) Hofman & Steijin（2003）を参照。
(34) 呉（1997）または金（2007）を参照。
(35) 市川（2003）を参照。
(36) 従業員10名以上を雇用する国内の旅館，ホテル5,114社を対象に行った調査であり，従業員数やその雇用形態別の構成，賃金，または労働時間などについて聴取している。なお，有効回答数940件，回答率18.4％であった。
(37) Baum（2006）p.316を参照。
(38) 『週刊ホテルレストラン』（2009f）66頁を参照。
(39) Great Place to Work Institute 社は，米国に本部を置く研究機関であり，コンサルティング企業である。同社は毎年，アメリカ，EU加盟国，インドや韓国など，世界40ヵ国の企業のなかから，「働きがいのある会社」を選定している。
(40) 国内の主要企業約4,000社を対象にして，管理職への女性登用度をみる「管理職登用度」や育児支援プログラムの有無などをみる「ワーク・ライフ・バランス度」などの4項目を数値化し，その上位100社を毎年発表している。
(41) 川本（2004）を参照。
(42) 米英などにおいても状況は同じであり，これについては, Eagly & Carli（2007）を参照のこと。
(43) 国内の旅館2軒，ホテル8軒を対象にして，営業概況，従業員構成，人材採用実績，女性従業員の活用度や能力開発，または人事制度などについてケーススタディ的に調べた調査である。
(44) 武石（2006）を参照。
(45) 松浦・滋野（2005）を参照。
(46) Sullivani & Mainiero（2007）を参照。
(47) Mooney & Ryan（2009）を参照。
(48) Knutson & Schmidgall（1999）を参照。
(49) これについては，例えば, Maxwell（1997），Woods & Viehland（2000）を参照のこと。

第1章

ホテル企業の人的資源管理に関する先行研究の検討

第1節　はじめに

　本研究はこれまで,「ホテル」を定義せずに使用してきた。しかし,わが国では,「ホテル」という言葉が多義的に使われており,その使用基準があいまいである。例えば,畳敷きの客室だけの宿泊施設,本来であれば「旅館」と呼称すべき施設が,「観光ホテル」や「温泉ホテル」などのように,その名称に「ホテル」を付加したり,または簡易宿泊所が「カプセルホテル」と,ペットの短期預かり所が「ペットホテル」と称したりするなどである。

　また,一概にホテルといっても,実際にはさまざまな業態が存在する。例えば,海浜や高原,温泉地などの都市圏から離れたリゾートに立地する「リゾートホテル」と,都市部に立地するホテルでは,付帯する施設の内容（例えば,後者は前者に比べレストランや宴会場が多い）や利用客（例えば,前者は観光旅行者が多い反面,後者ではビジネス客が多い）などが異なる。

　また,都市に立地していても,もっぱらビジネス客の宿泊ニーズのみに焦点をあてた運営を行ういわゆる「ビジネスホテル」と,宿泊機能に加えレストランや宴会などの料飲機能を充実させたいわゆる「都市ホテル」では,客室構成（例えば,前者はシングルルームが中心になり,後者はツインルームが中心になる）や客室料金,または従業員数などが著しく相違する。

　そのため,本研究は,包括的にホテルを取り扱うことができないと考える。そこで,本章は最初に,「ホテル」が有する多義性を避けるために,旅館業法など

の法律が定めるホテルの定義をとりまとめる。その後，ホテルの分類手法に言及することで，業態の多様性を整理し，本研究が対象とするホテルの範囲を明確にしたい。そのうえで，本章は，本研究のテーマである「女性ホテル従業員のキャリア」に関する内外の先行研究をレビューする。

この先行研究に関して，まず国内をみると，「国会図書館雑誌記事検索」などのデータベースを用いて検索した結果，「女性ホテル従業員のキャリア」をテーマとする研究は，飯嶋（2008）以外には見出すことができなかった。そこで，次章以降の議論の参考にするため，「女性従業員のキャリア」に限定せず，「ホテル企業の従業員」へと検索範囲を広げたところ，1960年代後半から2009年までの期間で27件の研究成果を抽出することができた。そこで，本章は，この27件の成果について概説する。

なお，この27件の先行研究は，ホテル従業員の，①キャリアに関連する研究（5件），②感情労働などの心理に関連する研究（8件），③正規・非正規労働に関連する研究（7件），④求める人材，人事評価，教育に関連する研究（7件）の4つに分類することができる。

他方，米英などの国ぐにでは，1980年代中葉以降から女性ホテル従業員のキャリア問題が研究の俎上に載りはじめた。そこで，本章は，女性のキャリア研究を始動させた経緯を含め，研究上の主要な論点を整理する。次いで，米英などの先行研究が内包する問題点，特にその成果をわが国に適用する場合の問題点を指摘したい。

第2節　本研究が対象とするホテル

1　旅館業法による宿泊施設の種類とホテルの定義

わが国では，旅館業法[1]第2条において宿泊施設を，①ホテル，②旅館，③簡易宿泊所，および④下宿の4つに区分している。このうちの簡易宿泊所とは，宿泊する場所が主として多人数で共用され，宿泊または宿泊と食事を利用客に

提供する施設である。具体的には，山小屋，ベッドハウスやカプセルハウスなどがこれに属する。

また，下宿とは，主として長期間（通常は月を単位とする），食事付きで宿泊を提供する，または寝具を提供して宿泊させる施設を指す。いわゆる「下宿屋」がこれに該当する。ただし，住宅および住宅の一部を賃貸するアパートや貸家，貸間は，不動産業の物品賃貸に該当し，下宿に含めない。

これに対して，ホテルと旅館はともに，主として短期間（通常は日を単位とする），宿泊または宿泊と食事を利用客に提供する施設である。しかし，前者は，「洋式の構造および設備」[2] を主とし，後者は，「和式の構造および設備」[3] を主とする宿泊施設と定められており，施設のハード面がホテルと旅館では異なっている。

この施設のハード面に関して，旅館業法施行令第1条は，ホテルであるためには客室が10室以上あり，1室の床面積が9㎡以上でなければならないと規定している。また，同条は，その他の基準として，①洋式の寝具，②出入り口の施錠，③適当な数の洋式浴室またはシャワー，④水洗かつ座便式のトイレ，⑤洗面施設，⑥玄関帳場（フロント，ロビー）などの備え付けや設備を求めている。

さらに，国際観光ホテル整備法[4]施行規則は，ホテルであるための基準として，シングルルームであれば床面積が9㎡以上，その他のタイプの客室では13㎡以上の面積をもち，①浴室またはシャワー室およびトイレ，②適当な採光ができる開口部，③冷水または温水が出る洗面設備，④出入り口の施錠，⑤電話などを備えた基準客室が最低でも15室以上あり，かつ，この基準客室が客室総数の2分の1以上なければならないと定めている（表1-1参照）。

一方，旅館であるためには，①客室が5室以上あること，②1室の面積が7㎡以上あること，③宿泊しようとする者との面接に適する玄関帳場やそれに類する設備を有すること，④適当な換気，採光，照明，防湿および排水の設備を有すること，⑤近隣に公衆浴場がある場合を除き，適当な規模の入浴施設を有す

表1-1 法律が定めるホテルの施設・設備基準の例

法的基準	旅館業法施行令	国際観光ホテル整備法施行規則
施設構造設置基準	洋式の構造および設備を主とする	洋式の構造および設備をもって造られていること
客室数	10室以上	基準客室が15室以上あり、かつ客室総数の2分の1以上あること
客室面積	9㎡以上	客室とそれに付属する浴室、便所などを含む床面積がシングルルームで9㎡以上、その他は13㎡以上あること

筆者作成。

ることなどが必要になる。

2 国際的なホテルの分類手法

　しかし、旅館業法などが定める施設・設備基準にしたがう施設であったとしても、旅館には観光旅館、都市旅館、割烹旅館などさまざまな形態が存在する[5]。また、ホテルも同様である。そこで、通常ホテルは、立地、利用目的、滞在期間、価格などにより、分類・整理されることが多い。

　この分類・整理を行うとき、米英などの国ぐにではホテルを、①宿泊機能に加え、レストランや宴会場を付帯し、料飲機能を充実させた「フル・サービス型ホテル（full-service hotel）」と、②料飲機能をほとんどもたず、宿泊機能に特化した「リミテッド・サービス型ホテル（limited-service hotel）」にしばしば大別する[6]。

　そして、提供されるサービスのグレードと宿泊料金の昇順により、①バジェット（budget）、②エコノミー（economy）、③ミッドプライス（midprice）、④アップスケール（upscale）、⑤ラグジュアリー（luxury）の5つにホテルを分類することが一般的である[7]（以下、この5タイプによるホテルの分類を「国際的なホテル分類」という）。

このうちのバジェットとエコノミーは，リミテッド・サービス型ホテルであり，アップスケールとラグジャリーはフル・サービス型ホテルである。ただし，ミッドプライスは，リミテッド・サービス型であることも，またフル・サービス型であることもあり，中間的な存在として位置づけられている。

　また，世界のホテル業では，ひとつから5つの星やダイヤモンド，または国花（韓国のムクゲ，台湾の梅）などのシンボルを使用し，サービス・グレードや価格の違いを明示することがある。その場合の星やダイヤモンドなどの個数は，上述したサービス・グレードと宿泊料金に基づくホテル分類におおむね対応しており(8)，両者の関係を示すと表1-2のようになる。

　この国際的なホテル分類に対して，わが国では，一般社会，マスコミ，業界がそれぞれイメージした社会通念上の分類がなされている(9)。そのため，かならずしも定説的な分類手法があるわけではない。また，わが国には米英などの

表1-2　世界のホテル分類と星級グレードとの関係

機能 による分類	← リミテッド・サービス型			フル・サービス型 →	
価格帯 による分類	バジェット budget	エコノミー economy	ミッド プライス midprice	アップ スケール upscale	ラグジャリー luxury
平均価格帯 US$	35-49	49-69	69-125	125-225	150-450
星　数	1星	2星	3星	4星	5星
代表的 ホテル	Sleep Inns Thrift Lodge Sixpence Inn	Holiday Inn Express Ramada Limited Comfort Inn Best West- ern Hampton Inn	Holiday Inn Courtyard Inn Days Inn Ramada Inn Travelodge Hotels Four Points	Marriott Omni Ramada Sheraton Hyatt Hilton Westin	Crown Plaza Renaissance Sheraton Grande Hyatt Regency Westin Hilton Tower Ritz-Carlton

出所：Walker（2007）134頁を利用して筆者作成。

国ぐにでみる星級制度のようなホテルのグレードを示す客観的な指標がない。

しかし，従前はホテルを，その立地に基づき，「都市ホテル」と「リゾートホテル」に大別し，さらに前者をフル・サービス型の都市ホテルと，リミテッド・サービス型のビジネスホテルに二分する分類法がしばしば用いられてきた[10]。なお，この場合，リゾートホテルは，客室以外に複数の宴会場，レストラン・バー施設や売店などを有することが多いため，フル・サービス型ホテルに位置づけられる。だが，近年わが国において，特にビジネスホテルと都市ホテルの形態が多様化しており，従前の分類手法では，齟齬が生じるようになってきた。

わが国の伝統的な宿泊施設である旅籠や旅館は，人びとの社会生活上の必要性から自然発生し，発展してきた。これに対してホテルは，江戸時代末期の1868（慶応4）年に竣工した「ホテル館」がその嚆矢といわれているように[11]，開国にともない来訪しはじめた外国人の接遇を目的に建設され，西洋化のための人為的な産物として創出された。そのため，国内の人びとのあいだには，一部の富裕層を除くと，ほとんどホテル需要がなかった。

また，外国人を対象にした宿泊施設であったため，その立地は，彼らの来訪が多い首都東京と貿易港を擁する横浜や神戸などの大都市，および文化・歴史遺産を観光するために訪れる奈良や京都など，または避暑・避寒のために訪れる鎌倉，箱根，軽井沢，日光などの海浜や高原のリゾート地に限定されていた。その結果，わが国のホテルは，都市ホテルとリゾートホテルというふたつの形態により創始されたことになる。

初期のわが国のホテルは，もっぱら外国人のための宿泊施設であった。そして，このようなホテルの性格は，1950年代末まで続く。しかし，1960年代以降順次開催された東京オリンピック，大阪万国博覧会，札幌冬季オリンピックや沖縄海洋博覧会を契機に，国内の各地でホテル建設ブームが起こった。

また，1960年代以降になると，東海道新幹線の開通，高速道路網の整備やジャンボジェット機の導入などにより，旅行が安価に，かつ効率的に実施できるようになった。そして，ホテル施設数の急増と旅行の効率化，および衣食住の

洋風化が，国民のホテル利用を促すとともに，同時に生起した高度経済成長が企業活動を活発にさせ，ビジネスでの出張機会を増大させた。

そして，1960年代後半になると，このビジネス客の出張需要に対応し，必要最低限の機能を具備したシングルルームが主たる客室となり，かつ，彼らの出張手当で賄えるように，1泊5,000円から10,000円程度の廉価な価格でそれを販売するビジネスホテルという新たな形態が生まれた。ワシントンホテル，サンルートホテルや東急インなどが先駆的ビジネスホテルである。

なお，このビジネスホテルは，レストラン施設を複数もつことや宴会場を付帯することがほとんどないため，宿泊機能が主体になったリミテッド・サービス型ホテルであるといえる。また，ビジネスホテルは，その客室料金をみるかぎり，国際的なホテル分類のエコノミー・タイプのホテルと解することができる。

さらに，1980年代に入ると，わが国の経済が最盛期を迎えるなか，法人による宴会や取引先の接待，または個人による婚礼需要が旺盛になる。そして，ビジネスホテルのなかから，この需要に対応すべく，基本はビジネスホテルでありながら，多種多様な客室タイプをもつだけでなく，複数のレストラン施設や宴会場を併設したホテル，つまり，「コミュニティホテル」へと転換するものが現れた[12]。

このコミュニティホテルは，宿泊料金はビジネスホテルと同水準の低額であるが，付帯施設や提供されるサービス内容が都市ホテルに類似していることから，フル・サービス型ホテルに近い性格を有している。そのため，国際的なホテル分類がいうミッドプライスホテルに近似した存在になっている。

加えて，1990年代になると，もっぱらビジネス客を顧客対象にしながら，徹底的に省力化を図り，付帯施設をより一層簡素化したホテルが誕生しはじめる。東横イン，ルートイン，スーパーホテルやR&Bなどがその典型例である。

このタイプのホテルでは，シングルルームを1泊5,000円前後で販売しており，また営業収入の9割以上が室料収入である。そのため，宿泊機能のみに特化し

たビジネスホテル，つまり，「宿泊特化型ビジネスホテル」と呼称できる。そして，その客室料金をみると，国際的なホテル分類のバジェットホテルに類似していることがわかる。

他方，都市ホテルにおいても変化がみられる。たしかに，従前のわが国の都市ホテルとリゾートホテルは，宿泊料金や提供されるサービスのグレード，施設内容などから判断して，アップスケール以上のホテルに比肩できることが多かった(13)。

しかし，2002（平成14）年頃から，フォーシーズンズホテル，コンラッドホテル，マンダリンオリエンタルホテルやザ・リッツ・カールトン・ホテルなどの外資系超高級ホテルが東京に進出してきたことにより，国際的なホテル分類のラグジャリーに相当する形態が確立するようになった。そして，この形態に属するホテルは，通常の都市ホテルに比べて，客室が相対的に少ないものの，平

図1-1　ホテル形態の多様化の過程と国際的なホテル分類との比較

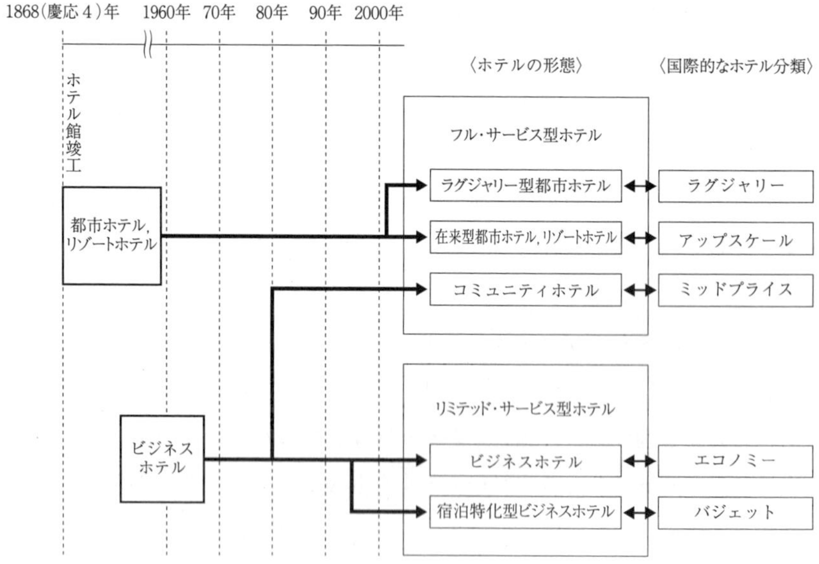

年代	ホテルの形態	国際的なホテル分類
1868（慶応4）年　ホテル館竣工		
1960年〜 都市ホテル，リゾートホテル	フル・サービス型ホテル：ラグジャリー型都市ホテル	ラグジャリー
	在来型都市ホテル，リゾートホテル	アップスケール
	コミュニティホテル	ミッドプライス
ビジネスホテル	リミテッド・サービス型ホテル：ビジネスホテル	エコノミー
	宿泊特化型ビジネスホテル	バジェット

筆者作成。

均客室単価が4万円から5万円と高額になっている。そのため,「ラグジュアリー型都市ホテル」と呼ぶことができる。

また,この形態のホテルは,通常の都市ホテルに比べて,顧客に対する人的なサービスが濃密である反面,レストランや宴会場などの料飲関連施設が絞り込まれており,逆に,宿泊機能を強化した施設づくりを行っている。それゆえ,ラグジュアリー型都市ホテルは,フル・サービス型都市ホテルでありながら,リミテッド・サービス型ホテルに近い形態になっている[14]。

以上,近年のわが国で生起したホテル形態の多様化を概説した。この多様化により,わが国においても,在来の都市ホテルとリゾートホテルにビジネスホテルなどが加わったことで,国際的なホテル分類と同様に,5つのグレードにホテルを分類することができるようになってきた。そして,この多様化の過程とグレード別の形態を図示すると図1-1のようになる。

3　研究対象となるホテルの範囲

世界の宿泊業は一般的に,就業者に占める女性割合が高い産業である。そのため,わが国で女性のキャリアを研究する場合,ホテル業に限定せず,旅館業なども対象にすべきである。特に,著名な温泉地や景観地にある観光旅館には,運営上の最高責任者である女将をはじめとして,多くの女性が仲居などで働いており,女性の存在を無視しては一日たりとも営業できない。

また,近年,観光旅館では団体客から個人客に顧客像がシフトしている。そして,この変化に歩調を合わせて,小規模で,高単価,かつ2人客をターゲットにした高級旅館が注目されている。このような高級旅館では,在来型都市ホテルやラグジュアリー型都市ホテルなどと同様に,きめ細かい顧客接遇を目指しており,その担い手である女性従業員のキャリア開発を積極的に支援している。例えば,山形県の「かみのやま温泉」にある株式会社古窯では,女性従業員の離職率低減のために,1993年から週休2日制を導入している。また,同社は,結婚や出産で退職した女性であっても,子育てが一段落したときに職場復帰で

きる制度をもっている(15)。

　しかし，本研究は，序章で述べたように，米英などの先行研究に対する疑義が動機になり始動した。そして，それらの国ぐにには，旅館が存在しない。そこで，本研究は，観光旅館や高級旅館などの旅館一般を研究対象から除外した。ただし，旅館業における女性従業員の重要性は十分首肯できるため，終章の「今後の研究課題」のなかで改めてこのテーマを論述したい。

　そのうえで，本研究は，以下に述べる理由から，わが国のホテル業に焦点を絞り，①ラグジャリー型都市ホテル，②在来型の都市ホテルとリゾートホテル，および③コミュニティホテルを研究対象にする。

(1) 米英などの先行研究との整合性

　米英などの国ぐにでは，ホテル業，飲食業，ケータリング業およびエンターテインメント業(16)を包括して，「ホスピタリティ産業」と呼んでいる。そして，ホスピタリティ産業の人的資源管理論関連の研究は，ホテル業と飲食業を中心に行われてきた(17)。しかし，同産業に従事する女性のキャリア研究は，飲食業ではなく，主にホテル業で行われている。また，それは，もっぱらラグジャリーホテルか，アップスケールホテルの従業員を研究対象にしてきた(18)。

　このふたつが選ばれた理由については，明示されていない。だが，これらの形態のホテルでは，他の形態のホテル以上に人的サービスを重視している。そして，その優劣が顧客の満足を，終局的にはホテルそのものの収益を左右すると考えられている。そのため，ラグジャリーホテルとアップスケールホテルでは，人的資源管理が特に重要になることから，研究者の注目を集めたと推測する。

　また，ラグジャリーホテルとアップスケールホテルでは一般的に，従業員数が多い。それゆえ，研究対象が豊富に存在するため，これらふたつが選択されたのではないか。さらに，この形態のホテルでは，24時間営業のルームサービス，コンシェルジェサービスや，バラエティに富んだレストランやバー，また

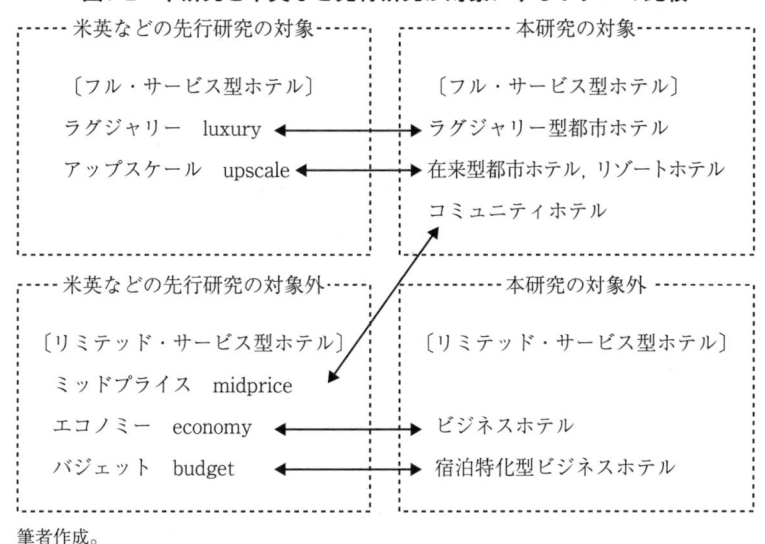

図1-2 本研究と米英など先行研究が対象にするホテルの比較

米英などの先行研究の対象
〔フル・サービス型ホテル〕
ラグジャリー　luxury ⟷ ラグジャリー型都市ホテル
アップスケール　upscale ⟷ 在来型都市ホテル, リゾートホテル

本研究の対象
〔フル・サービス型ホテル〕
コミュニティホテル

米英などの先行研究の対象外
〔リミテッド・サービス型ホテル〕
ミッドプライス　midprice
エコノミー　economy ⟷ ビジネスホテル
バジェット　budget ⟷ 宿泊特化型ビジネスホテル

本研究の対象外
〔リミテッド・サービス型ホテル〕

筆者作成。

　は会議室や宴会場など多様な施設や機能を備えている[19]。これにより，そこにはさまざまな職種と職位が存在する。それゆえ，キャリア研究の対象として適切と考えられたのであろう。

　一方，本研究は，米英などの先行研究がラグジャリーホテルとアップスケールホテルを研究対象にしていることを勘案したとき，その研究成果の是非を検討するためには，それとの整合性を保つ必要があると思慮する。そうであるとすれば，本研究も，わが国のホテルのなかから，アップスケールとリミテッドに相当するものを抽出し，それらホテルを研究対象にしなければならない。

　その際，わが国では，前掲図1-1で示したように，ラグジャリー型都市ホテルと，在来型の都市ホテルおよびリゾートホテルがそれに該当する。また，コミュニティホテルは，グレード的にはミッドプライスのホテルであるが，フル・サービス型のホテルとみなすこともできるため，本研究は，これを研究対象に加えた（図1-2参照）。

(2) キャリア開発の「フィールド」としての企業と雇用者を対象にしたキャリア研究

　他方，わが国のリミテッド・サービス型ホテルは，しばしば女性を雇用している。例えば，この形態の典型例のひとつである「東横イン」は，女性従業員を積極的に活用することで知られている[20]。そして，同社のホテル運営責任者である支配人とその部下は，一部の例外を除き，すべて女性である。このうちの支配人は，当該ホテルの開業1ヵ月前に採用され，1ヵ月の研修期間を経て実戦に投入される[21]。また，支配人には，ホテル業での就業経験は要求されず，むしろ，未経験者のみが採用されている[22]。

　さらに，同ホテルの支配人は，当該ホテルの地元から採用され，転勤がない。加えて，大半の支配人は定年まで支配人のままで[23]，それを超えた上位職へのキャリア・アップがない。逆に，支配人として不適任であると判断された場合には，配置転換ではなく，辞職が勧告される[24]。

　そのため，東横インが女性を活用しているというものの，同社のホテルで働く女性には，ほとんどキャリア・ラダーがない。また，幅広い職務や部門を経験するという意味でのキャリアの横幅もきわめて狭い。これにより，東横インという会社が，ホテル従業員としてのキャリアを開発するための「フィールド」になっているとは考えにくい。

　また，ビジネスホテルや宿泊特化型ビジネスホテルのようなリミテッド・サービス型ホテルは，フル・サービス型ホテルに比べて，オペレーションが容易で，標準化，マニュアル化しやすい。そのため，フランチャイズ方式により施設を運営するホテル企業が多い[25]。この場合，フランチャイジーのホテルで働く人びとはしばしば，オーナーの家族が中心になる。だが，従前のキャリア研究は，家族従業員ではなく，雇用者を対象にしてきた。

　それゆえ，本研究は，この点から考えて，研究対象からリミテッド・サービス型ホテルを除外すべきと結論づけた。その結果，本研究の対象は，フル・サービス型として分類できるホテルとなり，それを図示すると，図1-3のようにな

第1章 ホテル企業の人的資源管理に関する先行研究の検討　49

図1-3　本研究が対象とするホテルの範囲

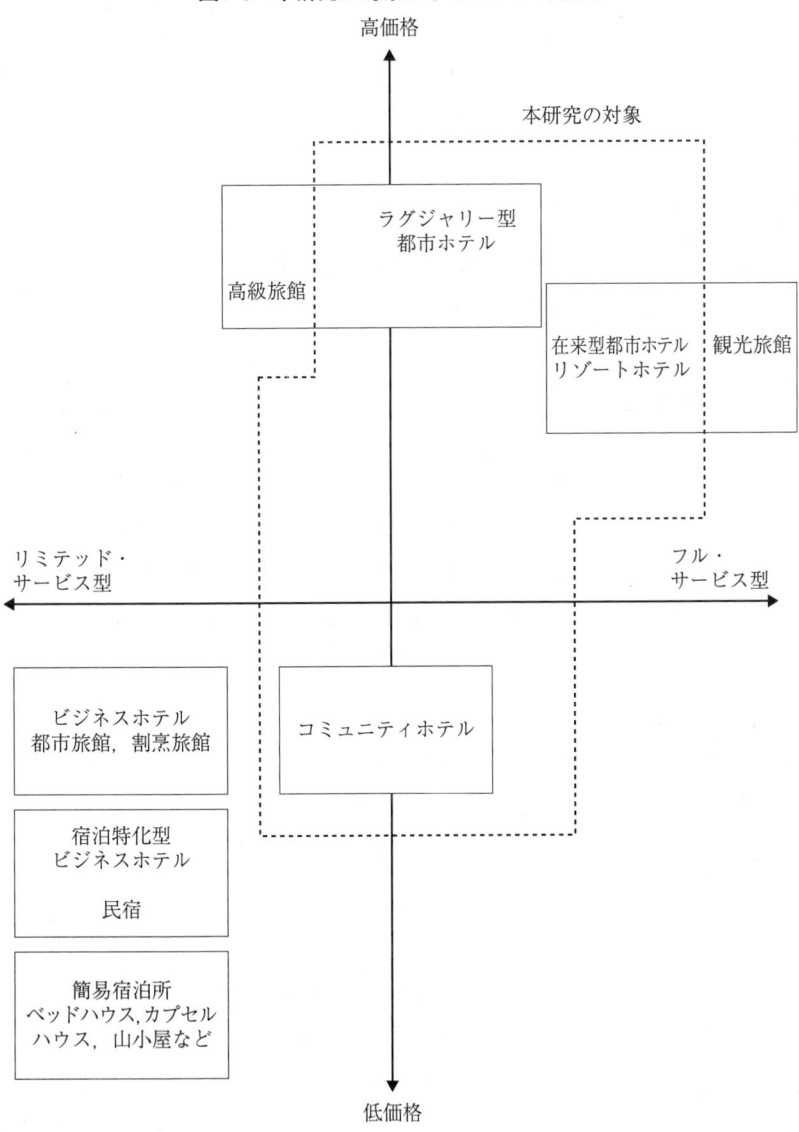

（縦軸：高価格／低価格、横軸：リミテッド・サービス型／フル・サービス型）

本研究の対象：
- ラグジャリー型都市ホテル
- 高級旅館
- 在来型都市ホテル／リゾートホテル
- 観光旅館

その他：
- ビジネスホテル，都市旅館，割烹旅館
- コミュニティホテル
- 宿泊特化型ビジネスホテル，民宿
- 簡易宿泊所，ベッドハウス，カプセルハウス，山小屋など

筆者作成。

る。

　また，本節以降で「ホテル」と記述する場合，特段のことわりがないかぎり，図1-3で示したホテルを意味し，また「ホテル企業」という場合は，帝国ホテル，ホテルオークラ，ホテルニューオータニ，シェラトン，ヒルトン，プリンスホテル，JALホテルズ，全日空ホテル，エクセル東急，万平ホテル，富士屋ホテルなどのようなホテルを運営する会社を指し示すことにする。

第3節　ホテル企業の人的資源管理に関するわが国の先行研究

1　先行研究の特徴

　ホテル企業を対象にした人的資源関連の先行研究を，「Google Scholar (http://scholar.google.co.jp/)」，「国会図書館雑誌記事索引検索 (http://opac.ndl.go.jp/)」，「CiNii NII論文情報ナビゲータ (http://ci.nii.ac.jp/)」および「MAGAZINEPLUS (http://web.nichigai.co.jp/)」を利用し，検索した結果が表1-3である。

　なお，この検索では，「ホテル，従業員，人的資源，キャリア，雇用，教育，採用」などのホテル企業の人的資源に関連するテーマを連想させるキーワードを用いた。そして，学会発表要旨や業界報告などの記事を除外し，純粋な学術研究のみを抽出した。その結果，27件の先行研究を見出すことができた。

　一方，関連する著書としては，吉田（2004）のみがあった。しかし，その内容は，吉田が著した従前の論文が基になっているため，その概要説明は割愛する。

　前出の「国会図書館雑誌記事索引検索」では，1968年以降から2009年に至るまでの雑誌掲載論文を検索した。しかし，他のデータベースを用いたときと同様に，27件以上の先行研究を発見することはできなかった。

　さらに，この27件のうちの22件は2000年以降に発表された研究であり，また11件は2005年以降のものである。そのため，ホテル企業の人的資源管理に関す

る研究は，わが国ではまだ新しい分野であることが理解できる。加えて，27件の研究のうち，6人の研究者が18件の成果を発表しており，研究の歴史が浅いだけでなく，研究者そのものが少ないことがわかる。

そこで，次に，上述した27件の先行研究の概要を記述すると以下になる。

2 従業員のキャリアに関連した研究（表1-3の1から5）

原（1978）は，立教大学卒業者でホテル企業に就職した223人（有効回答者数173人，回答率77.6％）を対象にして，質問紙調査法により，そのキャリア開発過程について調べている。この結果，以下がわかった。

① ホテル企業への就職が第1希望であった回答者は全体の27.7％，第2・第3希望であった人が27.3％であった。これに対して，「他にやりたい仕事がないためホテルを選んだ」と答えた人が24.8％存在していた。
② 大学入学前からホテル企業に就職したいと考えていた人は回答者のうちの21.9％にすぎず，回答者の半数（52.9％）は大学在学中に就職を希望するようになった。
③ 回答者の勤続意欲を聴取したところ，「定年までホテルで働き続けたい」と考えている人は全体の38.2％にすぎなかった。逆に，「いつまで働くかよくわからない」と考えている人が31.2％存在していた。この勤続意欲を年齢層別にみると，20歳代で「ずっと働き続けたい」と考えている人の割合が24.7％ともっとも低く，40歳代以上ではそれが50％に上昇していた。つまり，若年者の勤続意欲が希薄であり，年齢が高まるほど勤続意欲も高まる傾向がある。
④ ホテル企業への就職を強く希望していた回答者ほど，現在の職務に満足している傾向がみられた。
⑤ 回答者の41.6％は，ホテル業内で転職した経験があった。
⑥ ホテル業内で転職経験がある人の主な転職理由は，「もっとやりがいのあ

表1-3　人的資源管理に関連するわが国の先行研究の一覧

従業員のキャリアに関連した研究	従業員の心理に関連した研究	正規・非正規労働に関連した研究	求められる人材像,人事評価,人材教育に関連した研究
1．原　（1978）	6．佐藤　（1986）	13．呉　（1997a）	21．呉　（1997b）
2．上野山（2002）	7．劉　（2002a）	14．佐野　（2002）	22．吉田　（1999）
3．Yamashita & Uenoyama(2006)	8．劉　（2002b）	15．金　（2003）	23．吉田　（2001a）
4．飯嶋　（2007）	9．劉　（2002c）	16．吉田　（2003）	24．吉田　（2001b）
5．飯嶋　（2008）	10．崔　（2005）	17．金　（2004）	25．作古　（2002）
	11．崔　（2008）	18．金　（2007a）	26．西山　（2007）
	12．竹田　（2009）	19．金　（2007b）	27．村瀬　（2007）
		20．和田　（2007）	

筆者作成。

る仕事をしたいため」,「会社の制度,経営方針,将来性に不安や疑問があったから」であった。

⑦　回答者が新入社員時代に就いた仕事は,ウェイター,ベルボーイなど顧客に直接サービスを提供する仕事であった。

⑧　回答者の50％は,配置転換により,過去10年間に3つの部門を経験しており,または過去5年間では80％の回答者が2部門を経験していた。そして,経験した部門としては,宿泊部門,料飲部門が相対的に多かった。

⑨　入社後,係長に昇格するまでの期間の平均は8.4年であった。

上野山（2002）は,ホテル従業員とのインタビュー調査を通じて,ホテル企業の組織文化,従業員の教育手法およびキャリア形成に関して,次のような一般的特徴を見出している。

①　宿泊や料飲など職能部門が異なると,それら部門を支える組織文化も異

なる。また，各部門の組織文化は仕事のスタイルにも影響を与えており，例えば，料飲部門は集団としてのまとまりを重視する組織文化をもち，仕事もチームで行うことが多い。これに対して，宿泊部門は個人主義的な組織文化を有し，仕事は交代制を採用することが多い。
② 新人，中途採用者の教育はOJT手法によることが多い。
③ ホテル従業員のキャリア開発には，初期の職務経験と配属された部門が大きな影響を与えている。
④ ホテル従業員の組織間移動には大別して2つのパターンがある。そのひとつは，基本的な職務遂行スキルを習得したのち，比較的若い年齢で他のホテル企業に転職し，その後もホテルを転々とするパターンである。もうひとつは，ある程度の経験を積んだ30歳代以降に，自分だけでなく，直属の部下を引き連れて移動するパターンである。
⑤ 組織間移動を引き起こす要因のひとつとして，ホテルの新規開業がある。

　また，上野山は，ホテル企業の企業理念と人的資源管理システムのあいだには高い「内的整合性（internal fit）」が見られるという。例えば，伝統と格式を重視し，新卒社員を長期的に育成することをめざすホテルでは，終身雇用に代表される伝統的な人的資源管理システムを有しており，逆に「境界のないキャリア（boundaryless career）」を想起させるようなキャリア形成を行う従業員が多いホテルでは，権限移譲，職域の拡大が図られ，個人の能力や資質（積極性や競争心）を重んじる人的資源管理システムをもつことが多いなどである。
　さらに，新卒採用よりも中途採用が常態化しているホテルでは，さまざまなバック・グラウンドを有する従業員をとりまとめるために，企業ビジョンや戦略が周知徹底されると同時に，業務目標が体系化され，明確になっていると上野山は分析する。

　Yamashita & Uenoyama（2006）は，日本のホテル業は他の産業に比べ労働力

の流動化が進んでおり，その進展が一層の流動化を生み出すと同時に，組織境界にとらわれない，外部労働市場を利用した「境界のないキャリア」形成を従業員に促しているという。

つまり，流動性が高いホテルでは，従業員の欠員を補充する必要性が高まる。その際，以前と同じサービス水準を保つためには，新卒者に頼るよりも経験者を採用した方が効果的である。その結果，中途採用が常態化する。そして，この中途採用が，労働力のさらなる流動化を推し進めるとYamashita & Uenoyamaは考える。

しかし，ホテル企業内には多様な職種が存在するため，人事部がすべての新人教育・訓練を統括できない。むしろ，人事部は初歩的な導入教育に徹することが多く，具体的かつ専門的な教育・訓練は現場の教育・訓練担当者にしばしば委ねられる。そして，この担当者には，現場実務の熟知に加え，指導力・管理力が要求される。

それゆえ，教育・訓練担当者になることは，管理者へ昇進するための重要なキャリア・ルートになる。だが，この担当者になれなかった人は，昇進・昇格機会が乏しくなることから，その機会を社外に求めるようになる。そして，ホテルの新規開業を契機に従業員が離職し，これが繰り返されてきたとYamashita & Uenoyamaは考える。

他方，彼らは，ホテル企業では部門を超えた配置転換はまれであるという。そのため，従業員は，担当する業務に習熟しやすくなるものの，管理者としての広範な視野や部門横断的な知識・経験を得ることがむずかしくなる。そこで，この視野，知識・経験を得るために，転職という手段をしばしば用いることがあると分析する。

さらに，Yamashita & Uenoyamaは，近年みられる労働力の合理化が従業員相互の交流機会を奪い，職場内にドライな人間関係を生み出しているという。そして，流動化の高さとドライな人間関係は，総支配人などの上級管理職をいかに選別し育成するのか，また企業固有の知識やスキル，ノウハウをいかに次代

へ継承するのかという課題をホテル企業に投げかけていると説く。

　他方，飯嶋（2007）は，ホテル企業の総支配人は当該ホテルの長期的な成長を左右する重要な職責を担っているという。それゆえ，将来の総支配人候補をいかに養成し，次代を委ねるかは，ホテル企業だけの問題ではなく，わが国のホテル業全体にとっても重要な課題になる。そして，飯嶋は，この課題に取り組むとき，現在の総支配人がどのような教育過程や職歴を経て，いつ今日の地位にたどり着いたのかというキャリア・パスを知ることは意義があると主張する。

　しかし，総支配人のキャリア・パスに関して，米英などの国ぐにでは1960年代以降種々の研究成果が発表されているにもかかわらず，従前のわが国ではほとんど進展していない。そこで，飯嶋は，質問紙調査手法により得たわが国の160人の総支配人を対象に，キャリア形成過程の把握を試みた。

　その結果，①学生時代にホテル・マネジメントに関連した専門教育を受けたことがなく，②ホテル業に携わった後は主に管理部門，セールス・マーケティング部門，または宿泊部門で勤務し，③総支配人になる直前に副総支配人または宴会部門の最高責任者となり，④40歳代半ばで初めて総支配人に就任するというキャリア・パスが観察できた。

　また，飯嶋は，米英などの先行研究が国際比較的視点を有していなかったことを踏まえ，わが国の総支配人のキャリア・パスと米英などの先行研究が描くそれとを比較し，両者の異同を分析している。

　一方，飯嶋（2008）は，女性は世界のホテル業において労働力の供給源として重要な地位を占めてきたという。しかし，今日においても，女性でトップ・マネジメントに登りつめた人は少ない。そのため，米英などでは，女性はトップ・マネジメントに適していないのか，それともトップ・マネジメントになることを望んでいないのか，または，なんらかの要因が彼女たちの昇進を阻んで

いるのか、という問題意識のもとで、女性ホテル従業員のキャリア研究が活発に行われてきたという。

しかし、わが国では、研究テーマの重要性に反して、実証的な研究が皆無に近い。そこで飯嶋は、質問紙調査手法を用いて収集した175人の回答に基づき、ホテル企業で働く女性のキャリア観とキャリア開発上の障害などの分析を行っている。

その結果、若い女性は勤続意欲が相対的に低く、昇進意欲も希薄であること、逆に、昇進意欲に富んだ女性は勤続意欲も高いことがわかった。そして、仕事と家庭生活との両立が女性のキャリア開発を妨げる最大の障害であるなどの知見を得た。

3　従業員の心理に関連した研究（表1-3の6から12）

佐藤（1986）は、関西に所在するAホテルの従業員179人（男性137人、女性42人）を対象にして、労働生活の精神的充足要因について調べている。

彼女は、この精神的充足要因を、「主観的職務充足要因（達成感、集中感、自己統制感など）」、「客観的職務充足要因（重要性、継続性、自己実現性など）」、「人間関係充足要因（仲間や同僚との人間関係、上司の配慮、正当な評価など）」、「経営管理充足要因（将来に対する不安、公平な昇進、報酬満足など）」、および「家庭・余暇生活充足要因（夫婦間の心配、家庭と仕事との両立、余暇のゆとりなど）」の5つから構成されていると仮定する。

そして、佐藤は、「家庭・余暇生活充足要因」が労働生活の精神的充足要因にもっとも大きな影響を与えていること、次いで、「主観的職務充足要因」、「客観的職務充足要因」、「人間関係充足要因」の順になり、「経営管理充足要因」がもっとも影響度が低いことを明らかにした。

劉（2002a）は、東京都内に所在するホテルで働く208人を対象にして、職務満足度とデモグラフィック特性（年齢、性別、婚姻状況、学歴、年収、勤続年

数，職位など）との関連性を考察している。

　それによると，性別，婚姻状況，年齢，職位と職務満足度との間に，統計的に有意な差異が得られた。つまり，男性は女性よりも，既婚者は未婚者よりも，職務満足が高い。また，年齢および職位が高いほど職務満足が高まると論じている。

　一方，劉（2002b）は，ホテル，レストラン企業への就職を斡旋する人材紹介業A社に求職登録を行ったことがあり，かつホテル業に携わったことがある898人を対象にして，転職性向とデモグラフィック特性との関連性を調べている。この898人のうち，ホテル業内で転職したことがある人が689人いた。また，転職経験者の平均転職回数は2.49回であり，おおよそ6.1年間に1回転職していた。

　他方，「転職性向＝転職回数／勤続年数」と捉え，その平均値を用いて，調査対象者を平均値よりも高いグループと低いグループに二分し，さらに，それらを従属変数としてデモグラフィック特性との関係をロジスティック分析により調べている。

　そして，デモグラフィック特性のうち，性別，住所，現在無職か有職かの別，所属部門および職位は，転職性向に対して統計的に有意ではないことがわかった。逆に，有意であったのは，年齢，婚姻状況，学歴の3つであり，年齢が若く，未婚者で，学歴が高い人ほど，転職性向が高まる傾向を示していた。

　これに対して，劉（2002c）は，近年みられるホテルの大規模化とそれにともなう従業員の増大という現象を捉え，円滑なホテル運営や効率的な管理のためには，組織内のコミュニケーションが重要であるという認識に基づき，Downs & Hazen（1977）が開発した「コミュニケーション満足調査票」を用いて，東京都内のホテル従業員208人を対象に，コミュニケーション満足を規定する要因について分析している。

　そして，コミュニケーション満足は，「情報収集活動・能力」，「個人へのフィードバック」，「組織関係情報」などの7因子により構成されていることを明らかにした。また，「情報収集活動・能力」と「コミュニケーション風土」要因に

対する従業員の評価がわかれば，その従業員が所属するホテル全体のコミュニケーション満足度が測れること，およびコミュニケーション満足は，職務満足と職務成果に対する従業員の主観的評価に対してポジティブな影響を与えることがわかった。さらに，職務満足と職務成果に対する従業員の主観的評価のあいだには正の相関がみられ，前者が高い人は後者も高いことが確認された。

崔（2005）は，接客従業員の顧客に対する感情表現および感情管理が商品化された労働力の一部として企業に経済的価値を与えると考え，またサービス提供者の「感情不調和（emotional dissonance，職務上求められている感情表現と実際に体験した感情とのギャップ）」が，顧客との相互作用により発生すると仮定する。そのうえで，崔は，ホテル従業員を対象にして，①企業から要求されている感情表現の具体的な内容，②職務遂行時に感情をコントロールしにくいときはどのようなときか，③職務上発生する感情不調和をどのような手法でコントロールしているのか，について考察している。

崔によると，「笑顔をつくる」，「正しい言葉づかいをする」，「挨拶を欠かさない」などが主に求められている感情表現であること，また，従業員は感情不調和に陥ったとき，自分の感情を隠したり，抑えたりする方法で感情をコントロールしているという。さらに，顧客から理不尽な主張や無理な要求を受けたとき，苦情を言われたとき，顧客から無視されたとき，または，マナーに欠けた顧客に対応しなければならないときなど，従業員は感情をコントロールする必要があると考えていることがわかった。

一方，崔（2008）は，接客従業員を対象にして，彼・彼女らが経験する感情不調和の発生要因を明らかにし，その要因と従業員の心理状態との関係性に加え，その関連性に影響を与える要因を分析している。その結果，「怒っている顧客」，「顧客のわがままな態度」，「従業員の人格を無視した顧客の発言や態度」が，不調和をまねく主な原因であることがわかった。また，感情不調和が発生した場合，従業員側の感情消耗度が高まることも明らかにしている。

さらに，崔は，大学などでホテル関連の修学体験がある人は，それがない人に比べて，感情消耗が少ないという。加えて，女性従業員は，男性従業員に比べて，感情不調和を多く経験することがわかった。しかし，職務の自律性や上司，同僚からのサポートは感情消耗を和らげる調整効果がなかった。逆に，従業員自らがストレス状況を積極的に解決しようとする努力が感情消耗を減らすと主張している。

竹田（2009）は，ホテル業のように，対人サービスが顧客満足に大きな影響を与える業種では，職務満足が研究上の重要な論点になるという。しかし，ホテル企業にはさまざまな職種があるため，その職種の違いが従業員の職務満足にどのような影響を与えるのかが問題になると彼は考える。そこで，竹田は，神戸市内にある都市ホテル企業Ａ社の宿泊部門，調理部門，宴会部門，管理部門で働く従業員にヒアリング調査を行い，宿泊，調理，宴会のオペレーション３部門と，管理部門では，職務満足要因が異なることを明らかにした。

つまり，オペレーション３部門の従業員は，よりよいサービスを提供することと，その提供から得られる顧客満足に対して強い職務満足を感じていた。これに対して，管理部門の従業員は，企業業績に対して満足を感じていた。そのため，同じホテルで働く従業員とはいえ，所属する部門が相違すると職務満足を生み出す要因が異なることになる。それゆえ，竹田は，この満足感の違いを前提とし，それぞれの職務満足を最大化する組織管理の制度をいかに構築するかが課題になると主張する。

その際，オペレーション３部門の従業員については顧客満足を導き出す優れたサービスを提供できる仕事環境の整備と，従業員個人がプロのホテルマン，ホテルウーマンとしての成長を実感できるような仕組みづくりが重要になる反面，管理部門の従業員の職務満足は組織の成長に応じて獲得できると竹田は考える。

さらに，ホテル従業員とのインタビューを通じて，報酬と人事評価はどの部門の従業員にとっても，職務満足に大きな影響を与えていないことを明らかに

している。

4　正規・非正規労働に関連した研究（表1-3の13から20）

呉（1997a）は，不動産会社，私鉄会社，外資系企業およびホテル専業会社が運営するホテルを各1軒，合計4軒の施設を対象にして，経営形態が異なるこれら4軒のホテルに，労働市場の内部化度合いと配置転換状況に関する差異があるかどうかを調べている。

その結果，これら4軒のホテルでは，労働市場の内部化が進んでいること，労働力の流動化は，特定の職能部門とキャリア段階，つまり，調理部門や料飲部門と，「平社員」といわれている一般社員のあいだで進んでいることがわかった。

また，呉は，広範な業務を体得できるような部門横断的な配置転換がほとんど行われておらず，ある特定部門の専門家を養成するような人的資源管理がとられていることを明らかにした。さらに，呉は，一般社員のあいだで離職が頻発しているため，これを補填するために中途採用が実施されているが，管理職は中途採用者からでなく，生え抜きの社員から抜擢されることが多いという。

佐野（2002）は，ホテル企業B社を事例として，経営者，労働組合，職場の社員集団といった労使関係を構成する各主体に注目し，パート従業員の職域が形成される仕組みについて分析している。それによると，パート従業員の職域拡大は，経営者サイドが推進したものであり，正規従業員の業務を代替し，人件費コストを削減することが目的であった。

これに対して，労働組合や職場の社員集団は各職場におけるサービス・クオリティの劣化や正規従業員の勤務意欲の低下を危惧して，安易な職域拡大を認めず，補助的，周辺的な業務でのパート活用を求めていた。

吉田（2003）は，今日のホテル企業は，サービス水準を維持しながら総体としての雇用量を縮小させることで労働生産性を高めるべきであると論じる。そ

の際，パート，アルバイトの導入が課題になるものの，現状は宿泊部門の客室サービスや料飲部門の接客サービスにおいてもっぱらそれらが利用されているだけであるため，本社部門や現場の管理部門を含めたすべての部門でパート，アルバイトを有効に活用しなければ，全社的な導入率が高まらないという。

また，彼は，パート，アルバイトを有効活用するためには，単純業務のみでなく，複雑で専門的な業務も担わせる必要があると主張する。そして，パート，アルバイトにも高度な教育・研修を施し，能力向上を図るとともに，低額を是とする賃金制度ではなく，能力，勤勉さに比例した処遇を行う必要があると説く。そのうえで吉田は，パート，アルバイトの勤労意欲を高める具体的な労働条件と成績査定，昇給・昇格のあり方を提言する。

金（2004）は，日本のホテル業における雇用慣行の現状とその変化の方向性に関する調査に基づき，①雇用形態別の従業員割合は正規従業員と非正規従業員がほぼ半々であり，②過去3年間の従業員数の変化をみると，正規従業員は減少傾向にあるものの非正規従業員は増加傾向にある，ことを明らかにしている。加えて，わが国のホテル企業においても，能力主義的処遇の重要性が高まっているという。

他方，日本のホテルは，雇用の柔軟性に関していえば，「質的柔軟性（例えば，社員に複数の職務を遂行させることで柔軟性を獲得する）」よりも，「量的柔軟性（需要変動に合わせて雇用量を増減する）」を重視していることを見出した。そのうえで，金は，量的柔軟性を重視するホテルは，そうでないホテルよりも能力主義的で，専門家育成型の人的資源管理を採択することが多いという。

他方，金（2007a）は，ホテル業は宿泊や料飲などのさまざまな業務が複合的に展開される事業であるため，高度な専門的知識が求められる職種から，管理的な職種，または単純作業を中心とした職種などが存在するという。そして，ホテル業は，時間あるいは季節などにより労働需要の増減が著しい。そのため，慢性的な労働力過剰，または不足状態にあり，終身雇用や年功序列，正規従業員

を中心にした雇用システムでは，この状態に対処できないと主張し，非正規従業員の効率的活用が不可避であると述べる。

しかし，金は，非正規の活用が固定費の変動費化にかならずしも結びつかないという。なぜなら，非正規の活用は総人件費の削減には寄与するものの，1人当りの人件費は削減できないからであると金は考える。そこで，金は，量的柔軟性は，継続的にスキルを向上させる必要がない職種に限って活用すべきであると主張する。

そのうえで金は，量的柔軟性を確保するためには周辺的労働力を，機能的柔軟性を確保するためには中核的労働力を使用するという2つのアプローチを組み合わせたものが，ホテル業における柔軟な人的資源管理のための理想モデルであると考える。

他方，金（2007b）は，日本ホテル協会加盟ホテルと客室数300室以上のホテルの人事担当者を対象に非正規従業員を活用するときの問題点や人的資源管理の実態を分析している。それによると，パート，アルバイトを雇用する理由は量的柔軟性の追求であり，それ以外の非正規（契約，派遣，請負）従業員は専門性を獲得することが雇用理由であった。

また，非正規活用上の課題については，契約，パート，アルバイト，派遣社員では良質な人材の確保が第1番に挙げられ，請負従業員では仕事に対する責任感やチームワークなどの業務遂行上の態度がもっとも大きな課題として捉えられていた。

金（2003）は，正規従業員と非正規従業員の職務満足度，職務へのコミットメント度合い，職務重要性，役割曖昧性，職務自律性，職務挑戦性，組織へのコミットメント度合い，仕事への参与機会，同僚との関係，および雇用保証に対する考え方の異同を分析している。

それによると，役割曖昧性，職務自律性，および雇用保証に関してのみ，両者のあいだに統計的に有意な差異を見出せたが，その他については差異がなか

った。そして，役割曖昧性と職務自律性は正規従業員の方が，また雇用保証については非正規従業員の方が強く意識していた。さらに，会社に求めているものを比較した結果，その第1位が，非正規従業員では「職場の人間関係」になり，正規従業員では「高い賃金」になった。

和田（2007）は，都内の2ホテルで働く正規従業員60名と非正規従業員55名計115名を対象にして，両者の職務意識の差異を調べている。その結果，「職場の人間関係に対する満足度」，および「組織に対するコミットメント度合い」は，正規従業員の方が高いという結果を得た。また，非正規従業員は，正規従業員に比べて，「高い賃金」，「人間関係」を重視していたが，正規従業員は「上司や同僚から認められること」に重きを置いていた。

5　求められる人材像，人事評価，人材教育に関連した研究
　　（表1-3の21から27）

従前の企業内教育・訓練に関する研究は，おおむね製造業に焦点を当て，技能の企業特殊性が企業内教育・訓練を活発化させ，その成果が企業業績を高めると主張してきた[26]。また，過去の研究は，Off-JTや配置転換は個人の業務能力の向上とともに，組織内でのキャリア形成にとって重要であると主張している[27]。

しかし，呉（1997b）は，ホテル業は製造業に比べ，労働力の組織間移動が頻繁に行われ，スキルの標準化が進んでいるため，製造業と同様の教育・訓練手法が果たして成立しているのか，またホテル企業ではOff-JTや配置転換がどの程度重要なのかと疑問を呈する。

そこで，「ホテルの経営形態（独立系とチェーン系）が異なると，教育・訓練への参加度が異なるのか」という問題意識を抱き，経営形態間の差異を分析している。それによると，独立系ホテルでは職務関与度（仕事に対する一体感，個人の日常生活に占める仕事の割合）が高く，情報支援度が高いほど，また一般

社員ほど，教育・訓練への参加度が高いという。

他方，チェーン系ホテルでは，情報支援，学習文化が高く，技能移転性が低く，教育水準が高いほど参加率が高くなっていた。また，チェーン系ホテルでは，一般社員よりも，初級管理者以上の人びとを対象に，より選別的な教育・訓練投資が行われていることを明らかにしている。

また，ホテル企業では，配置転換はきわめてまれであり，業務の専門化が進んでいることがわかった。そして，技術の企業特殊性と Off-JT や配置転換とのあいだには有意な相関がなかった。呉は，ホテル業界内における業務技能の標準化と，技能模倣の容易さがこの結果をもたらしたと推論している。

吉田（1999）は，従前のホテル企業は，「企業が従業員にどのような魅力を提供できるか」を明示することなく，「応募者が自社に何を提供できるか」という視点のみによる採用活動を行っていたと批判する。また，過去の採用活動は，担当者の経験や勘が支配しており，望ましい人材を判断する合理的な基準がなかったという。

そこで，吉田は，ホテル企業にとって，応募者の「人間力（human skill）」が重要であり，その優劣を，①知性，②感受性，③行動力の 3 要素に分解する。加えて，人材採用時にこれら 3 要素すべてに高得点が得られる人材が理想的であるが，少なくともどれかふたつが大きい人物を採用すべきであるという。逆に，どれかひとつだけが大きい，または 3 要素ともに得点が低い人を採用すべきではないと論じている。

一方，吉田（2001a）は，顧客満足を獲得するためには従業員の教育・訓練が重要であるが，それは給与の高さ，社会的評価の高さ，興味ある仕事の創出という企業目標の達成と連動していなければならないと説く。つまり，後者が欠けていれば，教育・訓練の効果は生じないという。

そのうえで，人間教育（規律，礼儀，連帯意識の醸成，対人感受性の養成，対人理解力と自己分析力）の重要性と，職位・職級別の教育カリキュラムの立

案手法を提言する。また，吉田は，サービスの真髄が従業員の「笑顔」にあると捉え，人事評価項目のひとつにこれを追加すべきであると主張する。

また，吉田（2001b）は，バブル経済崩壊後，各ホテルが業務改善に努めているものの，その実効性が高まっていないのは，人的資源管理制度の質的向上が図られていないからであるという。そして，より高いスキルと勤労意欲を引き出し，生産性の飛躍的な向上に結びつき，かつ公平性を担保できるような人事評価制度の新設が不可欠であるという。

そして，この制度を構築するために，職位・職級に合った人事評価書の設計と運用手法を，具体例を用いて論述する。あわせて吉田は，人事評価書に盛り込むべき評価項目や評価者による評価手法についても考察している。

作古（2002）は，顧客満足が普遍的な経営課題であると捉える。そして，企業が顧客の支持を不動にするためには，顧客，株主，社会，従業員の4者の満足を形成する企業文化の構築が必要であるが，とりわけ従業員の満足が不可欠になると述べる。

しかし，従業員について考えるとき，その能力，技術，教養は訓練で向上可能であるが，適性，性格，資質の問題は訓練では解決できないと作古は考える。そこで，ザ・リッツ・カールトン・ホテルが，例えば最高のドアマンといわれる人物の「知識，技術，表情，動作，言葉づかい，生活態度，趣味，満足の感じ方，トラブル時の反応」を調査し，職務遂行に必要な適性項目を分析，抽出する事例を引用し，そのような適性に基づく従業員採用を行うべきだと主張する。そして，適性を満たした従業員に教育を施し，その職務満足と定着率を高めることで，顧客満足とロイヤリティを獲得することが望ましいという。

西山（2007）は，同じホテル企業といえども業態は多様であり，顧客接遇を行う人材の採用・育成も一概に同じであるとはいえないと考える。そこで，西山は，①サービスの形質（利便性追求型か，快適性追求型か），②サービスの対

象（不特定多数の顧客を対象にしているのか，それとも少数の特定顧客志向か），③サービスの提供手法（組織対応・チームプレイ型か，担当者個人依存型か）の３要因を使い，多様なホテル企業を８つのカテゴリーに分類し，その分類ごとの経営課題を整理するとともに，それぞれの分類に属する代表的なホテル企業を抽出し，それらホテル企業の人的資源管理の現状を考察している。

　また，村瀬（2007）は，今日の日本企業では年功序列制度や終身雇用制度をはじめとする日本型雇用慣行が崩壊し，逆に，成果・業績主義が顕著にみられるようになってきたという。ホテル業も例外ではなく，むしろホテル業は一般的に労働集約型であり，人件費比率が高いため，その変動費化という意図も加味され，業績給が積極的に導入されている。そして，成果・業績主義の導入にともない，賃金，昇進・昇格，配置転換の基礎的な判断材料となる人事考課のあり方，つまり，「公正性のある人事考課」が注目されるようになってきたと村瀬はいう。

　だが，ホテル従業員は無形のサービスを提供しているため，その業績を定量的に把握することが困難な場合がある。伝統的な公平理論は，「報酬をいかに公平に分配するか」に焦点を当ててきた。だが，現在では，人事考課の公正性を議論する際には，「評価結果をいかに公平に賃金，昇進，配置転換等に反映させるか」という点も関心事になると村瀬は考える。

　そこで，彼は，処遇の公平性だけでなく，評価を下すまでの手続きの公平性を確保することが，定量化できない要素を具現化するための重要なファクターであるとし，人事考課の公正性には，「手続き的公正性」と「分配的公正性」の両面が存在すると主張する。そして，ホテル従業員に求められる業績は，定量化できない無形の「顧客の満足度」ならびに「企業業績への貢献度」であるため，この手続き的公平性の重要さは，分配的公平性に劣らないといっている。

　さらに，手続き的公平性を達成するためには，上司である管理者，監督者の役割が課題になると述べる。そして，上司が部下の行動を可能な限り把握し，公

平な手続きによって人事評価をフィードバックできる環境を整えることが要請され，そのような環境の構築が公平性ある人事考課を確立するためのキーポイントになると主張している。

6 先行研究の総括

　以上，ホテル企業の人的資源管理に関連する27件の先行研究を概観した。前述したように，これらの先行研究は，5件を除き，そのすべてが2000年以降に発表されている。それは，同年以降，観光立国の推進が政府の基本方針になったことが影響しているのではないか。つまり，訪日観光者の増加が国策のひとつになり，それが実現すれば，ホテル業は，今後の発展が期待できる。そして，この期待が，ホテル業に携わる人びとだけでなく，研究者の注目を集めていると思慮する。

　一方，ホテル企業を対象にしたわが国の学術的な研究は，もともときわめて少ない。そのなかでも，既存研究のレビューを通じて，人的資源管理に関連した研究がもっとも多いことがわかった。ホテル企業は，モノ（食事や飲料，客室や宴会場などの施設など）の提供または使用を目的にしたサービスに加え，従業員を媒介にした人的なサービスを提供している。そして，そこでは，顧客との対人的な相互作用を通じて，サービスの生産・提供と消費が生起し，サービス・クオリティの優劣が決定づけられる。そのため，研究者がこの過程の中核となる従業員に着目することは自然なことであり，それが人的資源管理関連の研究を推し進めてきたと考える。

　また，従業員の行動や態度，または仕事上の成果は，ホテル企業が生産・提供するサービス・クオリティに多大な影響を与えており，顧客の満足とロイヤリティを獲得するための重要な手段になっている[28]。それゆえ，スキルが高く，情熱にあふれ，かつ仕事にうちこむ従業員をもつことは，ホテル企業の成功のために不可欠と考えられていることも[29]，この分野の研究が比較的進捗している理由のひとつであると推察する。

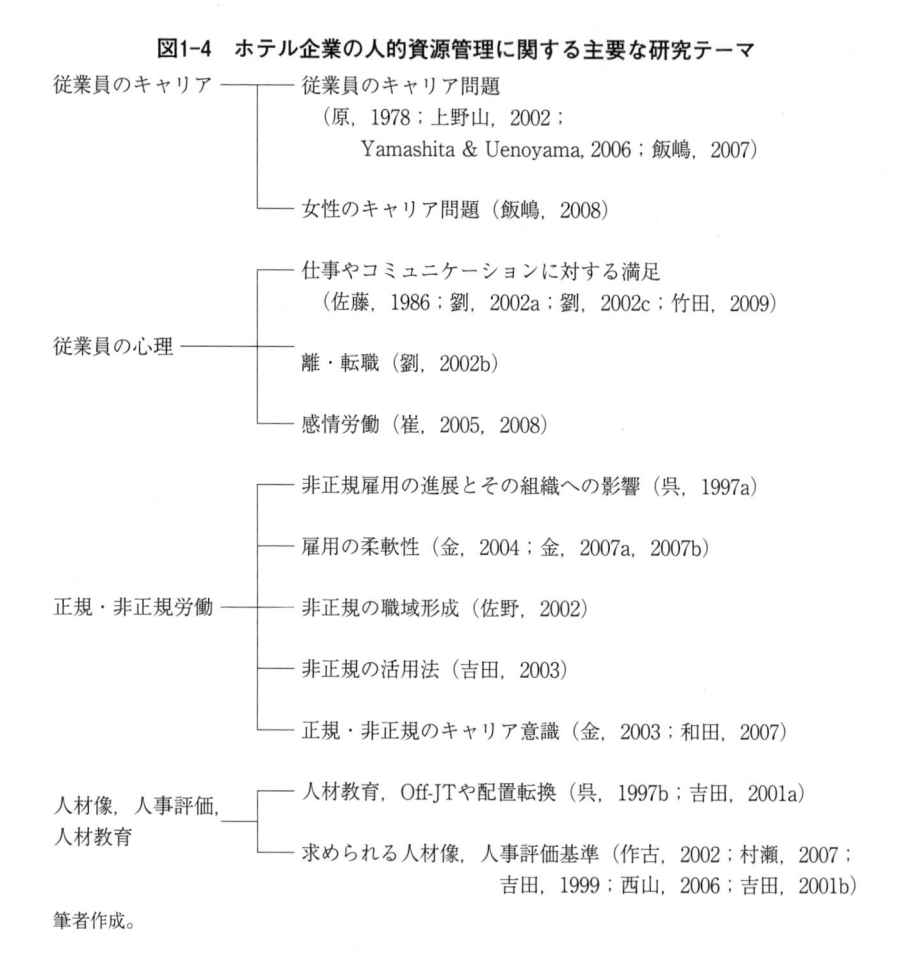

図1-4　ホテル企業の人的資源管理に関する主要な研究テーマ

- 従業員のキャリア
  - 従業員のキャリア問題
    （原，1978；上野山，2002；
    　　Yamashita & Uenoyama, 2006；飯嶋，2007）
  - 女性のキャリア問題（飯嶋，2008）

- 従業員の心理
  - 仕事やコミュニケーションに対する満足
    （佐藤，1986；劉，2002a；劉，2002c；竹田，2009）
  - 離・転職（劉，2002b）
  - 感情労働（崔，2005，2008）

- 正規・非正規労働
  - 非正規雇用の進展とその組織への影響（呉，1997a）
  - 雇用の柔軟性（金，2004；金，2007a，2007b）
  - 非正規の職域形成（佐野，2002）
  - 非正規の活用法（吉田，2003）
  - 正規・非正規のキャリア意識（金，2003；和田，2007）

- 人材像，人事評価，人材教育
  - 人材教育，Off-JTや配置転換（呉，1997b；吉田，2001a）
  - 求められる人材像，人事評価基準（作古，2002；村瀬，2007；
    　　吉田，1999；西山，2006；吉田，2001b）

筆者作成。

　このようなわが国の先行研究は，①従業員のキャリア，②従業員の心理，③正規・非正規労働，④求められる人材像，人事評価と人材教育の4つのグループに分けることができると前述した。この4つのグループごとに，先行研究を整理し，再度分類し直すと，図1-4のようになる。これをみると，正規・非正規労働については，さまざまな視点からの研究があることがわかる。しかし，従業員のキャリアに関する研究は相対的に乏しい。それゆえ，このキャリア研究

については，今後より一層の深耕が求められる。

第4節 女性ホテル従業員のキャリアに関する海外の先行研究

1 研究の背景

ホテル業が属するホスピタリティ産業は，伝統的に多くの女性を雇用してきた。それは，現在においても不変であり，特にこの産業が発展している国ぐにでは，従事者の半数以上が女性である。

例えば，2000年から2004年までの5年間のカナダ，英国，オーストラリアと韓国をみると，産業全体に占める女性雇用者比率の平均がそれぞれ46.5％，44.4

表1-4 ホスピタリティ産業の女性雇用者比率とその推移（国際比較） (％)

国名	2000年	2001年	2002年	2003年	2004年
カナダ	59.4 (46.0)	59.5 (46.2)	60.4 (46.6)	59.4 (46.7)	60.2 (46.8)
英国	58.6 (44.8)	57.3 (44.9)	57.9 (44.1)	57.9 (44.1)	56.3 (44.1)
オーストラリア	55.3 (44.1)	55.8 (44.4)	56.9 (44.5)	57.7 (44.7)	56.0 (44.6)
韓国	68.0 (41.4)	68.0 (41.7)	68.0 (41.6)	68.1 (41.1)	69.1 (41.5)
米国	—	—	—	53.1 (46.8)	52.6 (46.4)
ニュージーランド	—	—	—	62.1 (45.6)	64.4 (45.7)
日本	—	—	—	59.7 (41.1)	59.7 (41.3)

（注）数値は，国際標準産業分類ISIC改定第3版による女性雇用者比率。また，表中の「—」は，同分類に従うデータの欠損を示す。さらに，カッコ内の数字は，全産業の女性雇用者比率を示す。
出所：国際労働事務局編『国際労働経済統計年鑑（2007年度版）』財団法人日本ILO協会，を使用して筆者作成。

％，44.5％，41.5％であったのに対して，ホスピタリティ産業のそれは59.8％，57.6％，56.3％，68.2％となり前者に比べ10〜20ポイント以上高かった。また，わが国や米国，ニュージーランドにおいても，ホスピタリティ産業の女性比率は，これら4ヵ国と同じ傾向を示している（表1-4参照）。

2 研究上の主な論点

このように女性は，ホテル業において重要な人的資源になっている。だが，人数的にマジョリティであるものの，ホテル企業内での地位や威信または担当する仕事の内容を実際に観察すると，女性はむしろマイノリティにすぎないのではないかという疑問を提示できる。そこで，研究者たちはまず，ホテル業における女性労働の実態を分析する。

(1) 女性総支配人の少なさ

その結果，ホテル組織の下部にはたくさんの女性が働いているにもかかわらず，その階梯を昇るにしたがい，女性の数が著しく減少するという現象が明らかになった。例えば，Guerrier (1986) は，1983年の『世界ホテル年鑑 (World Hotel Directory)』に掲載された英国内の主要ホテル約300軒のうち，女性が総支配人に就くホテルは1軒のみであるという。また，Maxwell (1997) は，1990年代初頭の英国のホテル業では，女性従業員比率が47％であったものの，宿泊部長などの部門長に占める女性比率は8％，また役員では0.5％にすぎなかったといっている。

他方，Diaz & Umbreit (1995) は，1995年時点の米国ホテル業では，マネジャーの41％が女性であるという。しかし，ほぼ同時期に行われた Woods ら (1998) の研究によると，500室を超える大規模ホテルの女性総支配人割合はわずか2.6％である。

さらに，Woods & Viehland (2000) は，全米ホテル・モーテル協会に所属するホテルに勤め，かつマネジャー以上の役職に就く5,547人を対象に，彼・彼女

らのキャリア開発の実態を調べている。その結果をみると，全体の41％は女性であり，人数的には男女ほぼ拮抗していた。しかし，総支配人の性別を調べ直すと，女性の割合は15.5％に激減する。

そして，米英からアジアなどに視点を移しても状況は変わらない。例えば，Ng & Pine（2003）によると，1999年時点の香港のホテル業では，女性マネジャー比率が33.7％であったものの大半は初級マネジャーであり，同年の女性総支配人割合は7.2％にとどまっていた。また，Li & Leung（2001）のシンガポールの事例では，同国の77軒のホテルのうち，女性総支配人がいたホテルは2軒のみであった。一方，Kattara（2005）がエジプト内の5星級ホテルを対象に行った調査でも，マネジャー以上の役職に就く女性が153人いたが，そのうち総支配人は1名だけであった。

(2) 性による分離

一般に，男女が異なった内容や規模の産業，会社，職業，職種で働くという現象を「性による分離（sex segregation）」という[30]。米英などのホテル企業を観察すると，まさにこの分離が起こっている。

なぜなら，Kattara（2005）がエジプトの5星級ホテルで働く女性マネジャー153人（同国内の5星級ホテル全77軒のうち71軒で働くすべての女性マネジャーに相当する）を対象にして行った研究でも，女性マネジャーの配属先に偏りがみられたからである。つまり，ハウスキーピング，マーケティング・セールス，人事・教育の3部門で女性マネジャーの約61％が働いていた。

また，Li & Leung（2001）がシンガポールの女性マネジャーを対象に行った調査では，その回答者の約73％が，マーケティング・セールス，ハウスキーピングおよびフロントの3部門に配属されていた。さらに，Woods & Viehland（2000）が米国で行った調査でも，女性回答者の約75％は，マーケティング・セールス，人事，ケータリング，およびハウスキーピング部門に所属していた。

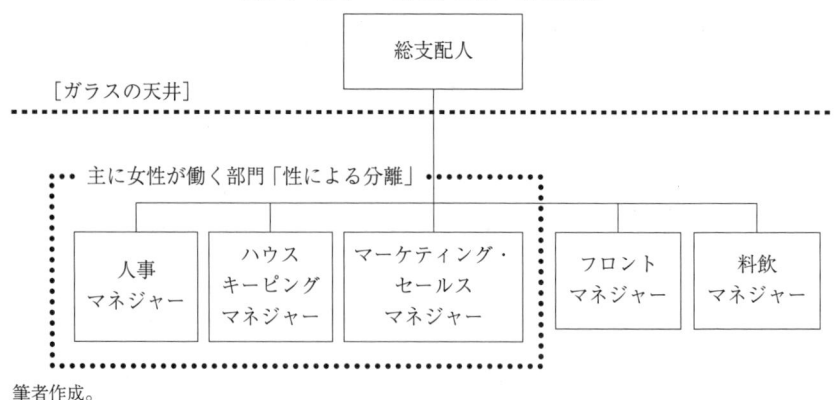

図1-5　ガラスの天井と性による分離

```
                        ┌─────────┐
                        │ 総支配人 │
                        └────┬────┘
[ガラスの天井]               │
・・・・・・・・・・・・・・・・┼・・・・・・・・・・・・・・・・・
     ・・● 主に女性が働く部門「性による分離」●・・・
   ┌──────┬──────┬──────┴──┬──────┬──────┐
   │人事  │ハウス│マーケティ│フロント│料飲  │
   │マネ  │キーピ│ング・セー│マネ    │マネ  │
   │ジャー│ングマ│ルスマネ  │ジャー  │ジャー│
   │      │ネジャー│ジャー  │        │      │
   └──────┴──────┴──────────┴──────┴──────┘
```

筆者作成。

　ところが，Nebel ら（1995）が米国で行った調査によると，総支配人になるためのキャリア・パスとして，料飲部門またはフロント部門のマネジャー経験が重要であった。そうであるとすれば，上記の女性の配属先の多くは，将来の昇進にとってかならずしも有利といえない。これに関して，前出の Woods & Viehland（2000）の事例では，昇進に有利な料飲部門またはフロント部門のマネジャーである女性は回答者の6％にすぎなかった。

　以上から，ホテル企業の女性従業員には，組織階梯の上部，つまりマネジャー職から総支配人に至る間に，Morrison ら（1987）がいう目に見えない「ガラスの天井」が存在し，それ以上の累進を妨げているように見受けられる。また，ホテル企業の宿泊部門や料飲部門には障壁が横たわり，それが女性の参入を拒んでいるようにみえる（図1-5参照）。

(3)　**給与の男女格差**

　上述したガラスの天井や性による分離に加え，ホテル企業内には給与に関する男女格差があるといわれてきた。例えば，Woods & Kavanaugh（1994）は，ホ

テル企業の女性マネジャーは男性マネジャーに比べて，年収が6,400ドル少ないという。そして，Brownell (1994) は，女性が上級マネジメント職に近づくほど，男性との給与格差が拡大する傾向にあるといっている。また，Sparrowe & Iverson (1999) は，ホテル業の女性マネジャーの給与は，同じ職級にある男性マネジャーの58％にすぎないと述べている。

これに対して，Iverson (2000) は，なぜ女性が給与の格差を甘受しているのかという疑問を抱き，ホスピタリティ学を専攻する米国の大学生を対象に，将来得られる給与に対する期待度を聴取している。その結果，女子学生は男子学生と異なり，高額の給与を期待していないことがわかった。この結果についてIversonは，女性は家事・育児と仕事との両立や育児休業のことを考慮して，多額の給与を望んでいないのではないかと分析している。

他方，米英などの研究者は，ガラスの天井を超えた先にある職位の総支配人や役員に着目し，彼・彼女らの成功要因を把握する一方で，女性のキャリア開発を妨げる要因について究明してきた。そして，このうちの成功要因について述べると，以下になる。

(4) 成功要因

Swanljung (1981) は，ホテル企業の男性役員とのインタビューを通じて，彼らに共通するパーソナリティ特性を発見しようと試みた。そして，行動力と仕事への精励，公平性，他者を動機づける能力，および決断力が彼らの昇進を導いたもっとも重要な要因であることを明らかにした。

また，Cichy & Schmidgall (1996) は，財務担当重役を研究し，コミュニケーション能力，信頼性，および忍耐力の強さが彼・彼女らのキャリアの成功をもたらしたと指摘している。さらに，Maxwell (1997) は，英国内の４人の女性総支配人との面接調査を通じて，この４人全員が，①総支配人になるという信念をキャリアのスタート時から抱いていた，②ホテル業以外の産業に携わったこ

とがない，③平日，週末を問わず長時間働いている，④仕事に全力を傾けていることを見出した。

さらに，Brownell（1994）は，米国の男女の総支配人を対象にして，決断力，向上心，キャリアへの積極的な姿勢，対人的なスキル，および仕事への精励がキャリアの成功をもたらす要因であることを明らかにした。

加えて，Knutson & Schmidgall（1999）は，米国の「Hospitality Financial and Technology Profession 協会」に所属する女性役員1,228名を対象に質問紙調査を行い，彼女たちのキャリア・アップを導いた要因を把握した。その要因は，以下の8つである。

① 自主的なキャリア開発を行う，必要な知識・技能は自分で養う。
② 自己犠牲（子どもをつくるのを遅らせる，結婚を考えないなど）をいとわない。
③ 会社が提供するキャリア支援策（フレキシブル労働時間，ワークシェアリング，育児休業制度など）を積極的に利用する。
④ 社内からメンターを獲得する。
⑤ 転勤・転職を積極的に受け入れる。
⑥ 個人的な興味・趣味などを我慢したり，睡眠時間を減らしたりする。
⑦ 仕事以外に興味・趣味をもつ。
⑧ 上司の期待を超えた成果をつねに生み出す。また，上司が好む仕事の仕方を身につける。

(5) キャリア阻害要因

一方，米英などの国ぐにでは，女性のキャリア開発を阻害する要因についても活発な研究が行われてきた。ただし，このテーマでは，マネジャー職に就く女性が対象になることが多い。その理由としては，上述したように女性は，ガラスの天井によりマネジャー職でしばしば立ち止まることから，マネジャー職

のキャリア開発がもっともむずかしいと考えたからではないかと思われる。

この阻害要因について，以下がしばしば指摘されてきた。

① ワーク・ライフ・バランスの困難さ

ホテル業は，24時間・年中無休営業が原則である。そのため，シフト勤務，泊まり勤務が一般化している。また，週末，休日出勤も多い。さらに，ホテル企業では長時間労働が常態化している[31]。しかし，それは配偶者や子どもがいる女性にとって多大な負担であり，ワーク・ライフ・バランスが図れない[32]。

他方，ワーク・ライフ・バランスを支援する制度が社内にあったとしても，企業は実際の運用に消極的である[33]。それゆえ，女性は，この制度の利用をさほど期待できない。その結果，ホテル企業内で昇進するためには，家庭生活を諦めなければならない場合が散見される。

例えば，Brownell (1994) が米国の総支配人を対象に行った調査によると，女性総支配人の3人に1人が独身であった。また，Ng & Pine (2003) も，ホテル企業の女性マネジャーは，キャリアを追求するために結婚しない，または子どもをもたないことが多いという。

② 社内外の人的ネットワークを構築する困難さ

米英などのホテル従業員は，転職を通じてキャリア・アップを図ることが多いと前述した。その際，社外に人的ネットワークがあれば，転職情報にアクセスしやすい。また，社内にネットワークがあれば，やはり昇進情報を得やすく，上司の「引きたて」も期待できる。

だが，従前のホテル企業は男性社会であったため，この人的なネットワークは，もっぱら男性のあいだだけで構築されてきた。それゆえ，女性はこのネットワークに加わりにくい[34]。結果として，女性は社内外の人的ネットワークをもたないことが多く，それが彼女たちの昇進を遅滞させている。

これについて，例えば，Brownell (1994) は，ホテル企業の女性ミドル・マ

ネジメントが直面するキャリア開発上の障害を8つ指摘しているが，そのなかでもこの社内外の人的ネットワークの欠如が最大の障害になるといっている。

③ 転宅をともなう転職の困難さ

米英などのホテル業では，新しいスキルを得たり，経験を広げたりするために，業界内での転職がしばしば起こる[35]。また，米英などのホテル業では，転職を通じて広範な知識，技能を養ってきたマネジャーを高く評価する風潮がある。さらに，この転職は，昇進を得るチャンスになることも多い[36]。

しかし，その転職が転宅をともなうものであるとき，家庭をもつ女性は，それを積極的に受け入れることができず，結果として新たな雇用と昇進の機会を逸することになり，キャリア開発が停滞する[37]。

④ 女性労働に対するステレオタイプ

さらに，女性に対するステレオタイプもしばしば阻害要因として取り上げられている[38]。女性は，男性に比べて，結婚や出産，または育児などで休・離職することが多い。ホテル企業のトップ・マネジメントは，このような現象に接すると，女性は仕事を重視していない，会社に対する忠誠心が薄い，または短期間しか自己のキャリアにコミットしないなどという紋切り型の信念を女性に対して抱きやすくなる[39]。

その結果，トップ・マネジメントは，女性を積極的に活用せず，彼女たちに補助的，定型的な仕事しか与えないようになる。そして，それは，女性の昇進を阻むと同時に，彼女たちの離職をまねく一因になっている。

以上に加え，セクシャル・ハラスメント[40]や，メンターの欠如[41]などが，キャリア阻害要因として指摘されている。

3　海外の先行研究の問題点

　上述した米英などでの先行研究は，ガラスの天井，性による仕事の分離，給与面の男女格差の存在などを明らかにし，ホテル業に関連した人的資源管理研究に多大な貢献を果たしてきた。しかし，その先行研究の成果には，特にわが国の女性労働一般やホテル企業での女性労働の実情を勘案したとき，いくつかの問題があると本研究は考えている。そのひとつが，次に述べるガラスの天井に関するものである。

(1)　ガラスの天井に関連した疑問

　飯嶋（2007）が行ったわが国の総支配人のキャリア・パス調査では，無作為に抽出した回答者（有効回答160名）のうち，女性総支配人は6名であり，圧倒的に男性総支配人が多かった。そのため，わが国においても，ガラスの天井が存在すると推測できる。

　このガラスの天井理論の背後には，出世の階段を上ってきた女性が組織階梯の中間層（マネジャー職）にたどり着くと，その上部には打ち破れないバリアがあり，それ以上への昇進ができず，このバリアの手前でキャリア開発が頓挫するという考え方がある。

　しかし，その考え方は一方で，組織の中層部までは昇進・昇格のチャンスが男女均等にあるという印象を与えてしまう。むしろ，現実は，中間層で初めて前途が絶たれるのではなく，そこに至るまでのあいだにいくつかの関門があり，大勢の女性がその関門を通過できずに脱落していく[42]。

　わが国のホテル企業では，多くの女性が5年程度の短い期間で離職することが多く[43]，彼女たちはガラスの天井のはるか手前でキャリア開発上のバリアに遭遇している。そのため，わが国には，ガラスの天井だけではない阻害要因が存在している。

　また，米英などの先行研究は，マネジャー職にある女性を研究対象にするこ

とが多かった。たしかに，前出の Woods & Viehland (2000) の事例のようにマネジャーの過半数が女性である場合には，ガラスの天井を研究する対象として，マネジャー職を取り扱うことは理にかなっている。

しかし，わが国のように，女性管理者がもともと少ない国では，マネジャー職だけでなく，「平社員」といわれる一般社員までを含めて，研究を行うべきである。だが，米英などの先行研究では，一般社員が研究対象外であったため，そのキャリア課題がよくわからない。その結果，米英などの先行研究は，かならずしもすべてが参考になるわけではない。それゆえ，わが国の実情に合った研究の補完が必要になる。

(2) **米英などの先行研究が依拠するキャリア観への疑問**

他方，米英などの先行研究が依拠するキャリア観についても問題があると本研究は考えている。つまり，それは，ホテル業に長く携わり，途中でキャリアを中断することがなく，フルタイムで働くことを前提とし，総支配人などのトップ・マネジメントになることをキャリアの成功とみなすキャリア観に依拠している[44]。

しかし，わが国では，仮にキャリアの初期段階でドロップ・アウトしなかったとしても，出産や育児のためにキャリアを中断する女性が依然として多い[45]。つまり，女性は，出産・育児の役割を担うことが多いため，その役割が一段落するまでの短期間，仕事に配分する時間やエネルギーが減少し，仕事へのコミットメントが低下する傾向がある。

また，女性は，この役割を果たすため，フルタイムでの勤めを辞めパートタイマーになったり，仕事と家庭生活との調和が図れる職場を求めて転職したりすることも多い。そのような女性にとって，米英などの先行研究が立脚するキャリア観はきわめて不利になる。

さらに，このキャリア観の下では，子どもをもつ女性は，子どもがいない女性に比べて，有能であると思われにくく，所属企業や仕事へのコミットメント

度合いが低いと思われやすい[46]。そのため,雇用主は子どもをもつ女性への投資を渋り,同僚や上司も偏見を抱きやすく,彼女たちを積極的に活用しない。

だが,自分が組織から期待されていないと感じる人は一般的に,キャリア向上意欲が薄れ,またキャリアに対する満足度も下がる傾向がある[47]。そして,そうであるとすれば,女性にとって悪循環にほかならない。

たしかに以前は,上級マネジメント職への昇進,より高額な給与と威信の獲得がキャリアの成功と捉えられてきた[48]。しかし,今日では,米英などの国ぐにおいても,キャリアの成功を判断する基準が大きく変わってきた[49]。つまり,キャリアに対する考え方が,組織内での昇進を理想とするキャリア観から個人の仕事に対する心理的成功を目指す自己志向的なキャリア観に変化している。

これに関して,Hall (2002) は,キャリアとは成功や失敗を意味するのではなく,昇進の早い遅いを意味しないといっている。また,彼は,キャリアにおける成功や失敗は,キャリアを歩んでいる本人によって評価されるべきものであり,研究者,雇用主,配偶者などの他人が評価すべきではないという。

また,Nieva & Guteku (1981) は,女性は昇進や給与よりも,職場の人間関係や仕事の楽しさをより重視しているといい,Major & Konar (1984) は,男性は高給と昇進を重視する反面,女性は仕事の楽しさに重きを置いているという。さらに,Jackson ら (1992) もやはり,女性は昇進よりも人間としての成長,職場環境,仕事と家庭生活との両立を重んじているという。

そして,そうであるとすれば,トップ・マネジメントになることだけが,女性のキャリア・ターゲットなのかという疑問が残る。どちらにしても,女性が自己のキャリアをどのように捉えているかが,この疑問に答える際の要諦になろう。

しかし,従前の先行研究には,ホテル企業の女性従業員が抱くキャリア観について,一部の例外[50]を除くと,さほどの成果がない。そのため,このキャリア観についても,別途考察が必要になる。

(3) 女性の同質性に関する疑問

　本研究が米英などの先行研究に感じる疑問の3つ目は，女性の同質性についてである。従前の先行研究は，女性をひとまとめにして，キャリア開発上の阻害要因を分析してきた[51]。だが，本来であれば一括して取り扱うべきではなく，女性のライフ・ステージに合わせてそれを把握すべきであった。

　一方，脳科学者の Brizendine (2008) は，女性がガラスの天井に達する年齢は同時に，女性にとって仕事以外の家事や育児に専念しなければならない年齢と一致することが多いという。そのため，家事や育児による予測不能性が女性の脳に多大な負担をかけ，それに仕事がもたらす不測性が加わると，さらなる負担を女性に強いることになる。そこで，女性は昇進・昇格を諦める，または躊躇するようになる。しかし，子育てが一段落すれば，女性は会社を背負って立つ覚悟ができると Brizendine はいう。

　このように，同じひとりの女性であっても，ガラスの天井を破りにくいときもあれば，破りやすいときもある。つまり，ライフ・ステージが異なれば，キャリア阻害要因に対する認識が変わる。そうであるとすれば，さまざまなライフ・ステージに立つ女性をひとまとめにして，同質的に取り扱うことは正しかったのであろうか。むしろ，女性の異質性，多様性に基づく研究をすべきではなかったのか。

　さらに，女性のライフ・ステージが異なれば，働き方に対するニーズも異なる。例えば，独身時代はキャリア志向の強い女性であっても，子育てに忙しい時期は仕事と家庭生活を両立させるために，あえて非正規雇用を選ぶ人もいるだろう。そして，子育てが一段落したとき，正規雇用に戻りたいと考えるかもしれない。

　このような女性に対して，企業がなすべきことは，画一的な人的資源管理制度を適用することではなく，女性の働き方に対するニーズに見合った複線的なキャリア・マネジメントを行うことであろう。

以上，米英などの先行研究に対して抱く疑問を述べた。しかし，それはナイーブな状態での疑問でもある。そこで，この疑問を解明するために，わが国独自の研究が必要になる。

第5節 小　　括

本章では，ホテル企業の人的資源管理に関する内外の研究成果をレビューした。その結果，わが国の先行研究からは，以下がわかった。

① 若年者の勤続意欲が希薄である（原，1978；飯嶋，2008）。
② ホテル業内での転職がしばしばみられる（原，1978；上野山，2002；Yamashita & Uenoyama, 2006；呉，1997a；呉，1997b）。
③ 部門を超えた配置転換はまれであり，むしろある特定部門の専門性を重視する人事政策を採用している（上野山，2002；呉，1997a；呉，1997b）。
④ 中途採用が頻繁に行われている（呉，1997a；呉，1997b）。
⑤ 家庭・余暇生活の充足が，仕事上の精神的充足に対して，もっとも大きな影響を与えている（佐藤，1986）。
⑥ 女性より男性が，未婚者よりも既婚者の方が，職務満足度が高い。また，年齢と職位が高いほど職務満足度が高い（劉，2002a）。
⑦ 年齢が若く，未婚で，学歴が高い従業員ほど転職性向が高まる（劉，2002a）。
⑧ 非正規従業員が仕事上で重視しているものは，職場の人間関係である（金，2003；和田，2007）。
⑨ 非正規従業員が増加傾向にあり（金，2004），その積極的な活用が求められている（吉田，2003；金，2007a）。
⑩ 人事制度の質的向上（吉田，2001a）に加え，能力主義の導入により，人事評価の公平性が求められている（村瀬，2007）。
⑪ 報酬や人事評価制度は，従業員の職務満足に影響を与えていない（竹田，

2009)。

　これに対して，米英などの先行研究は，ホテル企業の女性が昇進（ガラスの天井）や配属（性による分離），または給与などに関して，男性と同等の処遇を受けていないという事実に着目する。そして，その原因を究明する研究が1980年代中頃から始まった。この研究により，①ワーク・ライフ・バランスの困難さ，②社内外の人的ネットワークの欠如，③転宅をともなう転勤・転職の困難さ，④女性労働に対するステレオタイプ，⑤セクシャル・ハラスメント，⑥メンターの欠如，などが女性の均等処遇を妨げる原因であることがわかった。

　他方，米英などの国ぐにでは，総支配人などのトップ・マネジメントへの昇進を果たした人びとを調査することで，彼・彼女らがなぜその昇進を獲得できたのかについて考察する研究も行われてきた。それは，トップ・マネジメントたちの成功要因を知ることで，女性のキャリア開発に向けた指針を得ることを目的にしている。

　その結果，①つねに上位職位を目指す向上心をもち，自主的にキャリア開発を行う，②仕事に精励する，③仕事に集中するために，結婚しない，または子どもをつくらないなどの自己犠牲をいとわない，④対人的なスキルやコミュニケーション能力を養う，などが成功要因として，見出された。

　たしかに，米英などの国ぐにには，わが国と異なり，ホテル企業で働く女性のキャリア問題に関する研究の歴史が古く，また多くの実績を誇っている。しかし，わが国の視点からその成果を再考したとき，いくつかの疑問が生じる。なぜなら，わが国のホテル企業では，マネジャー職に至るかなり手前の段階で，女性がキャリア開発上の障害に直面し，離職することが多いからである。そのため，わが国には，米英などの先行研究が想定するガラスの天井以外にも，女性のキャリア開発を阻害する要因が存在すると本研究は考えている。

　また，米英などの先行研究は，「フルタイム，中断のない長期的な就労」を前提としたキャリア観に立脚しており，総支配人などのトップ・マネジメントに就任することをキャリアの成功と考えている。しかし，結婚や出産・育児など

図1-6 海外の先行研究の概要と本研究が抱く先行研究への疑義

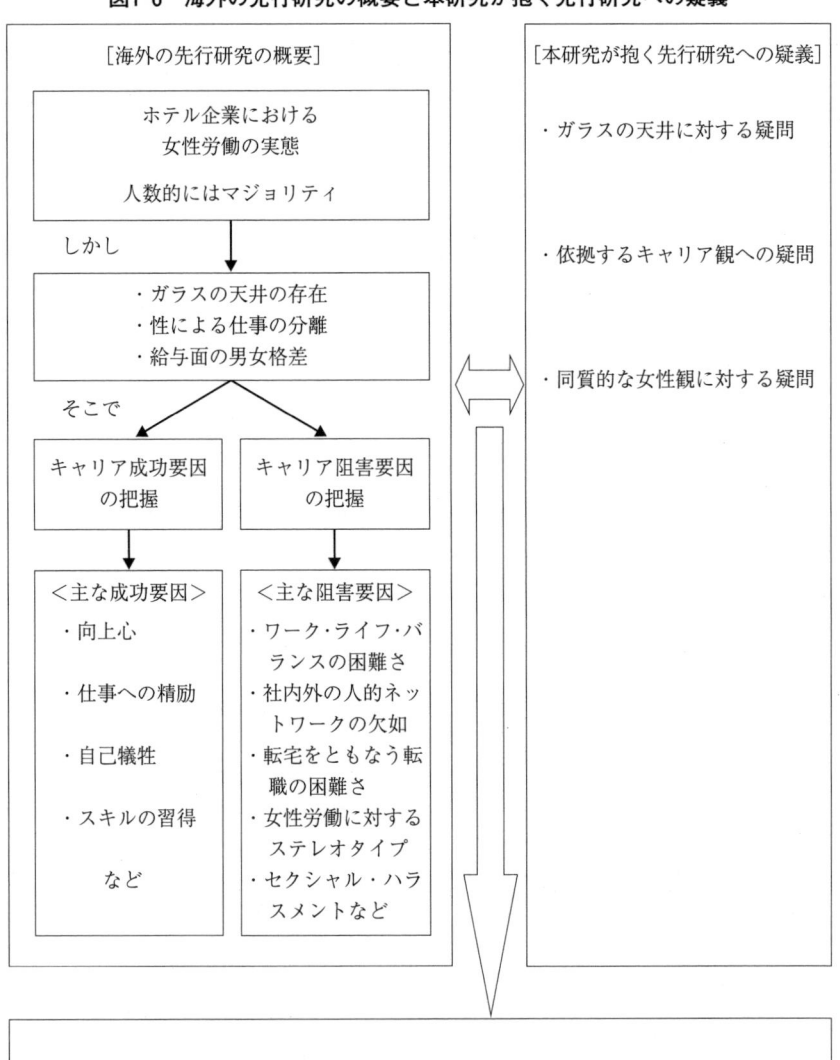

[海外の先行研究の概要]

ホテル企業における
女性労働の実態

人数的にはマジョリティ

しかし

・ガラスの天井の存在
・性による仕事の分離
・給与面の男女格差

そこで

キャリア成功要因の把握

キャリア阻害要因の把握

＜主な成功要因＞
・向上心
・仕事への精励
・自己犠牲
・スキルの習得
など

＜主な阻害要因＞
・ワーク・ライフ・バランスの困難さ
・社内外の人的ネットワークの欠如
・転宅をともなう転職の困難さ
・女性労働に対するステレオタイプ
・セクシャル・ハラスメントなど

[本研究が抱く先行研究への疑義]

・ガラスの天井に対する疑問

・依拠するキャリア観への疑問

・同質的な女性観に対する疑問

わが国独自の研究の必要性

筆者作成。

のためにキャリアを中断することが多いわが国の女性にとって,このキャリア観は桎梏になる。また,今日では,労働に対する人びとの価値観が変わっており,昇進や昇給だけがキャリアの成功ではない。例えば,良好な職場の人間関係を享受しているときや,仕事と家庭生活を両立しているときなどでも,人びとはキャリアの成功を感じている。そのため,米英などの先行研究が基づくキャリア観には疑問が残る。

さらに,米英などの先行研究は,女性のライフ・ステージを看過し,彼女たちを一括して,そのキャリア開発上の阻害要因の分析を行ってきた。しかし,この阻害要因は,ライフ・ステージの変化にともない重要度が増減するという性質を有している。それゆえ,女性を同質的な存在として捉える米英などの先行研究に関しても,本研究は疑問を感じている。

このような疑問から,本研究は,わが国のホテル企業を事例にした,独自の研究が必要であると結論づけた。そして,以上の論述をまとめると,図1-6のようになる。

注
(1) 旅館業法は,旅館業の健全な発達を図るとともに,その利用者の需要の高度化および多様化に対応したサービスの提供を促進し,公衆衛生および国民生活の向上に寄与することを目的として,1948(昭和23)年に制定された。なお,この場合の「旅館業」とは,日常的な意味での「旅館業」ではなく,宿泊業と同義である。
(2) 「昭和32年8月3日付 衛発第649号 厚生省公衆衛生局長通知」によると,洋式の構造および設備を主とする施設とは,客室内の調度および寝具設備(つまり,ソファーやベッドなど)が洋式であるだけでなく,宿泊の態様が洋風であるような構造および設備を主とする施設を指す。そのため,例えば,客室以外のロビーや食堂の設備などを具有することが洋式と認定されるための要件になる。
(3) 和式の構造および設備による客室とは,客室間や客室と廊下のあいだが,ふすま,板戸,その他これらに類するものを用いて区画されている客室を指す。
(4) 国際観光ホテル整備法とは,外国人客に対する接遇を充実し,国際観光の振興に寄与することを目的として,1949(昭和24)年に制定された法律である。同法では,施設の内容に加え,宿泊者に洋朝食が提供できること,外国語(主に英語)による館内案内表記があること,外国語(主に英語)が話せる従業員を雇用すること

（5）観光旅館とは，温泉地や観光地に立地する旅館を意味し，都市旅館とは都市部に立地し，ビジネスマン向けに宿を提供する旅館である。また，割烹旅館は，やはり都市部に立地しながら，料理に重点をおいた旅館を指す。旅館の規模としては，観光旅館は大規模なものが多く，都市旅館は中小規模，割烹旅館は小規模のものが多い。
（6）Powers & Barrows (1999), pp.249-255を参照。
（7）例えば，Powers (1992：224-230)，鈴木・大庭 (1999：46)，仲谷ほか (2006：2-3) など。
（8）仲谷ほか (2006) 4頁。
（9）仲谷ほか (2006) 14頁。
（10）鈴木 (1988) 9頁を参照。
（11）運輸省 (1970) 9頁。
（12）森田・橋本 (2009) 60-61頁。
（13）仲谷ほか (2006) 14-15頁を参照。
（14）永宮 (2008) 56-57頁を参照。
（15）『月刊ホテル旅館』(2009) 42-44頁。
（16）例えば，カジノ，クルーズやテーマパークなどがこれに属する。
（17）Baloglu & Assante (1999) を参照。
（18）例えば，Kattara (2005), Li & Leung (2001), Maxwell (1997), Nebel, Ⅲ et al. (1995) など。
（19）仲谷ほか (2006) 2頁を参照。
（20）例えば，『日経ベンチャー』(2004)，西田 (2005)，『能力開発21』(2005) など。
（21）西田 (2005) 7-8頁を参照。
（22）西田 (2004) 34頁を参照。
（23）同上，84頁を参照。
（24）同上，9頁を参照。
（25）フランチャイズの例としては，「チサン」や「ロワジール」を運営するソラーレ ホテルズ アンド リゾーツ株式会社や，「コンフォート」を運営する株式会社チョイスホテルズジャパンなどがある。
（26）例えば，Doeringer & Piore (1971), Williamson (1981), 小池 (1977) など。
（27）例えば，小池 (1991) など。
（28）Heskett et al. (1994) を参照。
（29）Kusluvan & Kusluvan (2000) を参照。
（30）鈴木 (1997) を参照。
（31）Mooney (2009) を参照。
（32）例えば，Almedia (2004), Pressor (2004) など。

(33) 例えば，Burrell et al. (1997), Rapoport & Rapoport (1989) など。
(34) Guerrier (1986), Purcell (1996) を参照。
(35) Baum (2007) を参照。
(36) Mooney (2009) を参照。
(37) Carbery et al. (2003) を参照。
(38) 例えば，Marshall (1984), Ng (1993,1995) など。
(39) Hicks (1990) を参照。
(40) 例えば，Woods & Kavanaugh (1994) など。
(41) 例えば，Wellington (1996), Deloitte & Touche (1997) など。
(42) Eagly & Carli (2007) を参照。
(43) これについては，例えば，女性職業財団 (1991), 日本労働研究機構 (1994) を参照。
(44) Boxall & Purcell (2003) を参照。
(45) 武石 (2006) を参照。
(46) Correll et al. (2007) を参照。
(47) 例えば，Blair-Loy (2003), Settles et al. (2006) など。
(48) Moen & Roehling (2005) を参照。
(49) Callanan (2003) を参照。
(50) 例えば，Brownell (1994), Ng & Pine (2003) など。
(51) Mooney & Ryan (2009) を参照。

第2章

ホテル企業の経営と従業員の働き方

第1節　はじめに

　わが国のホテル業の嚆矢は，江戸時代末期の1868（慶応4）年に築地で竣工した「ホテル館」であるといわれている[1]。それから約140年経過した2007（平成19）年3月現在，厚生労働省の「保健・衛生行政業務報告（2008年度衛生行政報告例）」によると，ホテルが9,442軒あり，その客室累計は766,297室であった。このように，わが国のホテル業はまもなく150年を迎える長い歴史を有している。しかし，産業として急速に発展したのは，過去20年間程度のことであり，この間に施設数，客室数ともに倍増した。

　一方，『日経産業新聞』（2008）によると，2007年度のわが国ホテル業の市場規模は1兆8,000億円で，対前年比4.7％の増加であった。そして，この市場規模は，ハンバーガーレストランの約3倍，ファミリーレストランの約1.5倍であり，また百貨店やコンビニエンスストアの約4分の1に相当する（表2-1参照）。

表2-1　上位5社の市場シェアの比較（2007年度）　　（億円，％）

産　業	ホテル	百貨店	ファミリーレストラン	ハンバーガーレストラン	コンビニエンスストア
市場規模	18,000	76,826	12,510	6,613	78,249
上位5社の市場シェア	26.9	55.5	52.8	97.8	79.9

出所：『日経産業新聞』（2008）を用いて筆者作成。

これに対して，上述の『日経産業新聞』は，2007年度の売上高でみたホテル企業上位5社の市場シェアを26.9％と推定している。しかし，同紙が同年の百貨店，ファミリーレストラン，ハンバーガーレストランおよびコンビニエンスストアの上位5社の市場シェアを，それぞれ55.5％，52.8％，97.8％，79.9％と推測していることを考え合わせると，わが国のホテル市場はかなり細分化されていることがわかる。

この市場の細分化に関連して，『週刊ホテルレストラン』(2009a)が国内で2軒以上のホテルを展開する企業を対象に行った調査が興味深い事実を開示している。この調査に回答したホテル企業は84社あり，それらは2007年末現在で1,761軒のホテルと355,852室の客室を擁していた。そして，この84社のうち，「ルートインホテルズ(179軒，26,277室)」がもっとも多くホテルを運営しており，次いで，「東横ホテル(171軒，32,608室)」，「スーパーホテル(74軒，7,769室)」の順になった。

他方，上述したように2007年3月末のわが国にはホテルが9,442軒，766,297室あった。そのため，『週刊ホテルレストラン』の調査に回答したホテル企業84社が有するホテル数および客室数は，この2007年3月末の施設数と客室数の18.7％と46.4％に相当することになる。この結果から，同調査は2軒以上のホテルをもつすべての企業を網羅しているわけではないため断言できないものの，わが国の多くのホテルが姉妹ホテルをもたずに単独で運営されていることが推察できる。

以上，わが国のホテル市場を概説した。次に，本章は，わが国のホテル企業の経営と従業員の働き方の実態を，既存の調査データを用いて分析したい。

従業員は，企業からの支援や奨励を得ずに，独力で自己のキャリアを開発することができない。むしろ，従業員のキャリア開発は，従業員本人と企業との共同作業によってもたらされる[2]。だが，共同作業である以上，従業員は自己のキャリア形成に対して，所属企業からなんらかの影響を受けることになる。それゆえ，本研究は，ホテル企業で働く女性のキャリアを考察するためには，企

業が直面する経営状況や労働問題を知ることが不可欠になると考え,本章を設けた。

そこで,以下は,ホテル企業の売上高と営業費用の構成,当期純利益の推移,給与水準と労働時間,雇用形態別の従業員構成,従業員の勤続年数や離職率などについて分析する。

第2節 ホテル企業の経営

1 売上構成とその特異性

わが国のホテル業では一般的に,客室を顧客に貸与して得た収入とそれに付帯した収入が合算された宿泊収入[3]よりも,レストランや宴会営業によって得た収入とそれらに付帯する収入[4]によって構成される料飲収入の方が多い。しかし,それは,世界のホテル業からみれば,きわめて異例である。例えば,Deloitte & Touche 社(2007)は,ホテルの営業収入を①宿泊,②料飲,③その

表2-2 世界のホテルの売上構成(2007年度)

収入項目＼地域	ヨーロッパ ユーロ	中近東・アフリカ US$	アジア・ パシフィック US$	東京 円
宿泊収入	30,735 (60.1)	34,172 (56.0)	36,753 (52.2)	8,889,621 (34.6)
料飲収入	17,213 (33.6)	21,440 (35.1)	28,359 (40.3)	14,859,952 (57.8)
その他収入	3,223 (6.3)	5,412 (8.9)	5,255 (7.5)	1,942,176 (7.6)
営業収入	51,171 (100.0)	61,024 (100.0)	70,367 (100.0)	25,691,749 (100.0)

(注) 表中の数字はすべて,各収入を当該地域の年間稼動客室数で除したものである。また,カッコ内の数字は売上構成比を示す。
出所:Deloitte & Touche LLP(2007)を用いて筆者作成。

表2-3 世界のホテルの収入項目別利益率（2007年度）　　　（%）

収入項目	ヨーロッパ	中近東・アフリカ	アジア・パシフィック	東京
宿泊収入	72.4	85.8	76.8	67.7
料飲収入	29.7	42.7	33.7	33.6
その他収入	56.1	69.8	61.5	64.2
全体利益率	57.0	69.2	58.3	47.7

出所：表2-2に同じ。

他(5)の3つに分類し，それらを世界各地域間で比較している。

　これによると，わが国を除く世界のホテル業では，宿泊収入が営業収入の5〜6割を占めており，料飲収入は3〜4割にすぎない。つまり，世界的にみれば，この収入構成から考えても，ホテル業は字義どおり「宿泊業」なのである。しかし，わが国（東京）では，世界のホテル業とまったく逆の売上構成が生起する（表2-2参照）。

　そのため，わが国のホテル業は，宿泊業というよりも，「宿泊事業に加え，飲食事業，物品販売，または各種サービスの販売事業などを複合した事業展開を行う産業」と解釈した方が実態に合致しやすい。

　一方，Deloitte & Touche 社は，上記3つの収入項目ごとに世界のホテル業の利益率を公表している。その2007年度実績をみると，どの国においても「宿泊収入」の利益率がもっとも高く，次いで「その他収入」，最後に「料飲収入」の順になる。そして，ヨーロッパ内のホテルを事例にすれば，宿泊収入の利益率が約72％であるのに対して，料飲収入の利益率は約30％にすぎず，宿泊収入の半分にも満たない。

　その結果，ホテル業全体の利益率は，ヨーロッパ地域が約57％，中近東・アフリカ地域が約69％，アジア・パシフィック地域が約58％であった。これに対して，わが国（東京）では，利益率が低い料飲収入の割合が高いため，全体で約48％にすぎず，世界のなかでも相対的に低い利益率になっている（表2-3参照）。

2　営業費用の構成と人件費の位置づけ

　社団法人日本ホテル協会(以下「日本ホテル協会」という)[6]は,毎年傘下のホテルを対象に,その経営実態を調査している。この日本ホテル協会所属のホテルは,本研究が取り扱うホテルの典型例であるため,一般的な営業費の構成を把握するための参考になる。

　そこで,同協会の「経営実態調査(2007年度)」[7]を用いて,加盟ホテル1軒当りの営業費構成を調べると,最大の経費項目は「人件費」であり,営業費全体の約28％を占めている。また,「業務委託費」が約11％になる。この業務委託費は,主に本来であればホテルが独自に行うべき業務(例えば,客室清掃,警備,施設・設備の保全業務など)を第三者に委託したため発生した経費であるから,広義の人件費と考えられる。そこで,この業務委託費に人件費を加えたものを実質的な人件費とすると,それは営業費の約38％に該当する。

　この人件費に次いで支出割合が高い経費として,「材料費」がある。これは,営業費の約25％かかる。材料費の割合が高い理由は,総売上高に占める料飲収

表2-4　日本ホテル協会加盟ホテルの営業費用の構成
(2007年度実績)(％)

営　業　費　用　の　構　成	
人　件　費	27.5
材　料　費	24.3
業務委託費	10.8
地代家賃	10.3
小　　計	72.9
水道光熱費	5.1
その他営業費	22.0
合　　計	100.0

(注)　上記数値は,調査対象127軒の平均値を示す。
出所:オータパブリケイションズ編(2009),巻末40頁。

入の割合が高いためであると思慮する。また,「地代家賃」も営業費の約10%を占めている。そして,材料費,人件費,業務委託費と地代家賃を合算すると,営業費全体の約73%に達することから,これら4費用が営業費の中でも主要な経費になっているといえる(表2-4参照)。

次に,営業費の中で主要な項目であった人件費と業務委託費が売上高に占める割合を,日本ホテル協会の「経営実態調査」を用いて2003年から2007年まで調べたところ,表2-5を得た。これによると,売上高人件費比率は,2003年以降逓減傾向にあるが,その一方で,業務委託費比率が増えているため,両者を合算した広義の人件費は,2003年の33.6%から2007年の37.0%へ逓増傾向にあることがわかる。

表2-5 売上高人件費比率および業務委託費比率の推移 (%)

項 目	2003年	2004年	2005年	2006年	2007年
人件費比率	27.2	27.3	26.5	26.4	26.5
業務委託費比率	6.4	8.2	9.2	10.6	10.5
合 計	33.6	35.5	35.7	37.0	37.0

出所:オータパブリケイションズ編『日本ホテル年鑑』各年度版。

3 当期純利益の推移

前出の日本ホテル協会「経営実態調査(2007年度)」によると,調査対象124ホテルの1軒当り当期純利益は22,201千円であった。しかし,この純利益を,ホテルの立地エリア別に集計し直すと,「京浜地域」,「京阪神地域」および「リゾート地域」にあるホテルでは,それぞれ345,496千円,76,136千円,56,781千円の黒字であったものの,「その他の地域」に所在するホテルは140,239千円の赤字であった。

また,「その他の地域」のホテルの当期純利益は,2003年以降一貫して赤字であることから,大都市を内包する京浜・京阪神地域と,リゾート地域を除いた

表2-6 所在地別ホテル1軒当りの当期純利益額の推移　　　（千円）

年度	全国	京浜	京阪神	その他	リゾート
2007年（124軒）	22,201	345,496	76,136	△ 140,239	56,781
2006年（127軒）	58,020	322,764	117,446	△ 45,120	14,780
2005年（131軒）	△ 239,265	△ 193,995	△ 57,629	△ 392,146	67,290
2004年（127軒）	△ 31,923	△ 81,820	273,091	△ 91,318	9,826
2003年（127軒）	△ 12,890	142,530	40,902	△ 81,903	16,383

(注) カッコ内の数字は調査対象ホテル数を示す。
出所：表2-5に同じ。

表2-7 客室規模別ホテル1軒当りの当期純利益額の推移　　　（千円）

年度	700室超	400〜699室	300〜399室	100〜299室	1〜99室
2007年（124軒）	356,929	161,324	△ 150,816	△ 258,514	79,476
2006年（127軒）	60,300	167,745	138,805	△ 48,450	83,215
2005年（131軒）	36,272	90,015	△ 417,720	△ 355,260	△ 253,356
2004年（127軒）	21,897	109,674	△ 51,908	△ 99,255	△ 25,399
2003年（127軒）	△ 91,335	97,580	△ 156,386	△ 27,045	15,063

(注) カッコ内の数字は調査対象ホテル数を示す。
出所：表2-5に同じ。

その他の地域では，ホテル営業がさほど良好でないと察知できる（表2-6参照）。

　他方，ホテル1軒当りの当期純利益を客室規模別に比較したものが表2-7である。これによると，2007年度は，「700室超」ホテルの当期純利益額がもっとも大きく356,929千円になっている。しかし，当期純利益の推移を過去5年間でみると，「400〜699室」のホテルがもっとも優れており，毎年黒字である。これに対して，「300〜399室」と「100〜299室」のホテルでは，2003年から2007年までの5年間，赤字がほぼ常態化している。

　以上から，同じホテルとはいえ，その地理的立地，または客室規模の違いにより，収益性がかなり異なることが理解できる。

4　有形固定資産の割合

下表2-8は，日本ホテル協会「経営実態調査（2007年度）」に基づき，1軒当りの資産構成比と，資本構成比を示したものである。作古（2002：50）は，ホテル業では投資額の80％以上が建物，設備（装置）として固定化するといっている。

たしかに，表2-8をみても，資産の80％以上が固定資産である。そのうえ，固定資産の中でも有形固定資産の割合が高く，総資産の約63％を占めている。一般に，ホテル業は労働集約的な産業であるといわれている。しかし，この総資産に占める有形固定資産の割合をみると，ホテル業は装置産業的な性格も合わせもっていることがわかる。

他方，負債は，負債・純資産合計の約4分の3を占めており，特に，固定負債が同合計の過半数に達している。これは，固定資産比率が高いことと連動しているものと思われる。つまり，長期の負債により資金手当てを行い，それを利用して固定資産に投資しているのではなかろうか。

表2-8　日本ホテル協会加盟ホテルの資産・資本構成比（2007年度）(%)

資産構成比			資本構成比		
固定資産	有形固定資産	62.7	負債	流動負債	23.0
	無形固定資産	0.7		固定負債	50.8
	投資	20.4		引当金	0.5
	計	83.8		計	74.3
流動資産		16.0	純資産	資本金	12.6
				剰余金	11.5
繰延資産		0.2		その他	1.6
				計	25.7
総資産		100.0	負債・純資産合計		100.0

出所：表2-2に同じ，巻末42頁。

5　曜日・月単位での変動する需要

　一般にホテル業は，24時間営業，年中無休であるが，顧客の需要は常に一定であるわけではない。むしろ，それは，1日，1週間，または年間を通じて増減する。

　日本労働研究機構（1994）は，ホテル従業員に，「週の月曜日から日曜日までのうちで，忙しいと思う曜日」を質問することにより，従業員の視点からこの需要変動を把握している。それによると，週のうちで月曜日がもっとも暇であり，土曜日に近づくにつれて忙しさが増す傾向があることがわかる。また，従業員がもっとも忙しいと考える土曜日を100としたとき，もっとも暇と思われている月曜日は約24となり，かなりの格差がある（表2-9参照）。

　他方，上述した日本労働研究機構は，同様の手法により，月別の忙しさを聴取している。それによると，ホテル従業員は，冬季の1月と2月，夏季の7月から9月の期間は相対的に暇であると考えていた。これに対して，半数以上のホテル従業員は，春季の3月から5月，秋季の10月と11月を，相対的に忙しいと考えている（表2-10参照）。

表2-9　曜日による業務の繁閑（忙しいと思う曜日に対する回答率）

（複数回答，%）

月曜	火曜	水曜	木曜	金曜	土曜	日曜
16.9 (23.5)	36.3 (50.6)	37.1 (51.6)	39.5 (55.0)	58.1 (80.9)	71.8 (100)	50.8 (70.8)

（注）　カッコ内の数字は，土曜日の忙しさを100としたときの，各曜日の忙しさを表す指数。
出所：日本労働研究機構（1994）304頁。

表2-10　月による業務の繁閑（忙しいと思う月に対する回答率）

（複数回答，%）

1月	2月	3月	4月	5月	6月	7月	8月	9月	10月	11月	12月
26.6	19.4	54.0	54.8	66.9	43.5	22.6	33.1	34.7	79.8	73.4	48.4

出所：日本労働研究機構（1994）305頁。

このことから，業務の繁閑は月別にみても存在していることが理解できる。そして，月別に曜日別の繁閑が加わることで，ホテル企業の需要マネジメントは，一層複雑かつ困難なものになると想像できる。

第3節　ホテル従業員の働き方

1　給与水準と労働時間

(1)　給与水準

『週刊ホテルレストラン』誌は，2006年以降，ホテル従業員の賃金実態を把握するために継続的な調査を実施している。その2009年の調査によると，調査回答者324人の平均年収は436.8万円（平均年齢36.1歳）であり，年収の中央値は400万円であった[8]。これに対して，2006年の平均年収は393.8万円（平均年齢33.2歳），中央値は370万円である。

2006年と2009年の調査回答者の平均年齢が異なるため，両年の平均年収を単純に比較できないものの，ホテル従業員は30歳前半から中頃の年齢でおおよそ400万円前後の年収を得ていると考えてよいだろう（表2-11参照）。ただし，例えば，2009年の調査では回答者の約86％は正規従業員で，かつその80％は男性であったことから，この平均年収は，男性正規従業員のそれに近いと考えるべきである。

次に，総務省統計局の「就業構造基本調査（2008年度）」を利用し，上述したホテル従業員の2006年の平均年収393.8万円が，わが国の産業の中でどの程度の位置にあるかを調べたところ，同調査による年収の中央値が「300〜399万円」であったため，ホテル従業員の年収は，わが国の産業においてほぼ中位にあることがわかった（表2-12参照）。

また，国税庁の「民間給与実態統計調査（2007年度）」によると，30歳から34歳の平均年収は404万円（男性461万円，女性299万円）であった。そのため，年齢面からみても，ホテル従業員の年収は，ほぼ平均値に近いといえよう。

第2章　ホテル企業の経営と従業員の働き方　97

表2-11　ホテル従業員の年収の推移　　　　　　　　　　　（万円）

項　目	2006年度	2007年度	2008年度	2009年度
平均年齢	33.2歳	34.0歳	35.4歳	36.1歳
平均年収	393.8	401.0	442.2	436.8
年収の中央値	370	380	420	400

出所：『週刊ホテルレストラン』（2009c）37頁を用いて筆者作成。

表2-12　正規従業員・職員の所得分布（2007年度）　　　　（％）

100万未満	100～199万円	200～299万円	300～399万円	400～499万円	500～699万円	700万円以上
1.8	8.6	21.2	18.9	14.8	17.9	15.7

出所：総務省統計局（2008）『就業構造基本調査（2008年度）』23頁を用いて筆者作成。

　他方，わが国のホテル企業で，かつ金融庁の「EDINET」に有価証券報告書を公開する企業が2009年9月現在で23社ある。この23社の正規従業員の年収を調べたところ，その平均値は424.3万円（平均年齢38.7歳）であった。そして，この数値は，上述した『週刊ホテルレストラン』誌の2009年度の調査結果である436.8万円（表2-11参照）とほぼ同額である。

　次に，この23社を，全体平均である424.3万円を基準にして，それ以上の年収がある企業と，それ未満の企業に二分した結果が表2-13になる。これによると，424.3万円以上に属する企業が8社，それ未満に属する企業が15社あり，前者の年収の平均は約574万円，後者のそれは約345万円になった。この結果から，同じ上場ホテル企業といっても，従業員の年収には200万円以上の差異があることがわかる。

　また，年収が全体平均よりも高い企業群と，それが低い企業群の間には，従業員の平均年齢と平均勤続年数にも違いがみられた。つまり，前者の従業員の平均年齢と平均勤続年数はそれぞれ41.4歳，15.8年であったのに対して，後者は37.2歳，10.1年であり，年収が高い企業群は，年収の低い企業群より，従業員の平均年齢が高く，勤続年数も長い。なお，年収が高い企業群と低い企業群では，

表2-13 上場ホテル企業23社の正規従業員の年収，平均年齢，勤続年数と非正規従業員割合の比較

	企　業　名	正規従業員の年収 千円	正規従業員の平均年齢	正規従業員の平均勤続年数	非正規従業員割合%	備考
年収全体平均以下	株式会社丸ノ内ホテル	3,771	36.8	6.1	14.9	A
	株式会社京都ホテル	3,817	32.7	8.2	36.3	B
	株式会社名古屋観光ホテル	3,873	36.0	12.0	39.3	A
	株式会社熊本ホテルキャッスル	3,782	36.7	12.2	33.6	A
	札幌国際ホテル	3,649	39.9	18.3	70.3	B
	オテルニューオータニ高岡	3,736	37.9	11.2	43.8	C
	鴨川グランドホテル	3,894	40.9	13.1	60.7	A
	ホテルニューアカオ	3,621	36.9	9.4	36.9	B
	株式会社ホテル翔峰	2,778	38.6	5.4	24.2	C
	伊丹シティホテル株式会社	3,290	34.2	8.4	54.4	C
	株式会社群馬ロイヤルホテル	2,867	33.8	7.6	41.8	C
	株式会社長崎グランドホテル	2,590	37.1	9.9	31.3	B
	株式会社ロイヤルホテル	3,710	37.4	13.7	25.9	A
	カラカミ観光株式会社	2,623	40.1	7.7	39.8	A
	立山高原株式会社	3,668	39.4	8.5	39.6	E
	上記15社の平均	3,445	37.2	10.1	39.5	―
年収全体平均以上	藤田観光株式会社	6,365	41.4	15.8	64.5	A
	株式会社ホテルニューグランド	4,923	38.0	14.1	41.8	B
	株式会社ホテルニューオータニ	4,882	39.3	16.8	40.2	A
	株式会社琵琶湖ホテル	4,446	41.5	13.7	10.7	C
	株式会社JALホテルズ	7,259	46.0	12.0	―	A
	株式会社帝国ホテル	7,068	42.2	20.1	43.4	A
	株式会社パレスホテル	4,837	39.6	16.9	40.7	A
	株式会社ホテルオークラ	6,137	43.0	16.9	22.0	A
	上記8社の平均	5,740	41.4	15.8	37.6	―

(注)　A：平成21年3月31日現在，B：平成20年12月31日現在，C：平成19年3月31日現在，
　　　D：平成20年3月31日現在，E：平成18年11月30日現在の実績である。
出所：金融庁「EDINET (http://info.edinet-fsa.go.jp)」を用いて筆者作成。

非正規従業員の割合がほとんど変わらず，どちらも全従業員の約4割が非正規であった。

(2) 労働時間と休日日数

　『労政時報』(2001a) の調査によると，調査対象の6ホテル企業（帝国ホテル，ホテルニューグランド，天成園，札幌国際観光ホテル，京都ホテル，博多都ホテル）の2000年の1日当りの平均労働時間は7時間38分であった。また，年間労働時間は1,964時間54分になる。一方，年間休日日数は6社平均で108.9日であった。

　これに対して，『労政時報』(2001b) が別途実施した調査によると，わが国の平均的な企業の労働時間は1日当り7時間45分，年間所定労働時間は1,895時間13分，年間所定休日日数は120.0日であった。そのため，このふたつの調査結果を見比べると，ホテル企業の労働時間は相対的に長く，かつ休日日数が少ないことが理解できる。

2　雇用形態別の労働力構成と女性の働き方

　ホテル企業の雇用形態別，つまり正規従業員と非正規従業員の労働力構成をみると，次のようになる。

(1) 大規模ホテルの場合

　日本労働研究機構 (1994) は，国内のホテル・旅館を対象に，その労働事情に関する詳細な調査を実施している。そして，この調査に回答した大規模ホテル24軒（平均客室数385室）の1軒当り正規従業員数は305.9人であり，そのうち女性は27.7％の84.6人であった。つまり，正規従業員の約4人に1人の割合でしか女性が存在せず，むしろ正規従業員でみる限り，ホテルは男性中心の職場といえる。

　また，女性の正規従業員の配属先をみると，全84.6人のうち約半数の41.3人が

表2-14　大規模ホテル1軒当りの従業員構成　　　　　　　　（人）

雇用形態	フロント部門	客室部門	料飲部門	調理部門	間接作業部門	合　計
正規従業員	49.9 (20.2)	16.0 (7.3)	104.7 (41.3)	92.2 (2.2)	43.1 (13.6)	305.9 (84.6)
非正規従業員	11.5 (4.1)	42.2 (34.5)	76.6 (44.7)	20.4 (11.5)	24.9 (12.0)	175.6 (106.8)
合　計	61.4 (24.3)	58.2 (41.8)	181.3 (86.0)	112.6 (13.7)	68.0 (25.6)	481.5 (191.4)

（注）　カッコ内の数字は，女性の人数（内数）を示す。
出所：日本労働研究機構（1994）179頁。

　料飲部門に配属されていた。次いで，フロント部門に20.2人，間接作業部門に13.6人となっている。しかし，調理部門に配属された男性正規従業員が90人であったのに対して，女性正規従業員は2.2人であったことから，女性正規従業員が調理部門に配属されることはきわめてまれであることが推察できる（表2-14参照）。

　さらに，上述の日本労働研究機構（1994）は，正規従業員に加えて，非正規従業員についても聴取しており，それは1軒当り175.6人であった。これに対して，1軒当りの正規従業員は305.9人であったため，全従業員に対する非正規従業員の割合は約36％になる。そして，この非正規従業員175.6人のうちの約6割に相当する106.8人が女性である。このことから，非正規は女性が中心であるといえる。また，非正規に女性が多かったため，正規・非正規を合わせた女性従業員比率が約4割に高まったことがわかる。

　他方，オータパブリケイションズが毎年発行する『日本ホテル年鑑』は，約3,000ホテルの施設概要と客室稼働率などの営業実績に加え，従業員数を掲載している。そこで，同年鑑の2009年度版を利用して，東京23区内および大阪市内に所在するホテルで，かつ日本労働研究機構の調査に準じて客室数が300室以上あるホテルのなかから，男女別の正規従業員数を報告するホテルを抽出したところ，表2-15と表2-16を得た。なお，東京23区と大阪市内のホテルを選んだ理

表2-15 東京23区内に所在するホテルの正規従業員に占める女性の割合

ホテル名	客室数	男性正規従業員数	女性正規従業員数	女性割合%
浅草ビューホテル	337	203	56	21.6
小田急ホテルセンチュリーサザンタワー	375	63	38	37.6
銀座キャピタルホテル	574	40	9	18.4
シェラトン都ホテル東京	495	104	59	36.2
第一ホテル両国	333	50	20	28.6
東京ドームホテル	1,006	275	83	23.2
ニューオータニイン東京	412	57	8	12.3
ハイアット リージェンシー東京	744	412	129	23.8
ヒルトン東京	815	321	187	36.8
ホテル インターコンチネンタル東京ベイ	339	129	43	25.0
ホテルオークラ東京	833	644	201	23.8
ホテル日航東京	452	286	138	32.5
ホテルニューオータニ	1,479	1,528	654	30.0
ホテルメトロポリタン	815	282	84	23.0
ホテルメトロポリタンエドモンド	665	221	73	24.8
八重洲富士屋ホテル	377	81	42	34.1
平均	628	294	114	27.9

出所：オータパブリケイションズ編『日本ホテル年鑑（2009年度版）』を用いて筆者作成。

由は，これら2都市が国内でもっとも多くホテルが存在する地域だからである。

この表2-15と表2-16から，東京23区内に所在するホテル企業の正規従業員に占める女性割合は平均で27.9％，大阪のそれは27.3％になる。この結果に対して，前述した日本労働研究機構の調査では，女性の正規従業員割合が27.7％であった。同機構の調査は約15年前に実施されているが，両者を比較すると女性正規従業員の割合はさほど変化していないことに気づく。そのため，女性は，正規従業員のなかでは依然として少数派であるといえよう。

表2-16 大阪市内に所在するホテルの正規従業員に占める女性の割合

ホテル名	客室数	男性正規従業員数	女性正規従業員数	女性割合%
シェラトン都ホテル大阪	575	209	91	30.3
ハイアット・リージェンシー・オーサカ	480	202	186	47.9
ヒルトン大阪	525	334	135	28.8
ホテルグランヴィア大阪	648	226	82	26.6
ホテル日航大阪	643	200	60	23.1
ホテルニューオータニ大阪	525	282	46	14.0
ホテルラフォーレ新大阪	332	32	21	39.6
リーガロイヤルホテル	973	808	242	23.0
平均	588	287	108	27.3

出所：表2-15に同じ。

(2) 小規模ホテルの場合

上述した東京23区および大阪市内のホテルは，客室数または正規・非正規従業員を合算した総従業員数からみても，大規模ホテルに分類できる。そのため，小規模ホテルの雇用形態別の従業員構成と女性割合，および女性の配属先はどのようになっているのかという疑問が残る。しかし，日本労働研究機構（1994）の調査には小規模ホテルのデータがない。そこで，本研究は，この疑問を解消するために，東京近郊に所在するAホテル（客室数約100室）に面接調査を実施した（表2-17参照）。

Aホテルでは，2007年4月現在で，正規・非正規を合わせた従業員が77名おり，そのうち非正規従業員は56名であった。そのため，非正規比率は72.7％になる。この結果と前述した日本労働研究機構の大規模ホテルの従業員構成を比べると，Aホテルは非正規の割合が高く，非正規の量的基幹化がかなり進んでいることがわかる。

一方，Aホテルの女性従業員は42名であり，総従業員の約55％を占める。この女性比率の高さも前出の大規模ホテルと異なっている。また，正規従業員21

表2-17 小規模ホテルの従業員構成と女性の割合：東京近郊にあるAホテルの場合

(人)

部門	総従業員	正規従業員	非正規従業員	非正規従業員の内訳		
				派遣社員	契約社員	パート社員
総　　務	8 (3)	2 (1)	6 (2)	3 (0)	1 (0)	2 (2)
営業本部	3 (0)	3 (0)	0	0	0	0
フロント	11 (6)	1 (0)	10 (6)	0	1 (0)	9 (6)
宿泊予約	14 (8)	2 (0)	12 (8)	0	6 (2)	6 (6)
レストラン	8 (6)	1 (0)	7 (6)	0	1 (1)	6 (5)
宴　　会	10 (7)	2 (0)	8 (7)	0	1 (0)	7 (7)
調　　理	23 (12)	10 (1)	13 (11)	0	0	13 (11)
合　　計	77 (42)	21 (2)	56 (40)	3 (0)	10 (3)	43 (37)

(注) 上記数値は2007年4月現在のものであり，カッコ内は女性の人数を示す。
出所：インタビュー調査により筆者作成。

名のうち2名，非正規従業員56名のうち40名が女性であった。それゆえ，小規模ホテルでは，大規模ホテルと同様に女性の正規従業員は少ないものの，非正規従業員の女性比率が過半を超えているのではないかと思われる。

さらに，女性の配属先をみると，営業本部を除くすべての部門にほぼ万遍なく配置されており，女性のなかでは調理部門で働く人が12人ともっとも多かった。そのため，Aホテルでは，女性が，特に非正規の女性が，各部門の中核となって働いていること，換言すれば非正規の質的基幹化が起こっていることが推察できる。

さらに，本研究は，小規模ホテルでは，前出のAホテルがそうであったように，①非正規従業員の質的基幹化が進んでいる，②非正規従業員に占める女性割合が高い，のではないかと予測し，13軒の小規模ホテルを運営するBチェーン・ホテルに対して，その従業員構成と非正規に占める女性割合を聴取したところ表2-18を得た。

これによると，13軒の平均的な従業員構成は，正規が約39％，非正規が約61

表2-18 小規模ホテルの正規・非正規従業員数と非正規に占める女性の割合

客室	正規従業員	非正規従業員	合計	非正規女性割合（％）
210	21.0 (30.5)	47.9 (69.5)	68.9 (100)	80
43	27.0 (36.1)	47.7 (63.9)	74.7 (100)	60
59	23.5 (23.7)	75.8 (76.3)	99.3 (100)	70
98	27.1 (36.3)	47.5 (63.7)	74.6 (100)	70
229	40.0 (36.4)	70.0 (63.6)	110.0 (100)	80
24	27.0 (42.3)	36.8 (57.7)	63.8 (100)	60
56	19.0 (29.5)	45.5 (70.5)	64.5 (100)	70
104	37.0 (51.1)	35.4 (48.9)	72.4 (100)	80
120	37.2 (44.4)	46.5 (55.6)	83.7 (100)	70
65	35.0 (48.4)	37.3 (51.6)	72.3 (100)	60
53	20.2 (40.4)	29.8 (59.6)	50.0 (100)	70
27	32.0 (50.2)	31.8 (49.8)	63.8 (100)	60
52	25.9 (35.5)	47.1 (64.5)	73.0 (100)	60

（注）正規・非正規の人数は，拘束労働時間8時間45分で換算した結果。カッコ内は全体の割合を示す。筆者作成。

％となり，非正規が過半数を超えていた。また，平均すると，非正規の約7割が女性であった。このことから，小規模ホテルでは，大規模ホテルと異なり，女性の非正規従業員を積極的に雇用していることが想像できる。

3 正規・非正規雇用の現状

　他方，吉田（2003）は，「ロイヤルホテル大阪（現「リーガロイヤルホテル大阪」）」を事例にして，2003年4月1日とその5年前の1998年4月1日を比較し，正規・非正規従業員数の変化を部門別に調べている。

　それによると，2003年4月1日現在1,289人いた従業員のうち正規従業員は717人，非正規従業員は572人となり，非正規比率は44.3％であった。また，正規従業員は1998年に比べて約22％減少しており，逆に非正規従業員は約20％増加していた。つまり，量的な意味での，非正規による正規従業員の代替が起こっていた。

　他方，非正規従業員の配属先は，料飲部門，宿泊部門，調理部門，または宴会部門であることが多く，2003年時点でみると，非正規従業員の約9割がこの4部門に配属されていた。特に，料飲部門における非正規の活用は顕著であり，

表2-19　ロイヤルホテル（大阪）の部門別従業員構成　　　　（人）

部門	2003年4月1日現在				1998年4月1日現在			
	正規	非正規	合計	非正規割合	正規	非正規	合計	非正規割合
総支配人室	12	0	12	0	15	0	15	0
管理	61	5	66	7.6	104	16	120	13.3
文化事業	14	58	72	80.6	18	48	66	72.7
セールス	34	2	36	5.6	35	2	37	5.4
宿泊	131	137	268	51.1	197	173	370	46.8
料飲	146	164	310	52.9	221	101	322	31.4
宴会	126	96	222	43.2	131	98	229	42.8
調理	193	110	303	36.3	195	38	233	16.3
合計	717	572	1,289	44.3	916	476	1,392	34.2

（注）　非正規にはパート，アルバイトに加え，契約社員，関連会社社員を含む。
出所：吉田（2003）206頁。

同部門の1998年の非正規割合が31.4％であったのに対して、2003年では52.9％に達している。逆に、総支配人室や管理部門、セールス部門では非正規従業員の導入がほとんど進んでいない。つまり、非正規の活用は部門横断的に生起しているわけではなく、むしろ特定の部門で進展しているといえる（表2-19参照）。

4 女性の勤続年数

女性ホテル従業員の勤続年数が短いことは以前から知られていた。例えば、財団法人女性職業財団（1991）は、8軒のフル・サービス型ホテルに対してインタビュー調査を実施し、社員構成、採用形態、女子従業員の活用と能力開発の現状について聴取している。そのうちの6軒のホテルは、男性および女性従業員の勤続年数と平均年齢を回答しており、それらを示すと表2-20になる。この表をみると、6軒のホテルのうち、女性正規従業員の平均勤続年数が5年を超えるホテルは1軒のみであり、他の5軒はすべて4年前後であることがわかる。また、6軒すべてにおいて、女性正規従業員の平均年齢は20歳代の前半から中ごろであり、30歳を超えていない。

一方、日本労働研究機構（1994）は、フル・サービス型ホテルの各部門で働く女性正規従業員の勤続年数を調べている。それによると、どの部門においても半数以上の女性の平均勤続年数は5年未満であることがわかる。そして、特に、「フロント部門」、「料飲部門」および「調理部門」では、勤続年数が5年未満の女性が7割から8割前後存在し、逆にこの両部門で10年以上勤続する女性

表2-20 女性職業財団調査による男性および女性正規従業員の勤続年数と平均年齢

性別	Aホテル	Bホテル	Dホテル	Eホテル	Hホテル	Jホテル
男性	14.7 (39.2)	11.9 (36.2)	13.9 (35.3)	11.6 (34.1)	10.2 (33.4)	12.2 (33.4)
女性	4.0 (25.5)	4.2 (25.3)	5.1 (24.9)	4.1 (26.9)	3.9 (26.4)	4.0 (22.4)

（注）表中のホテル名の表記はすべて原典のまま。また、カッコ内の数字は平均年齢を示す。
出所：財団法人女性職業財団（1991）を用いて筆者作成。

表2-21 女性正規従業員の平均勤続年数　　　　(%)

部　門	5年未満	5〜9年	10〜19年	20年以上
フロント	82.2	14.0	3.8	0
客　室	65.9	19.5	12.2	2.4
料　飲	79.8	15.2	4.0	1.0
調　理	70.5	24.6	4.9	0
間接作業	55.6	41.3	3.1	0

出所：表2-14に同じ，287-289頁。

は5％に満たない。このことから，フロントや料飲などのホテル営業の中核である部門で働く女性の勤続年数が短いことが理解できる。

逆に，「間接作業部門」では，勤続年数が5年未満の女性が約56％いたが，それが5年以上9年以下である女性も41.3％存在している。さらに，「客室部門」では5年以上9年以下が約20％，10年以上が約15％存在する。そのため，この「間接作業部門」と「客室部門」は，短期勤続者が半数以上を占めるとはいえ，フロントなどのホテル営業の中核部門に比べて，相対的に中・長期勤続者が多いといえよう（表2-21参照）。

5　従業員の採用手法

従業員の採用手法については，日本労働研究機構（1994）の調査によると，新卒採用だけ，または中途採用だけを行うホテルはきわめて少なく，大半のホテルは両者を組み合わせて利用している。しかし，この採用手法を部門別にみると，各部門の特徴が現れる。

つまり，料飲部門とフロント部門では，「新卒採用のみ」と「新卒採用が主」であるホテルが過半数を占めるのに対して，調理部門と間接作業部門では逆に，「中途採用のみ」と「中途採用が主」と答えたホテルが全体の半数以上になっており，料飲部門とフロント部門の採用手法と正反対になっている。

一方，客室部門では，「新卒採用のみ」と「新卒採用が主」が全体の約42％，

表2-22 新卒および中途採用手法　　　　　　　　　　(%)

部門	新卒採用のみ	新卒採用が主	中途採用が主	中途採用のみ	採用なし
フロント	19.0	35.5	36.4	5.0	4.1
客室	23.9	17.9	28.4	14.9	14.9
料飲	12.0	53.8	26.5	5.1	2.6
調理	5.0	31.1	56.3	3.4	4.2
間接作業	8.5	23.4	39.4	13.8	14.9

出所：表2-14に同じ，279-281頁。

「中途採用のみ」と「中途採用が主」が全体の約43％となり，両者拮抗している。以上から，部門により，従業員の採用手法が異なることがわかる（表2-22参照）。

6　従業員の離職率

　ホテル従業員の離職率の高さは，多くの識者に指摘されている。しかし，わが国ではその実態を解明した調査や研究が皆無である。そのため，離職率の高低は，厚生労働省の「雇用動向調査」などの包括的な調査から推測する以外に，これを把握する手段がない。

　例えば，2009（平成21）年度の「雇用動向調査」によると，ホテル業が属する「宿泊・飲食業」の2006（平成18）年の年間離職率は35.0％であった。一方，同調査では，わが国の産業全体の離職率が15.4％であり，製造業，医療・福祉業，卸売・小売業の離職率が，それぞれ11.5％，15.7％，15.5％であったことから，宿泊・飲食の離職率は，他の産業に比べ，2倍から3倍高いことがわかる（表2-23参照）。

　また，宿泊・飲食業では，女性の離職率が高く，2006年度のそれは37.3％に達している。これに対して，製造業平均，医療・福祉業，卸売・小売業の女性離職率は，それぞれ13.6％，15.9％，19.0％であった（表2-24参照）。

　さらに，宿泊・飲食業では，就業後短期間で離職する従業員が多い。例えば，2006年度では，1年未満で離職した人が全離職者の約6割いた。また，この数

表2-23　2006（平成18）年度の産業別離職率　　　　　　　　（％）

産業全体	製造業平均	宿泊・飲食業	卸売・小売業	不動産業	医療・福祉業	教育・学習支援
15.4	11.5	35.0	15.5	16.6	15.7	10.9

出所：厚生労働省『雇用動向調査（2009年度版）』を利用して筆者作成。

表2-24　2006（平成18）年度の産業別女性離職率　　　　　　（％）

産業全体	製造業平均	宿泊・飲食業	卸売・小売業	医療・福祉業	教育・学習支援
18.8	13.6	37.3	19.0	15.9	12.5

出所：表2-23に同じ。

表2-25　2006（平成18）年度の産業別在職期間別の離職者割合　（％）

産　業	6ヶ月未満	6ヶ月以上1年未満	1年以上2年未満	2年以上5年未満	5年以上10年未満	10年以上
産業全体	20.9	16.2	15.1	21.0	11.5	15.3
製造業	19.0	10.5	12.5	18.7	11.9	27.4
宿泊・飲食業	28.3	16.5	19.0	20.3	9.3	6.6
医療・福祉業	14.0	12.1	17.3	29.3	15.3	12.0
教育・学習支援	9.0	27.4	14.5	18.7	10.0	20.4

出所：表2-23に同じ。

値は，5年未満で離職した人を含めると，全離職者の約9割に達する。これに対して，製造業では5年未満で離職した従業員の割合は約6割，卸・小売業と医療・福祉業では約75％であった（表2-25参照）。

7　ホテル労働に対する従業員の評価

『週刊ホテルレストラン』（2009b）が全国のホテル従業員を対象に行った調査（有効回答者数366人）によると，回答者の73％は，「ネガティブな理由でホテルを辞めたいと思ったことがある」と答えていた。そして，その理由として，「給与の低さ」，「経営力のなさ，ビジョンの不明確さなど会社への不信感」を指摘する人が多かった。

表2-26　仕事を続ける主な理由　　　　　　　　　　N=366（％）

ホテルの接客が楽しいから	他にできる仕事がないから	やりがいを感じるから	成長できるから
28.1	21.8	16.3	12.3

出所：『週刊ホテルレストラン』(2009b) 65頁。

また，回答者の約63％は，「他の産業に転職したいと思ったことがある」と答えている。その結果，現在の仕事に満足している人は，回答者の約41％と少数派であった。

他方，今の仕事を続けている理由について尋ねたところ，「ホテルの接客が好きで楽しいから」，「やりがいを感じられるから」や「成長できるから」という回答が相対的に高い回答率を得ていたが，「他にできる仕事がないから」現在の仕事を続けているという消極的，かつ懐疑的な姿勢を有する従業員も5人に1人の割合で存在していた（表2-26参照）。

第4節　小　　括

本章は，既存の調査データを利用して，ホテル企業の経営と労働の実態を分析した。その結果，以下がわかった。

① ホテル市場は多くの単独運営のホテルにより細分化されており，2007年時点でみると，1軒当りの平均客室数は約80室であった。
② わが国のホテル業は，その収入構成から判断して，宿泊業というよりも，宿泊や料飲に関連した種々のサービスを提供する複合的サービス業と捉えることができる。
③ ホテル業の営業収入の総計を100としたとき，海外のホテルでは宿泊収入がその50～60に相当し，料飲収入が30～40に相当する。しかし，わが国のホテル業では，これが逆転する。そして，この逆転現象は，世界的にみてもきわめて異例である。

④ 宿泊部門と料飲部門の利益率を比較すると前者が高い。ところが、わが国のホテル業では一般に、利益率の低い料飲部門の売上高の方が宿泊部門のそれよりも多いため、ホテル業全体の利益率が低くなる傾向がある。

⑤ ホテル業は、客室規模、地理的立地の違いにより、収益性にかなりの差異が出る。一般に、東京・大阪周辺地区に立地し、400室以上700室未満の客室をもつホテルの収益性が高い。

⑥ ホテル業は、労働集約的な産業であると同時に、固定資産への投資を求められる装置的な産業である。

⑦ 曜日、月単位での繁閑が明確に存在する。そのため、ホテル業の需要マネジメントは、複雑かつ困難になる。

⑧ ホテル従業員の年収は、30歳前半から中頃で400万円前後となり、わが国の企業のなかでは、中位に位置づけられる。ただし、上場するホテル企業であっても、年収にかなりの格差がある。従業員の年収が相対的に高いホテル企業は同時に、従業員の平均年齢も高く、勤続年数も長い。一方、ホテル企業の労働時間は、わが国の産業平均よりも長く、休日が少ない。

⑨ 客室数が300室を超える大規模ホテルでは、全従業員に占める非正規従業員の割合は4割程度であり、その配属先は宿泊部門や料飲部門が中心である。ただし、非正規従業員は、正規従業員を代替しはじめており、増加傾向にある。一方、100室未満の小規模ホテルでは非正規従業員が半数以上を占めるだけでなく、さまざまな部門で活用されており、量的、質的な基幹化が進展していると思われる。

⑩ 大規模ホテルの正規従業員をみると、女性は少数派であり、その配属先も限定されている。一方、非正規従業員は、規模の大小にかかわらず、その大半が女性である。

⑪ 女性正規従業員の平均勤続年数は5年未満であることが多い。

⑫ 従業員の採用は、新卒採用と中途採用の組み合わせであることが多い。

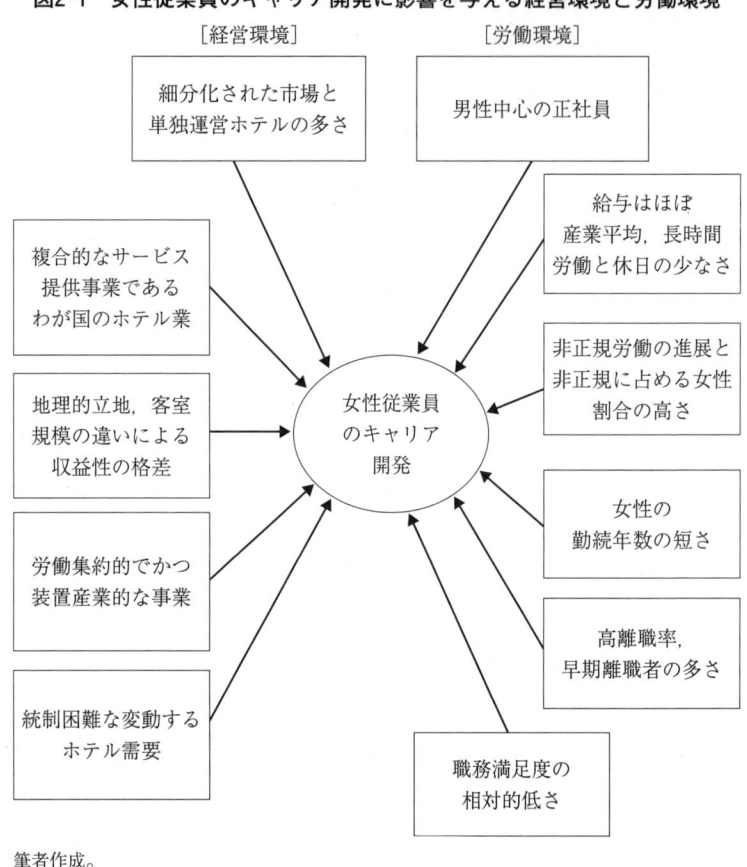

図2-1 女性従業員のキャリア開発に影響を与える経営環境と労働環境

[経営環境]
- 細分化された市場と単独運営ホテルの多さ
- 複合的なサービス提供事業であるわが国のホテル業
- 地理的立地,客室規模の違いによる収益性の格差
- 労働集約的でかつ装置産業的な事業
- 統制困難な変動するホテル需要

[労働環境]
- 男性中心の正社員
- 給与はほぼ産業平均,長時間労働と休日の少なさ
- 非正規労働の進展と非正規に占める女性割合の高さ
- 女性の勤続年数の短さ
- 高離職率,早期離職者の多さ
- 職務満足度の相対的低さ

→ 女性従業員のキャリア開発

筆者作成。

⑬ ホテル業では離職率が高く,かつ,就業期間の短い離職者が多い。
⑭ 現在の仕事に満足してないホテル従業員が多い。

また,以上の結果を利用し,ホテル企業で働く女性従業員のキャリア開発に影響を与える経営環境と労働環境を図示すると図2-1のようになる。

注

（1） 運輸省大臣官房観光部（1970）9頁参照。
（2） Knutson & Schmidgall（1996）p.65を参照。
（3） 具体的には，有料テレビ，クリーニングサービス，冷蔵庫内の飲物などを販売して得た収入がこの付帯収入になる。
（4） 具体的には，宴会での花卉，衣装，引き出物などの物品販売や，美容・着付け，写真撮影などの諸サービスの提供による収入がこの付帯収入になる。
（5） ホテル事業以外の付帯事業収入に加え，ホテル直営売店の営業やホテル館内の店舗スペースの賃貸による収入がこの「その他部門」の事例になる。
（6） 1909年に設立された「日本ホテル組合」を前身として，1941年に社団法人格を取得する。ホテル産業の健全な発達と，観光事業の発展に貢献することを活動目的として，接遇の指導，外客誘致のための宣伝，研修，各種広報活動などを行っている。2008年10月現在で，加盟ホテルが210軒あり，都市ホテルとリゾートホテルによって構成されている。
（7） 日本ホテル協会は，加盟ホテル以外に対して，この調査結果を公表していない。それは，毎年，オータパブリケイションズ編『日本ホテル年鑑』を通じて，間接的に公開されている。
（8） 『週刊ホテルレストラン』（2009c）を参照。

第3章

キャリア・モデルとしての総支配人のキャリア・パス

第1節　はじめに

　ホテル企業の総支配人は一般に,「ホテル運営の最高責任者」(1)といわれている。また,仲谷（2005：29）は総支配人を,①顧客をもてなし魅了するエンターテナー（接遇者）,②リーダー,教育者,③経営の代行者,④所属する組織を代表して地域貢献を行う者,と捉えている。

　このように総支配人は,当該ホテルの経営政策・方針などを作成するだけでなく,ホテル営業活動の総括者および対外的代表者としての役割や人材の育成・管理などの広範な職務と権限を有すると解されている。たしかに,実在するホテル企業の組織図を観察すると（図3-1参照）,総支配人が多くの職能部門を統括していることに気づき,その権限と責任の広範性が理解できる。

　総支配人が果たす役割の重要性は,わが国だけでなく諸外国においても是認されている。例えば,Arnaldo（1981：53）は総支配人を,「従業員や利用客およびトップ経営者と緊密な関係を保ちつつ,ホテル経営の中枢にあって重要な役割を果たしている。そして,社内におけるこのような位置づけから,彼らが行う意思決定は,ホテル従業員が効果的に働くことができるかどうかを決定する。また,彼ら自身が利用客の満足を左右する主な要因になっている」と評価する。

　他方,米英などで行われたホテル企業で働く女性従業員のキャリア研究では,序章で述べたように,ホテル企業のヒエラルキー上部に目に見えないバリアがあり,そのバリアが女性のキャリア開発を阻害していると考えられている。そ

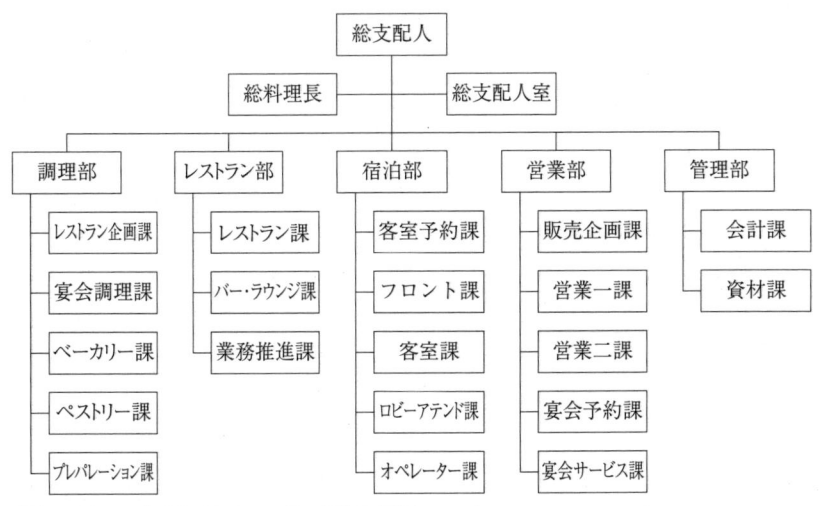

図3-1 帝国ホテル東京の組織図

```
                        総支配人
                 ┌─────────┴─────────┐
              総料理長            総支配人室
    ┌──────┬──────┼──────┬──────┐
  調理部  レストラン部  宿泊部   営業部   管理部
    │       │       │       │       │
  レストラン企画課  レストラン課  客室予約課  販売企画課  会計課
    │       │       │       │       │
  宴会調理課  バー・ラウンジ課  フロント課  営業一課  資材課
    │       │       │       │
  ベーカリー課  業務推進課  客室課   営業二課
    │               │       │
  ペストリー課       ロビーアテンド課  宴会予約課
    │               │       │
  プレパレーション課  オペレーター課  宴会サービス課
```

（注） 上表は，簡略化のため，一部の組織を削除している。
出所：ダイヤモンド社編『組織図系統図便覧（2005年版）』1513頁。

の際，総支配人は，このバリアを超えた先に存在する職位である。それゆえ，米英などでは，総支配人の視点から，女性のキャリア課題を考える研究が散見する[2]。

また，総支配人という職位は，わが国の従業員，または諸外国の従業員にとって，キャリア到達目標のひとつであると捉えられている。その意味で，総支配人は，ホテル従業員の理想的なキャリア・モデルである。

それゆえ，キャリア・モデルとしての総支配人のキャリア・パス，つまり，「総支配人はどのような教育課程や職歴を経て，いつ現在の地位にたどり着いたのか」を知ることにより，①キャリア・モデルと女性のキャリア開発の現状との差異を把握できる，②女性従業員の今後の育成策（例えば，女性を総支配人にするためにはどのような職歴が必要なのかなど）を検討するときの指針を得ることができる。

この総支配人のキャリア・パスに関して米英などの国ぐにでは，Schmidt

表3-1 総支配人のキャリア・パスに関する実証的研究の一例

研 究 者 名	研究発表年度	研究実施国	調査対象総支配人数
Arnaldo, M. J.	1981年	米国	194
Pickworth, J. R.	1882年	米国，カナダ	57
Guerrier, Y.	1987年	英国	16
Bentivegna, A. & Sluder, L.	1989年	米国	237
Ruddy, J.	1989年	香港	31
Baum, T.	1989年	アイルランド	65
Riley, M.	1990年	英国	115
Ruddy, J.	1991年	東南アジア地域	107
Anderson, G. K.	1991年	英国スコットランド	12
Nebel, E. C., Lee, J. & Vidakovic, B.	1995年	米国	114
Woods, R. H., Rutherford, D. G., Schmidgall, R. & Sciarini, M.	1998年	米国	77
Ladkin, A. & Juwaheer, R.	2000年	モーリシャス	16
Ladkin, A.	2002年	オーストラリア	180

筆者作成。

(1961) が米国中西部4州内に所在する60ホテルの総支配人を対象に行った研究が嚆矢となり，今日に至るまで種々の実証的研究が発表されている（表3-1参照）。

しかし，過去の米英などでの先行研究は，Ruddy (1991) を除き，その対象が1国内に限定されており，自国の総支配人のキャリア・パスと他国のそれとを比較し，分析するという視点が欠けていた。他方，わが国では，これまで総支配人のキャリア・パスに関する考察が皆無であった。

そこで，本研究は，海外の先行研究の間隙を増補し，かつわが国の先駆事例になるために，質問紙調査手法を用いてわが国の総支配人のキャリア・パスを調査した。ただし，米英などの先行研究は，家族経営的な小規模ホテルおよびリミテッド・サービス型ホテルの総支配人を研究対象にしていない。

それゆえ，本研究は，①調査実施前年の2003（平成15）年時点で，わが国の

ホテルの平均客室数が76.4室であったことから，80室未満の小規模ホテルを調査対象から除外した，②オータパブリケイションズ編『日本ホテル年鑑（2004年度版）』を利用し，その中から「フル・サービス型ホテル」をまず抽出した，③その中から400ホテルをランダムに選び，総支配人宛にアンケート票を送付するという手順を経て調査を実施した。

他方，米英などの先行研究が調査対象にした総支配人は，基本的に雇用者であった。そのため，本研究では，回収した調査票の中から，ホテル所有者で総支配人を兼ねている者，または取締役以上の役職に就き総支配人を兼務している回答者をデータから削除した。その結果，有効回答数は160件（回収率は40％）になった。

本章では，この調査結果（以下「本調査」という）を概説する。そして，同時に，それと米英などで行われた既存研究の成果とを比較し，両者の異同について考察する。具体的には，総支配人の属性（性別，調査時の年齢，学歴など）と，総支配人になるまでの経歴（学校卒業後の進路，初めて総支配人になった年齢，総支配人になるまでの間にもっとも長く勤務した部門など）を対比する。

第2節　総支配人のキャリア・パスと海外の先行研究との比較

1　総支配人の属性

(1) 性別

本調査の回答者160名の総支配人の性別を見ると，男性が154名（約96％），女性が6名（約4％）となり，圧倒的に男性が多い。だが，総支配人の性別にみられる男性偏向は，米英などの先行研究からも観察できる現象である。

例えば，Arnaldo（1981）が行った米国総支配人のキャリア・パス調査では，回答者の中に女性総支配人は4％しか含まれていなかった。またLadkin & Riley（1996）が英国の総支配人を対象に行った調査でも，女性総支配人は回答者の13

表3-2　女性総支配人の割合　　　　　　　　　　(%)

研究者名 (発表年度)	Arnaldo (1981)	Nebel et al. (1995)	Riley (1990)	Ladkin & Riley (1996)	Ladkin (2002)	Ruddy (1989)
調査実施国	米国	米国	英国	英国	オーストラリア	香港
女性総支配人割合	4.0	7.9	2.6	13.0	19.4	6.5

筆者作成。

％にすぎなかった。さらに，Ladkin（2002）のオーストラリアの場合でも，女性総支配人割合が約19％となり，他の研究事例より多いものの，やはり少数派であった（表3-2参照）。

(2) 年齢

　他方，本調査の総支配人の平均年齢は53.0歳であり，最年少者が34歳，最年長者が68歳，モードは54歳であった。これを男女別にみると，男性の平均が53.1歳，女性が50.7歳になる。

　この年齢を米英などの先行研究と比較すると，上記 Nebel ら（1995）の調査では回答者の平均年齢が43.0歳であったこと，また Ruddy（1989）のそれは48歳であったこと，および Ladkin & Juwaheer（2000）では41.6歳であるなどから考えて，本調査の総支配人は，先行研究に比べて相対的に年長であることがわかる。

(3) 学歴

　本調査の総支配人の学歴は，大卒がもっとも多く，全体の約7割を占める。次いで，高卒，専門・短大卒がそれぞれ約16％，約10％であった。

　この大卒割合を既存の研究結果と比べると，Arnaldo（1981）および Nebel ら（1995）が行った米国の事例ではそれぞれ47.7％，46.5％であり，また Anderson

表3-3 大卒の学歴をもつ総支配人の割合 (%)

研究者名 (発表年度)	Arnaldo (1981)	Nebel et al. (1995)	Anderson (1991)	Ladkin & Juwaheer (2000)	Ruddy (1989)
調査実施国	米国	米国	英国	モーリシャス	香港
大卒割合	47.7	46.5	17.0	18.8	19.0

筆者作成。

(1996) の英国総支配人では17%であったなどから判断して,わが国の総支配人に占める大卒の割合は,他国に比べ相対的に高いといえよう。逆に,米英などの国ぐにでは,「大卒」という学歴は総支配人のキャリア・パスとしてかならずしも重要ではないことがわかる (表3-3参照)。

(4) 学生時代の専攻

次に,本調査は,専門・短大卒以上の学歴をもつ総支配人を対象にして,学生時代の専攻を聴取した。その結果,もっとも多い専攻が経済学(全体の26.7%)となり,経営学・商学(22.1%),文学・語学・教養系(13.8%),法律学・政治学(13.0%)の順になった。だが,ホテル業と関連が深い観光学またはホスピタリティ・マネジメントを専攻した総支配人は,8.4%にすぎなかった。

これに対して,Ladkin & Riley (1996) が英国で行った調査では,総支配人の83%が大学または専門学校などでホテル業またはケータリング業にかかわる専

表3-4 学生時代に専門教育を受けた総支配人の割合 (%)

研究者名 (発表年度)	Arnaldo (1981)	Nebel et al. (1995)	Ladkin & Riley (1996)	Ladkin & Juwaheer (2000)	Ladkin (2002)	Baum (1989)	Ruddy (1989)
調査実施国	米国	米国	英国	モーリシャス	オーストラリア	アイルランド	香港
割合	44.0	38.7	83.0	81.3	47.8	43.0	61.0

筆者作成。

門的な教育を受けていた。また，Ladkin & Juwaheer (2000) がモーリシャスで行った調査でも，総支配人の81.3％がやはり専門的な教育を受けているなど，専門教育を受けた上でホテル業に従事する事例が多く，わが国とは明らかに異なっている（表3-4参照）。

(5) 学校卒業後の進路

本調査の総支配人のうち，卒業後すぐホテル業に従事した人は，全体の52.5％であった。そして，残りの47.5％は，いったん他の産業に就職し，その後ホテル業へ転身した人である。そこで，本調査は，「他の産業から転身して総支配人になった人」に対して転身理由を尋ねたところ，「自発的な転職」，「社内の人事異動」と答えた人がそれぞれ40.8％存在し，この両者で転身理由の約8割に達した。

このうちの「社内の人事異動」とは，ホテル業以外の事業を行う企業の従業員が，所属企業の傘下にあるホテルに出向または転籍したことにより，ホテル業に従事したことを示している。

さらに，本調査の総支配人を，「卒業後すぐホテル企業に就職した人」と「自発的な転職により転身した人」，および「社内の人事異動で転身した人」の3つに区分し，ホテル業に初めて携わった年齢を調べたところ，それぞれ22.4歳，28.3歳，40.3歳になった。このことから，自発的な転職でホテル業に参入した総支配人は比較的若い年齢でそれを行ったのに対して，社内の人事異動を経て総支配人になった人は中年になってから転身したことがわかる。

以上のわが国の事例に対して，米英などの既存研究でも，その割合は本調査より少ないが，他の産業を経由してホテル業に携わった総支配人が存在する。例えば，Ladkin (2002) のオーストラリアの事例をみると，総支配人の24.4％はそのような転身組である。また，Nebel ら (1995) の米国総支配人でも，34.6％が転身組であった。

しかし，米英などでは，他の産業に従事した期間が短く（例えば，Nebel らの

場合では1.6年間),比較的若い年齢でホテル業に移っているため,同じ転身組とはいえ,わが国の総支配人とは明らかに相違している。

2 総支配人になるまでの経歴

(1) 初めて総支配人になった年齢

本調査の回答者が初めて総支配人になった年齢の平均は46.8歳であり,最年少で27歳,最年長で62歳になる。また,モード値は,49歳であった。他方,この平均年齢を男女別にみると,男性46.9歳,女性44.0歳になり,若干女性の年齢が低い。しかし,両者には,統計的に有意な差異がない。

他方,本調査の回答者の96%は高卒以上の学歴を有していたため,高校を卒業する18歳から初めて総支配人になったときまでの経過年数を調べたところ,28.8年になった。この結果を米英などの既存研究と比較したとき,Rodkin & Riley (1996) の英国総支配人では11.2年,またRuddy (1989) の香港総支配人では20.0年,さらに,Nebelら (1995) の米国総支配人では14.2年であったなどから考えて,わが国では総支配人になるまでの年数が他国に比べ1.5倍から2倍程度長いことがわかる(表3-5参照)。

表3-5 18歳から初めて総支配人になった年齢までの年数

研究者名 (発表年度)	Ruddy (1989)	Nebel et al. (1995)	Ladkin & Riley (1996)	Ladkin & Juwaheer (2000)	Ladkin (2002)
調査実施国	香港	米国	英国	モーリシャス	オーストラリア
18歳からの経過年数	20.0年	14.2年	11.2年	13.1年	14.1年

筆者作成。

(2) 総支配人になるまでのあいだで一番長く勤務した部門

次に本調査は,ホテル業に初めて携わり総支配人になるまでのあいだで,一

表3-6　総支配人になるまでのあいだで一番長く勤務した部門　　　　(%)

本　調　査		Nebel ら（1995）の調査	
宿　泊　部　門	25.7	宿　泊　部　門	30.7
レストラン部門	10.1	｝料　飲　部　門	44.6
宴　会　部　門	4.1		
セールス・マーケティング部門	27.0	セールス・マーケティング部門	11.9
管　理　部　門	33.1	管　理　部　門	12.8
合　　　計	100.0	合　　　計	100.0

筆者作成。

番長く勤務した部門についてたずねた。その結果，「管理部門」と答えた総支配人がもっとも多く全体の33.1％，次いで「セールス・マーケティング部門」が27.0％，「宿泊部門」が25.7％になった。これに対して，「レストラン部門」と「宴会部門」が一番長いと答えた総支配人は，それぞれ10.1％，4.1％にすぎなかった（表3-6参照）。

　この結果を，Nebelら（1995）による米国の事例と比較すると表3-6になる。この表から，米国においても，「宿泊部門」で一番長く勤務した総支配人の割合が高いことがわかる（全体の30.7％）。

　しかし，もっとも多い回答は，レストラン部門と宴会部門を取りまとめた「料飲部門」であり，全回答者の約45％を占めていた。加えて，Nebelらの調査では，わが国と異なり，「セールス・マーケティング部門」や「管理部門」で一番長く勤務したと答えた総支配人は少数派に属している。

(3)　総支配人になるまでのあいだで2番目に長く勤務した部門

　さらに，「総支配人になるまでのあいだで2番目に長く勤務した部門」を聴取したところ，「セールス・マーケティング部門」（33.0％），「管理部門」（24.5％），「宿泊部門」（20.8％）となり，一番長く勤務した部門の上位に位置づけられた部門と同じであった。そのうえ，ここにおいても，「レストラン部門」や「宴会部

表3-7 総支配人になるまでのあいだで2番目に長く勤務した部門　　(%)

本　調　査		Nebelら (1995) の調査	
宿　泊　部　門	20.8	宿　泊　部　門	41.5
レストラン部門	12.3	料　飲　部　門	26.4
宴　会　部　門	9.4		
セールス・マーケティング部門	33.0	セールス・マーケティング部門	7.6
管　理　部　門	24.5	管　理　部　門	24.5
合　　　計	100.0	合　　　計	100.0

筆者作成。

門」で長く勤めたと答えた総支配人が少なかった。

　一方，米国の総支配人をみると，2番目に長く勤務した部門の上位は，「宿泊部門」と「料飲部門」であった。そして，この2部門は，一番長く勤務した部門の上位にランクされていた部門と同じである。これに対して，「セールス・マーケティング部門」で長く勤めたと答えた総支配人はやはり例外的な存在であった（表3-7参照）。

(4) 長期間勤務した部門での勤続年数

　以上に加え，本調査は，回答者が「一番長く勤務した部門」と「2番目に長く勤務した部門」での勤続年数を聴取した。その結果，前者が平均11.3年，後者が平均3.7年間となり，両者を合計すると約15年間になる。

　これに対して，本調査では，ホテル業に初めて従事してから総支配人になるまでの経過年数の平均が20.2年であった。そのため，本調査の総支配人は，この地位を占めるまでの期間の約4分の3を上記2部門で過ごしており，その他の部門へ異動することがさほどなかったことがわかる。換言すれば，ホテル企業内には種々の職能部門が存在しているにもかかわらず，これら部門を横断して実務経験を積んだ総支配人が少ないといえよう。

　そして，この2部門での勤続年数が総支配人になるまでの期間に占める割合

表3-8 長期間勤務した部門での勤務年数が総支配人になるまでの期間に占める割合

(％)

総支配人の出身先	一番長く勤務した部門	2番目に長く勤務した部門	小計	その他の部門	合計
卒業後すぐホテル企業に就職した総支配人	58.6	21.1	79.7	20.3	100.0
他の産業から転身した総支配人	65.1	12.4	77.5	22.5	100.0

筆者作成。

を,「卒業後すぐホテル企業に就職した総支配人」と「他の産業から転身した総支配人」で比較したところ,両者に差異を認めることができず,各々全体の約8割を占めていた(表3-8参照)。

わが国の総支配人は,総支配人になるまでのあいだに勤務した部門の数が少ないと上述したが,Nebelら(1995)の米国総支配人調査でも同様の傾向がみられる。つまり,総支配人になるまでのあいだに勤務した部門の平均は1.8であった。また,彼らはホテル業に初めて携わってから平均8.9年で総支配人になっており,そのうちの5.25年は前述した「一番長く勤務した部門」だけで過ごしている。他方,Ladkin(2002)のオーストラリア総支配人,Ladkin & Juwaheer(2000)のモーリシャス総支配人,Ruddy(1989)の香港総支配人などにおいても,総支配人が経験した部門の数はやはり少ない。

(5) 海外のホテルで働いた経験

海外のホテルで働いた経験がある総支配人は,本調査の場合,全体の17.5％にすぎない。なお,海外経験がある総支配人の78.6％は卒業後すぐホテル企業に従事した人であり,また海外経験がある総支配人の92.8％は大卒以上の学歴をもっている。

これに対して,米英などの既存研究では,Guerrier(1987)が研究対象にした英国の総支配人16人のうち10人(全体の62.5％)が,また,Ladkin & Juwaheer

(2000)のモーリシャス総支配人の41％，そしてLadkin (2002)のオーストラリア総支配人の46.7％は，海外のホテルで勤務した経験をもっていた。

米英などの既存研究では，海外のホテルで働いた経験を取り扱う事例が少ないため即断できないが，海外経験は総支配人に至るキャリア・パスのひとつとして考えられているようである(3)。

(6) ホテル業内での転職経験

次に，本調査がホテル業内での転職経験の有無を調べたところ，全体の34.4％の総支配人にはこの経験があった。そして，転職経験を，「卒業後すぐホテル企業に就職した総支配人」と「他の産業から転身した総支配人」で比較すると，前者の46.5％が転職を経験しているのに対して，後者は19.7％にすぎなかった。

ただし，他の産業から転身した総支配人で，かつ転職経験がある人は，自発的転職者であったり，家業継承者であったりなど，ある程度本人の自由意志に基づきホテル業に移ってきた人であることが多い。これに対して，同じ転身組であっても，社内の人事異動によりホテル業に参入した総支配人がホテル業内で転職することはきわめてまれであった（表3-9参照）。

なお，ホテル業内で転職を経験した総支配人は，1人平均1.53回転職している。だが，この転職回数に関して，「卒業後すぐホテル企業に就職した総支配人」と「他の産業から転身してきた総支配人」のあいだには統計的に有意な差を見出せなかった。

他方，米英などの既存研究をみると，例えばRuddy (1989)が香港の総支配人を対象にした調査では，1人平均5回（現在の勤務先への転職を含む）の転職経験があった。また，他の研究でも，ホテル業内で転職を経験した総支配人が全体の約4割前後から5割程度存在している。これらから，米英などの国ぐにの総支配人は，外部労働市場を用いたキャリア開発を行うことが多いといえる。そして，本調査の「卒業後すぐホテル企業に就職した総支配人」は，米英などの総支配人に類似したキャリア開発手法を実践していることが理解できる

表3-9　ホテル業内で転職を経験した総支配人の内訳　　　　　　　　（%）

卒業後すぐホテル企業に就職した総支配人	他の産業から転身した総支配人			
46.5	19.7			
	自発的転職でホテル業に転身した総支配人	家業継承のためホテル業に転身した総支配人	社内の人事異動でホテル業に転身した総支配人	その他の理由でホテル業に転身した総支配人
	32.2	40.0	9.7	0

筆者作成。

表3-10　ホテル業内で転職を経験した総支配人の国際比較　　　　（%）

研究者名（発表年度）	Ladkin & Riley（1996）	Ladkin & Juwaheer（2000）	Ladkin（2002）
調査実施国	英　国	モーリシャス	オーストラリア
転職を経験した総支配人の割合	36.7	55.6	45.3

筆者作成。

（表3-10参照）。

(7) 総支配人になる直前の役職

　次に，本調査は，「初めて総支配人になった直前にどのような役職に就いていたのか」を調べた。その結果，「副総支配人」が34.8％，「宴会部門の最高責任者」が33.0％となり，両者で全体の7割近くに達する（表3-11参照）。

　上述した総支配人就任以前に長期間勤務した部門（表3-6および表3-7参照）から判断すると，本調査の大半の総支配人は，宴会部門にさほど携わっていないと推察できる。それにもかかわらず総支配人になる直前に同部門の責任者になっていたという事実は，未経験または，不足していた経験を補い，その後総支配人になるというひとつのキャリア・パスが存在しているように思われる。

　また，副総支配人は，字義どおり総支配人の代理，補助者であると同時に，

表3-11　総支配人になる直前の役職　　（％）

直前の役職	割合
副総支配人	34.8
宴会部門の最高責任者	33.0
宿泊部門の最高責任者	16.0
管理部門の最高責任者	11.6
レストラン部門の最高責任者	5.5
セールス・マーケティング部門の最高責任者	4.7
その他	18.3

（注）　直前の役職に兼務がある場合は，兼務分を重複してカウントしているため，上記数値を合計しても100％にならない。
筆者作成。

総支配人業務の「見習い」である。そのため，このポストも，過去経験したことがない総支配人の仕事を見習い，習得するために用意されているようである。

これに対して，Nebelら（1995）の米国での調査によると，料飲部門の下部組織である宴会部門の最高責任者は，総支配人になる直前に就くポストになっていない。だが，副総支配人は，わが国以上に重視されているようであり，総支配人になる直前の職位の約8割が，この副総支配人であった。

さらにNebelらの事例では，初めてホテル業に携わってから平均8.9年で総支配人に昇格していた。そして，彼らは，そのうちの2.9年間を副総支配人として過ごしていた。そのため，副総支配人は，この時間的な長さから考えても，総支配人に至る有力なキャリア・パスのひとつとして捉えることができる。

第3節　調査結果からみた総支配人昇進のための要件

以上，本調査の概要を説明した。そして，本調査と関連する米英などの先行研究とを比較した。これにより，いくつかの異同が明らかになったとともに，総支配人に昇進するための要件が見出された。そこで，この要件について論述したい。

1 ジェンダー

わが国だけでなく，先進国のホスピタリティ産業が雇用する労働者の約半数は，女性である（表1-4参照）。だが，本章が行った国際比較により，わが国でも，また米英などの国ぐにでも，ホテル企業のトップ・マネジメントの一翼を形成する総支配人まで組織階梯を上ると，急激に女性の割合が少なくなることがわかった。

例えば，Arnaldo (1981) の米国総支配人のキャリア・パス調査では女性総支配人は回答者の4％であったし，Riley (1990) の英国総支配人の場合には2.6％しかいなかった。また，Ladkin (2002) のオーストラリアの総支配人調査でも，女性回答者が全体の19.4％いたが，やはり少数派にすぎなかった。

本調査を含めて，米英などの先行研究は，すべての総支配人を対象にした全数調査ではなく，サンプル調査である。そのため，回答者に女性が少ないからといって，各国のホテル業内に女性総支配人が少ないと即断できない。

だが，これらの調査は，無作為抽出法により調査対象者を選んでいる。それゆえ，調査結果は，かなりの精度で現実の姿を体現していると考えられる。そうだとすれば，ホテル企業の総支配人は，わが国だけでなく，世界的にみても現時点では，主に男性が就くポストであると推察できる。その意味で，結果的に，ジェンダーが総支配人昇進への要件になっているといえる。

他方，第1章で述べたように，Diaz & Umbreit (1995) や Woods & Viehland (2000) によると，米国ホテル企業のマネジャー職の約4割から5割近くが女性である。しかし，その米国でも，同時に行われた Nebel ら (1995) の総支配人のキャリア・パス調査では，回答者に7.9％しか女性が含まれていない。また，Woodsら (1998) は，上記2研究とほぼ同時期に，米国で500室以上の客室を有するホテルの総支配人77人を対象にしてそのキャリア・パスを調べたが，この77人中女性は2人のみであった。

つまり，多数の女性マネジャーがいる米国でも，総支配人に登り詰める女性

は少ない。それゆえ，Flanders（1994）が言う「ガラスの天井」が存在しているように思われる。そして，このガラスの天井は，米国だけにとどまらず，わが国を含めて世界的に存在する現象と考えられる。

2　ホテル・マネジメントに関する専門教育や実務経験

前述したように，わが国の大半の総支配人は，米英などと異なり，ホテル業と直接関連がない学問を学生時代に専攻していた。そこで，本調査では，そのような総支配人を対象にして，①学生時代に専門学校などに通ってホテル業の勉強をしたことがあるか，②学生時代にホテルでアルバイトをしたり実務研修を受けたりしたことがあるか，と質問したところ，7割を超える総支配人は，専門学校に通った経験も，アルバイト・研修経験もないと答えた（表3-12参照）。

このように，わが国の大半の総支配人は，専門的な知識や経験をもたないままホテル企業に就職している。たしかに，過去のわが国には，ホテル学を教授する大学や専門学校などの教育機関が少なかった。また，今日のようなインターンシップ制度も未整備であった。それゆえ，ホテル業に関する専門的な教育や実務的な研修を受ける機会が乏しかったと思われ，このような結果になったのかもしれない。

だが，本調査が示すように，学生時代に専門教育を受けていなくても，また実務経験がなくても総支配人になれるのであれば，「専門教育や実務経験は，総支配人へのキャリア・パスの始点として，果たして必要なのか」という疑問を

表3-12　学生時代のホテル企業での研修経験およびホテル専門学校への通学経験

(%)　N＝147

ホテル業の勉強をするために，専門学校に通ったことがある	ホテルでアルバイト・研修を行ったことがある	専門学校に通い，さらにホテルでアルバイト・研修を行ったことがある	専門学校に通ったことも，ホテルでアルバイト・研修をしたこともない	合計
2.7	17.7	8.2	71.4	100.0

筆者作成。

われわれに投げかける。

　逆に，もし専門教育が不要であるとすれば，今度は，なぜ米国や英国などの国ぐにでは，専門教育を受けた総支配人が多いのかという疑問が生まれる。例えば，Harperら（2005）は，英国スコットランドに所在するホテルの総支配人54人を対象に，学生時代の専門教育について調べている。それによると，41人の総支配人（全体の約76％）が専門教育を受けており，また33人（全体の約61％）は専門教育が必要と考えていた。

　さらに，Harperらは，ホテル業に初めて携わってから総支配人になるまでの年月を，「専門教育を受けた総支配人」と「専門教育を受けていない総支配人」で比較したところ，前者が後者よりも2年8ヵ月短いことがわかった。換言すれば，専門教育は昇進への近道であり，総支配人に至る重要なキャリア・パスのひとつだったのである。

　米英などでは，Harperらに限らず，専門教育や実務経験が総支配人に至るキャリア・パスの始点になると主張する研究者が多い[4]。そして，多くの大学がこの主張を肯定して，専門的な知識・技能を授けるだけでなく，インターンシップによるホテル研修プログラムをしばしば必修科目にしている[5]。

　以上から，専門教育・実務経験に関して，わが国の現状と米英などとのあいだにはかなりの乖離があることがわかった。そこで，今後は，なぜこの乖離が生まれたのかについて，例えば以下を議論する必要があろう。

① わが国のホテル企業は，今後増加が予想される専門教育を受けた学生を採用するのか。それとも，これまでどおり経済学や経営学，商学などを専攻した学生を採用し続けるのか。もし採用方針を変更しないのであれば，それはなぜなのか。
② 飯嶋（2001）は，ホテルの新規開業に際して，既存のホテルから経験者が移ることでホテルの経営・運営ノウハウが伝播しているという。また，飯嶋は，新規開業ホテルを転々と渡り歩くホテルマンの存在を認めてい

る。

　ホテル経験者が伝播するホテルの経営・運営のノウハウは，移転可能であり，汎用性が高いはずである。だからこそ，新規開業のホテルがホテル経験者を採用するのである。そうであるとすれば，汎用性の高い知識や技能を企業ごとに培う必要があるのか。それらは，学校教育で代替できないのだろうか。逆に，わが国の過去のホテル企業は，OJT を含めた社内教育でなにをどのように教えてきたのか。

③　専門教育が必要だと仮定した場合，その内容はどのようなものなのか。米英などの高等教育機関では，どのような専門教育を行っているのか。これに対して，わが国のそれは果たして同じ内容であったのか。また，わが国の高等教育機関は，ホテル業界のニーズを教育に反映してきたのか。

3　総支配人になる前に経験すべき部門

　本章の前段では，総支配人になる前に長期間勤務した部門を比較した。その結果，わが国の総支配人は，「宿泊部門」，「セールス・マーケティング部門」と「管理部門」の経験者であることが多く，キャリア・パス上これら3部門で働くことが重要であった。

　これに対して，米英などの国ぐにの総支配人にとって，「料飲部門」での勤務経験がもっとも枢要で，次いで「宿泊部門」となり，わが国とはかなり異なっている。そして，この「料飲部門」の重要性は，Knutson & Patton（1992），Guerrier（1987），Ruddy（1989），Williams & Hunter（1992），Guerrier & Lockwood（1989）や Ladkin（2002）などにおいても支持されている。

　だが，第2章で述べたように，わが国のホテルと米英などのホテルの売上構成には興味深い差異がある。つまり，前者は宿泊収入よりも料飲収入の方が多く，逆に後者では宿泊収入が料飲収入を凌駕する（表2-2参照）。

　しかし，常識的に考えれば，売上高の大半を稼ぎ出す部門は企業経営上，等閑に付することができない部門になろう。そうであれば，この部門の実務経験

は，総支配人にとって不可欠になるのではないか。その場合，総支配人に昇進する前に経験すべき部門は，わが国と米英などでは正反対になると思われる。しかし，なぜ正反対にならないのか。

米英などの既存研究では，上述したように「料飲部門」の経験が重要であるという。だが，その理由について言及がない。一般に，ホテル企業の料飲部門は利益率が低い（表2-3参照）。それゆえ，そのマネジメントが重要になるため，この部門での職務経験が求められるのかもしれない。しかし，そうだとすれば，わが国の総支配人もこの職務経験が必要になるはずである。どちらにしても，なぜ「料飲部門」の経験が必要なのかについては，さらなる考察が必要になる。

4　ホテル・オペレーション経験

本調査に回答を寄せた総支配人のうち47.5％は，他の産業から転身した人であった。そして，そのうちの約8人に1人（全回答者160人中の19人）が，転身後すぐに総支配人または副総支配人に就任している。つまり，この人たちは，それ以前にホテル業の経験がなく，また，ホテル企業に移った後も各職能部門のオペレーションに関する経験もないまま総支配人または副総支配人になっている。

他方，米英などの既存研究においても，ホテル・オペレーションの経験がまったくないにもかかわらず，他の産業から直接総支配人に就任した人の存在が明らかになっている。例えば，Ladkin & Riley (1996) が行った英国での研究では，調査対象者284人のうち16人（全体の5.6％）がそのような人であった。また，Ladkin (2002) のオーストラリア総支配人でも180人中の12人，さらにLadkin & Juwaheer (2000) のモーリシャスの総支配人では16人のうち1人はオペレーション経験がないまま総支配人に就いている。

しかし，このような総支配人は，米英などでは例外として取り扱われることが多い(6)。また，本調査においても，人数が少なかったため，例外として取り扱ってよいであろう。そのため，他の産業から直接総支配人になるというルー

トは，総支配人の一般的なキャリア・パスとして考慮する必要はなく，総支配人になるためにはオペレーション経験が要求されると結論づけてよいと考える。

ただし，本調査においても，また英国などの先行研究においても，他の産業から直接総支配人に就任した人がいたことは事実である。だが，本章の冒頭で述べた総支配人の職責の広さを考えたとき，この職務をまったくの「素人」が担えるとは思えない。それゆえ，そのような場合には，オペレーション経験のなさを補填する仕組み，例えば，経験豊かな副総支配人などに実務を委ねるなどがあるのではないか。どちらにしても，オペレーション経験がなく総支配人になった人のマネジメント・スタイルの詳細について知る必要があり，それを通常のキャリア・パスに従い総支配人になった人と比較する研究が望まれる。

5　主体的なキャリア開発

米英などの国ぐにの総支配人は，ひとつの企業内でキャリア・アップを図ってきた人ばかりでなく，外部労働市場を利用して自主的なキャリア開発を行ってきた人も多かった。

他方，前述したように，本調査では，回答者の34.4％がホテル業内での転職を経験していた。そして，この回答者の中から「卒業後すぐホテル企業に就職した総支配人」を抜き出し，その転職経験を調べ直したところ，この割合が約5割近くまで高まった（表3-9参照）。

また，卒業後すぐホテル企業に就職した総支配人の中には，海外のホテルでの勤務経験がある人がかなり含まれていた。そのため，彼らは，国内外の外部労働市場を使い，主体的にキャリア開発を行ってきたと認められる。

この結果から，すべてではないものの，多くの総支配人は，その地位に就くために主体的なキャリア開発を行っており，この主体性が総支配人昇進に向けたひとつの要件になっていると考えてよいと本研究は思慮する。

第4節　小　　括

　以上，本章は，わが国のホテル総支配人のキャリア・パス調査を概説し，米英などの先行研究と比較することで，両者の異同を把握するとともに，総支配人昇格のための要件について考察した。

　その結果，米英などの国ぐにの総支配人は，学生時代にホテル・マネジメントに関する専門教育を受け，多くの場合卒業と同時にホテル業に携わり，また，いったん他の産業に就職した場合でも，初期キャリアの段階でホテル業に転身していたことがわかった。

　そして，ホテル業内では，もっぱら料飲部門，または宿泊部門でキャリアを積み重ねていた。そして，これらの2部門と副総支配人の経験が総支配人への主要なキャリア・パスになっていた。さらに，ひとつの企業内で昇進機会を待つだけでなく，転職を通じてキャリア・アップを図り，ときには海外のホテルでの勤務経験を積み重ねながら，30歳代前半で総支配人になるというキャリア・パスを知ることができた。

　これに対して，本調査の総支配人は，学生時代にホテル・マネジメントにかかわる専門教育を受けることがなく，総支配人の約半数は他の産業からの転身者であった。そして，この転身は，中期キャリアの段階で行われることもめずらしくなかった。

　さらに，ホテル企業に加わった後は，主に管理部門，セールス・マーケティング部門，または宿泊部門で勤務し，米英などの総支配人と異なり料飲部門を経験することはまれであった。

　また，本調査の回答者のうち，海外のホテルで働いた経験がある総支配人は全体の約18％，またホテル業内で転職した経験がある総支配人も約34％にすぎなかった。そして，総支配人になる直前に副総支配人または宴会部門の最高責任者となり，40歳代半ばに初めて総支配人に就任するというキャリア・パスを見出すことができた。

表3-13 本研究と米英などの先行研究からみた総支配人の
キャリア・パスの共通点と相違点

共通点	・宿泊部門での勤務経験が総支配人へのキャリア・パスのひとつになっている。 ・総支配人になるまでに経験した部門の数が少ない。かならずしもホテル全般に関する実務経験があるわけではない。 ・総支配人になる直前に副総支配人に就任することが多く、このポストが重要なキャリア・パスのひとつになっている。		
相違点	比較項目	本　研　究	米英などの先行研究
	学歴	大卒者が大半	大卒者は少数派。ただし、米国では大卒以上が多数
	学校時代の専攻	ホテル・マネジメント以外の学問	ホテル・マネジメントが主
	卒業後の進路	ホテル業、その他産業への就職が半々	卒業後すぐホテル業に携わることが多い
	宿泊部門以外で、総支配人なる前に経験した部門	セールス・マーケティング部門、管理部門	料飲部門
	18歳から総支配人なるまでの経過年数	平均28.8年	10〜20年
	海外ホテルでの勤務経験	経験者は少数派	海外ホテルでの勤務経験もひとつのキャリア・パスになる
	ホテル業内での転職経験	回答者の34.4%	回答者の約4〜6割

筆者作成。

　ただし、本調査においても、学校を卒業してすぐにホテル企業に就職した総支配人の約半数は、ホテル業内での転職経験者である。また、彼らは海外のホテルで勤務した経験を有することが多い。つまり、国内外の外部労働市場を利用して、主体的にキャリアを形成していたのである。そのため、このタイプの総支配人のキャリア形成過程は、上述した米英などの総支配人のそれとよく似ている。

　一方、総支配人は、前掲図3-1に示すような種々の部門を統括し、広範な権限と責任を有しているといわれていた。だが、総支配人に昇進するまでのあいだ

図3-2 本研究と米英などの先行研究からみる総支配人のキャリア・パス

〈本研究：わが国のホテル業の場合〉

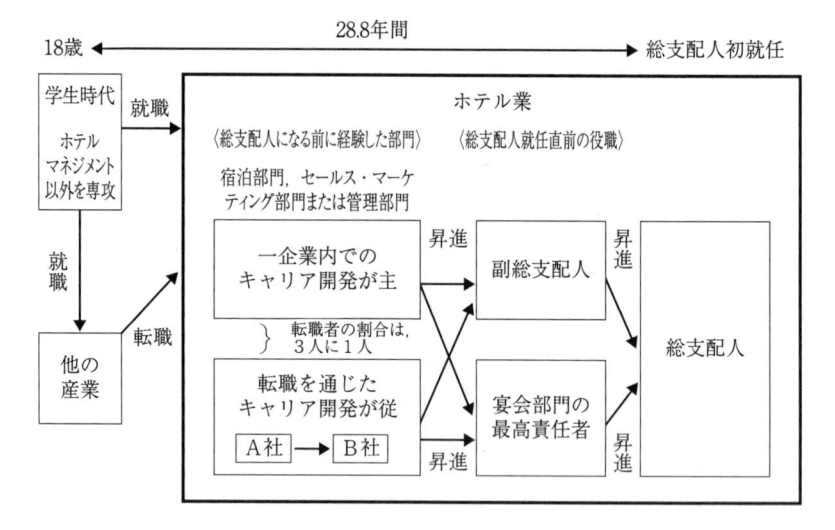

18歳 ←──────── 28.8年間 ────────→ 総支配人初就任

```
[学生時代          ──就職──→   ホテル業
 ホテルマネジメント             〈総支配人になる前に経験した部門〉  〈総支配人就任直前の役職〉
 以外を専攻]                    宿泊部門，セールス・マーケ
     │                          ティング部門または管理部門
    就職                        ┌──────────┐   昇進   ┌────────┐  昇進
     ↓         ──転職──→      │一企業内での      │───────→│副総支配人│──────┐
 [他の産業]                     │キャリア開発が主  │          └────────┘      ↓
                                └──────────┘                          ┌────────┐
                                    } 転職者の割合は，                 │総支配人│
                                      3人に1人                         └────────┘
                                ┌──────────┐           ┌──────────┐      ↑
                                │転職を通じた      │           │宴会部門の        │──────┘
                                │キャリア開発が従  │──────────→│最高責任者        │  昇進
                                │ [A社]→[B社]     │   昇進     └──────────┘
                                └──────────┘
```

〈米英などの先行：海外のホテル業の場合〉

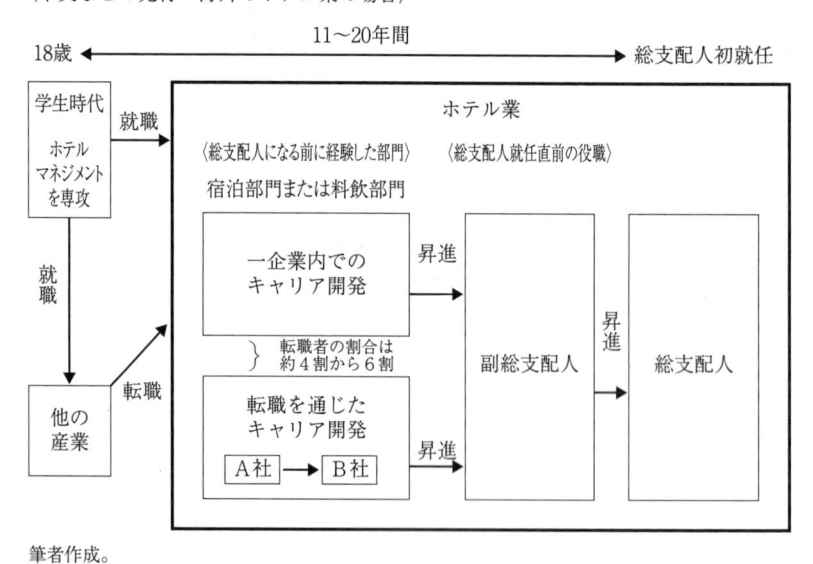

18歳 ←──────── 11〜20年間 ────────→ 総支配人初就任

```
[学生時代          ──就職──→   ホテル業
 ホテルマネジメント             〈総支配人になる前に経験した部門〉  〈総支配人就任直前の役職〉
 を専攻]                        宿泊部門または料飲部門
     │
    就職                        ┌──────────┐   昇進
     ↓         ──転職──→      │一企業内での      │───────┐
 [他の産業]                     │キャリア開発      │        ↓
                                └──────────┘     ┌────────┐   昇進   ┌────────┐
                                    } 転職者の割合は      │副総支配人│────────→│総支配人│
                                      約4割から6割        └────────┘          └────────┘
                                ┌──────────┐              ↑
                                │転職を通じた      │              │
                                │キャリア開発      │──────────────┘
                                │ [A社]→[B社]     │   昇進
                                └──────────┘
```

筆者作成。

に配属された部門をみるかぎり,彼・彼女らの実務的な経験は,ホテル・オペレーション全般に及んでおらず,むしろ非常に限定的であった。そして,それは本調査だけの結論ではなく,世界的にも通用することである。つまり,世界的にみても総支配人は,少なくともその地位に就く前は,ホテル・オペレーションにかかわるジェネラリストではなかったのである。

以上の異同をまとめ,さらに,本調査が対象としたわが国の総支配人と,米英などの先行研究が描く総支配人の典型的なキャリア・パスを示すと表3-13および図3-2になる。

注
（１） 稲垣（1992）を参照。
（２） 女性総支配人を対象にして,彼女らが過去を振り返ることで,女性ホテル従業員のキャリア開発課題を考察することが,この場合の典型的な研究手法である。これについては,例えば,Woods & Viehland（2000）を参照のこと。
（３） 例えば,Ladkin & Riley（1996）など。
（４） 例えば,Gamble et al.（1994）, Swanljung（1981）, Guerrier（1987）, Ladkin（2000）。
（５） 例えば,原（2009）によると,米国のセントラル・フロリダ大学では,週16時間以上で1年半におよぶインターンシップが義務付けられているという。
（６） 例えば,Harper et al.（2005）など。

第4章

女性ホテル従業員のキャリア観

第1節　はじめに

　世界のホテル企業にとって女性は，主要な労働力の供給源になっている。しかし，女性は，ホテル企業内の特定の部門または職種に限定的に配属され，また企業内での地位や威信が低いといわれてきた。つまり，女性は，人数的にはマジョリティであるが，地位や威信面でマイノリティの扱いを受けてきた。そのため，この矛盾を解明すべく，第1章で述べたように，米英などの国ぐにでは，さまざまな研究活動が行われてきた。

　他方，前章では，ホテル総支配人のキャリア・パスを考察した。そして，この考察から，世界のホテル業では女性総支配人がきわめて少ないことを知ることができた。さらに，米英などの先行研究が繰り返し主張してきた「ガラスの天井」の存在についても，理解することができた。

　たしかに，従前の米英などの先行研究は，このガラスの天井や，性による仕事の分離などの「現象」について活発に論究してきた。しかし，研究上の主役である女性のキャリア観，つまり，いつまで働きたいか，昇進をどの程度重視しているか，またはキャリア開発に際してどのような要因が障害だと考えているのかなどに関する女性自身の考え方については，必ずしも十分検討されてきたわけではない。また，ホテル企業で働く女性のキャリア観について議論する場合も，その研究対象がマネジャー職に就く女性であることが多かった。

　そのため，例えば，ホテル企業内に女性総支配人が少なく，女性の職位が低

いという事実があったとしても，それが，昇進・昇格を望みながらなんらかの要因が働いたため希望が達せられなかった結果なのか，それとも彼女たちが昇進・昇格を望まなかったからなのかが，よくわからない。

また，わが国には，マネジャーに相当する女性管理者がもともと少ない。そのため，われわれは，米英などの先行研究がマネジャー職を対象にして構築した女性のキャリア観をストレートに受け入れにくい。むしろ，わが国のホテル企業の実情に合わせた女性のキャリア観を研究する必要がある。

そこで，本研究は，質問紙調査手法を用いてホテル企業で働く女性を対象に，その年齢，学歴，婚姻状況，職位，所属部門，勤務先ホテルの概要（客室数，正規従業員数など），ホテル業での経験年数などのプロフィール（以下「プロフィール諸項目」という）に加えて，現在の職位に対する満足度，課長相当職以上の管理者（以下「管理職」という）への昇進希望，キャリア開発上の要件や障害，

表4-1 本調査の調査項目一覧

プロフィール諸項目	1. 年齢	2. 婚姻状況	3. 子どもの有無	4. 最終学歴	5. 学生時代のホテル就職希望の有無
	6. 卒業後の就職先	7. ホテル業内での転職経験	8. ホテル業での経験年数	9. 勤務先ホテルでの勤続年数	10. 所属部門
	11. 現在の職位	12. 勤務先ホテルの客室数	13. 勤務先ホテルの正規従業員数	14. 勤務先ホテルの女性正規従業員数	
キャリア諸項目	15. 職位に対する満足度	16. 職位に満足しない理由	17. 管理職への昇進・昇格意欲	18. 管理職になりたい理由	19. 管理職になりたくない理由
	20. 勤務先ホテルの女性管理職増加予測	21. 女性管理職が増える・増えない理由	22. 勤続意欲	23. 管理職になるために必要な資質，能力	24. 管理職に昇進する際の障害
	25. 勤務先ホテルでの男女格差の有無	26. ポジティブ・アクションへの取り組み状況	27. 上司，同僚または部下に対する異性・同性選好		

および社内に見られる男女格差など（以下「キャリア諸項目」という）について聴取することで（表4-1参照），彼女らのキャリア観の把握を試みた。

そして，本章は，この調査結果（以下「本調査」という）を概説するとともに，その結果から得られた含意について論じたい。なお，本調査は，オータパブリケイションズ編『日本ホテル年鑑（2007年度版）』を使用して，500ホテルをランダムに選び，人事部または人事担当者宛てに調査票を送付し，2名以上の女性従業員に調査票を手渡してもらう手法を採用した。そのうえで，記入済みの調査票は，人事部を経由せずに，回答者が直接返送できる仕組みを作った。

ただし，わが国のホテル企業には部課長級の女性管理職が少ないと予想できるため，管理職に限定せず，一般社員（平社員）を含めて幅広く女性従業員を調査対象とした。だが，入社後まもない従業員であれば，自己のキャリアをまだ描ききれない可能性がある。そこで，本調査は，ホテル業での経験年数が1年以上の従業員を取り扱った。なお，本調査の有効回答票数は175票である。

第2節　女性従業員のキャリア観に関する調査結果

1　回答者のプロフィール

(1)　年齢，婚姻状況，子どもの有無と最終学歴

回答者の年齢は，30歳代が全体の約41％を占めている。そして，20歳代と40歳代がそれぞれ約25％，24％存在しており，この三者で全体の約9割に達する。一方，回答者の約3分の2は独身である。これに対して，回答者の36％は既婚者であったが，子どもを持つ回答者は全体の16％にすぎなかった。さらに，最終学歴をみると，専門・短大卒と大卒が中心であり，この二者で全体の4分の3を構成する（表4-2および4-3参照）。

(2)　学生時代のホテル就職希望，卒業後の進路およびホテル業内での転職経験

学生時代ホテル業に就職を希望していた回答者は全体の約42％であり，むし

表4-2　回答者の年齢と最終学歴　（%）　N=175

年　齢		学　歴	
10歳代	0.6	中　卒	0.6
20歳代	24.6	高　卒	24.6
30歳代	40.5	専門・短大卒	39.4
40歳代	24.0	大　卒	34.8
50歳代	9.7	大学院卒	0.6
60歳以上	0.6		

表4-3　婚姻状況および子どもの有無(%)　N=175

婚姻状況		子どもの有無	
独　身	64.0	子どもあり	16.0
既　婚	36.0	子どもなし	84.0

表4-4　学生時代のホテル就職希望とホテル業内での
　　　転職経験の有無

（%）　N=175

学生時代のホテル就職希望		ホテル業内での転職経験の有無	
希望していた	41.7	なし	80.6
希望していなかった	58.3	あり	19.4

ろ希望していなかった回答者が過半である。ただし，ホテル就職を希望していなかった回答者の約半数は，卒業してすぐホテル業に従事している。一方，ホテル業内で転職経験がある回答者は全体の約2割であった（表4-4参照）。

(3)　**ホテル業界での経験年数と勤務先ホテルでの勤続年数**

　回答者は，その約8割がホテル業での経験年数および勤務先ホテルでの勤続年数がともに7年以上であることから，いわば「中堅社員層」以上に属する従業員である（表4-5参照）。

表4-5　ホテル業での経験年数と勤務先ホテルでの勤続年数

(%)　N=175

ホテル業界での経験年数		勤務先ホテルでの勤続年数	
3年未満	4.0	3年未満	6.9
3～6年	13.7	3～6年	16.0
7～10年	20.6	7～10年	21.7
11～20年	41.1	11～20年	42.8
21年以上	20.6	21年以上	12.6

(4) 所属部門と職位

　これに対して，回答者が所属する部門は，人事・経理などの管理部門がもっとも多く全体の約33％を占めている。次いで，宿泊，レストランおよび宴会部門（全体の約31％），セールス・マーケティング部門（全体の20.6％）の順になる。

　一方，回答者の職位は，係長相当職以上の役職者が56％，非役職者が44％（一般社員22.9％，主任相当職21.1％）となり，前者が過半数を超えている。しかし，役職者といっても，総支配人は2人だけであり，また部長相当職も13人にすぎないため，主に初級・中級の役職者であることがわかる（表4-6参照）。

表4-6　回答者の所属部門と職位　　　(%)　N=175

所属部門		職位	
宿泊部門	16.6	総支配人	1.2
レストラン部門	8.0	部長相当職(副総支配人を含む)	7.4
宴会部門	6.3	課長相当職	17.7
人事・経理などの管理部門	33.1	係長相当職	29.7
セールス・マーケティング部門	20.6	主任相当職	21.1
企画・広報部門	9.1	一般社員	22.9
その他	6.3	―	―

表4-7 回答者の勤務先ホテルの概要　　（％）　N=175

客室数		正規従業員数		女性正規従業員数	
100室未満	10.3	10人未満	1.1	10人未満	6.4
100～300室未満	37.1	10～29人	4.0	10～29人	13.4
300～500室未満	32.6	30～99人	18.3	30～49人	18.6
500室以上	20.0	100～299人	54.3	50～99人	37.8
		300人以上	22.3	100人以上	23.8

(5) 勤務先ホテルの規模

　回答者の勤務先ホテルの規模は，客室数が「100～500室未満」の中・大規模ホテルであることが多く（全回答者の約7割），「100室未満」の小規模ホテル，または「500室以上」の大規模ホテルであることが少ない。そして，回答者の約54％は正規従業員数が「100～299人」のホテルで働いており，次いで「300人以上」が約22％となり，この両者で全体の8割近くになる。また，女性の正規従業員数をみると，「100人未満」のホテルに勤める回答者が全体の4分の3を占めている（表4-7参照）。

2　回答者の職位満足度，昇進および勤続意欲など

(1) 現在の職位への満足度と職位に満足していない理由

　現在の職位に対する満足度を聴取した結果，回答者175人のうち約58％は「満足している」と答え，「不満である」と回答した人は19人にすぎなかった。ただし，「どちらともいえない」と答えた回答者が55人存在する。

　そこで，現在の職位に「不満である」または「どちらともいえない」と回答した74人を対象にして，「満足していない理由」についてたずねたところ，「現在の人事評価のあり方そのものに疑問があるから」という答えがもっとも多く，全体の半数に達した。そして，これ以外の理由を指摘した回答者が少なかったことから，「人事評価のあり方」が職位に満足していない場合の主な理由と考えられる（表4-8参照）。

表4-8　現在の職位に満足していない理由　　(%)　N=74

ほぼ同期に入社した男性に比べ昇進が遅いから	現在の人事評価のあり方に疑問があるから	女性には昇進昇格の道がひらかれていないから	現在の地位は自分の能力を反映していないから	その他
13.5	50.0	6.8	9.4	20.3

(2) 管理職への昇進意欲と「昇進したい」または「昇進したくない」理由

　管理職ではない回答者（175人のうちの129人）は，管理職に昇進したいと考えているのか。この疑問に対して，全体の約36％は「昇進したくない」と答え，「昇進したい（約28％）」を上回った。また，「なんともいえない」と考える人も約36％存在することから，昇進を積極的に希望する人は，むしろ少数派であることが理解できる。

　一方，「管理職に昇進したい」と考えている回答者にその理由をたずねたところ，約半数が「能力を発揮したいから（約53％）」と答えた。そして，これ以外の理由を指摘する人が少なかったため，昇進希望者は，金銭的または社会的な利益のためではなく，自分の能力を発揮する手段として昇進を捉えていることが推察できる（表4-9参照）。

　逆に，「昇進したい」と答えなかった93人の回答者に対して，その理由を質問したところ，「能力，体力に自信ないから」が約24％，「家庭と仕事との両立が難しくなるから」が約23％となり，この2つが主な理由であった。このことか

表4-9　管理職への昇進意欲と昇進したい理由　　(%)

管理職への昇進意欲	N=129	昇進したい理由	N=36
昇進したい	27.9	能力を発揮したいから	52.7
なんともいえない	35.7	正当な評価を得たいから	13.9
昇進したくない	36.4	収入を増やしたいから	16.7
		当然昇進すべきだから	2.8
		その他	13.9

ら，回答者は，管理職に昇進すると能力面，肉体面で求められるものが増え，それが重荷に感じられると同時に，仕事と家庭生活の両立が困難になると考えているようである（表4-10参照）。

表4-10 管理職に昇進したくない理由　　　　　　（％）　N＝93

能力，体力に自信がないから	23.6	責任が重くなるから	7.5
家庭と仕事との両立が難しくなるから	22.6	時間外労働等が増えるから	6.5
ロールモデルがないから	12.9	仕事がハードで女性には無理だから	4.3
今の地位に満足しているから	9.7	その他	12.9

(3) 勤続意欲

　回答者に対して「あなたはいつまでホテル企業で働きたいか」と質問したところ，「定年まで」と答えた人は全体の約25％にすぎなかった。逆に，「結婚するまで」，「子どもができるまで」，「経済的に安定するまで」のように，ある一定の時期まで働きたいと考える回答者が全体の半数を占めていた。また，「わからない」と答えた人も4人に1人の割合で存在する。このことから，回答者の勤続意欲はさほど強くないことが察知できる（表4-11参照）。

表4-11 ホテル企業での勤続意欲　　　　　　（％）　N＝175

定年まで勤めたい	ある時期まで勤めたい	わからない
25.2	51.4	23.4

(4) 上司，同僚および部下に対する異性・同性選好度

　回答者に対して，①上司をもつとき，②同僚をもつとき，③部下をもつときの3つの仮想的な状況を設定し，「男女どちらを好むか」と質問した。その結果，「男女どちらでもよい」と答えた人が，それぞれ約63％，79％，77％と半数以上を占め，「女性がよい」と答えた回答者はどの状況下でも少なかった（表4-12参照）。

表4-12　上司，同僚および部下に対する異性・同性選好　（％）　N＝175

状況	男性がよい	女性がよい	どちらでもよい
上司を持つとき	34.9	2.2	62.9
同僚を持つとき	14.9	5.7	79.4
部下を持つとき	12.0	10.9	77.1

3　社内の男女格差および管理職昇進のための要件と障害

(1) 社内に存在する男女格差

　キャリア開発を行う際の障害を把握するために，現在勤務するホテルにおいて，①昇進・昇格，②配属・人事異動，③人事評価，④賃金，⑤募集採用手法・条件，⑥教育訓練・研修機会，⑦定年・退職・解雇条件の7項目に男女格差があると感じているか否かを質問した。

　その結果，上記7項目のうちの「募集採用手法・条件（全体の約59％）」，「教育訓練・研修機会（全体の約67％）」と「定年・退職・解雇条件（全体の約75％）」については，6割から8割近い回答者が格差を感じていないことがわかった。

表4-13　勤務先ホテルの男女格差の有無　（％）　N＝175

格差項目	格差がある	ほぼ平等だが多少の格差を感じる	格差はない	わからない
昇進・昇格	32.6	33.7	31.4	2.3
配属・人事異動	19.4	34.9	42.8	2.9
人事評価	17.7	33.7	46.3	2.3
賃金	18.3	27.4	48.6	5.7
募集採用手法・条件	10.9	27.6	58.6	2.9
教育訓練・研修機会	8.6	23.4	66.9	1.1
定年・退職・解雇条件	4.0	18.3	75.4	2.3

だが，「昇進・昇格」,「配属・人事異動」,「人事評価」の3項目に対して，回答者の半数以上が「格差がある」または「ほぼ平等だが多少の格差を感じる」と答えている。そのうちの「昇進・昇格」では，「格差がある」と答えた回答者が約33％おり，この数値は「配置・人事異動（約19％）」と「人事評価（約18％）」に比べ明らかに高い（表4-13参照）。

(2) ポジティブ・アクションへの取り組み状況

近年，ポジティブ・アクションに取り組み，女性を積極的に活用する企業が増えている。そこで，回答者の勤務先ホテルがこのポジティブ・アクションをどの程度実践しているのかについて聴取した。その結果，回答者の約32％は勤務先ホテルが「積極的に取り組んでいる」と，また約15％が「今後取り組む予定である」と答えた。しかし，回答率としては「わからない（約35％）」がもっとも高く，さらに「取り組む予定がない」という意見も約18％存在していた。そのため，回答者のホテルのポジティブ・アクションへの取り組みは，必ずしも進展しているといえない（表4-14参照）。

表4-14　勤務先ホテルのポジティブ・アクションへの取り組み状況

(%)　N＝175

積極的に取り組み中	今後取り組む予定	取り組む予定なし	わからない
32.0	15.4	17.7	34.9

(3) 管理職昇進に際して求められる資質・能力

回答者は，管理職になるためには，どのような資質や能力が必要だと考えているのか。これを知るために，既存研究（Brownell, 1994；Li & Leung, 2001；Kattara, 2005）を参考にして，この資質や能力を示す10項目を予め設定し，それらに対して「1　重要でない」,「2　どちらかといえば重要でない」,「3　どちらかといえば重要である」と「4　重要である」の4段階評価を求めた。そ

表4-15 管理職になるために必要な資質・能力

必要な資質,能力	平均値	標準偏差	必要な資質,能力	平均値	標準偏差
1．問題解決能力	3.87	.339	7．自己犠牲の気持ち	2.83	.833
2．仕事に取り組む姿勢	3.85	.357	8．個性	2.80	.686
3．効果的なコミュニケーション能力	3.85	.357	9．運のよさ	2.49	.878
4．仕事への精励	3.80	.426	10．学歴	1.95	.764
5．業務関連知識	3.71	.505			
6．仕事上の支援者・相談者の存在	3.53	.595			

（注）「自己犠牲の気持ち」とは，私生活を犠牲にしても仕事を重視したいという気持ちを表す。

の結果が表4-15である。

　この表を見ると，管理職になるために必要な資質・能力として，「問題解決能力」，「仕事に取り組む姿勢」，「効果的なコミュニケーション能力」，「仕事への精励」，「業務関連知識」と「仕事上の支援者・相談者の存在」が重要と捉えている。これに対して，「学歴」や「運のよさ」は，さほど重要ではないと考えられていた。また，血痕や子どもをもつことをあきらめて仕事に専念するなどの「自己犠牲の気持ち」や，「個性」もあまり重要視されていない。

(4) 管理職に昇進する際の障害

　一方，回答者は，管理職に昇進する際，なにが障害になると感じているのか。これを知るために，上述した既存研究（Brownell, 1994；Li & Leung, 2001；Kattara, 2005）を参考にして設定した10項目に対して，「1　障害でない」，「2　どちらかといえば障害でない」，「3　どちらかといえば障害である」と「4　障害である」の4段階評価を回答者に求めた。

　その結果，多くの回答者が，「仕事と家庭生活との両立困難さ」，「女性労働に対する上司や顧客の理解不足」と「不規則な労働時間など仕事上の特性」が障

表4-16　管理職に昇進する際の障害

障害	平均値	標準偏差	障害	平均値	標準偏差
1．仕事と家庭生活との両立困難さ	3.49	.67	6．業務関連知識の不足	2.86	.89
2．女性労働に対する上司や顧客の理解不足	3.24	.80	7．平等な賃金制度の欠如	2.74	.93
3．不規則な労働時間など仕事上の特性	3.16	.91	8．セクシャル・ハラスメント	2.66	1.02
4．仕事上の支援システムの欠如	2.97	.82	9．社内外で人脈を形成する機会の欠如	2.49	.81
5．昇進・昇格の不平等さ	2.92	.89	10．教育・訓練を受ける機会の不平等さ	2.47	.93

害であると考えていることがわかった。他方,「教育・訓練を受ける機会の不平等さ」や「社内外で人脈を形成する機会の欠如」を障害として指摘する人は少なかった（表4-16参照）。

4　将来の女性管理職増に対する予測

(1)　女性管理職の増加予測

　回答者に対して,「勤務先ホテルでは女性管理職が今後増えると思うか」とたずねたところ,その約55%が「現状と変わらないと思う」と答え,40%が「多少は増えると思う」と答えた。逆に,「かなり増えると思う」と考える回答者は,175人中8人しかいない。この結果から,大半の回答者は,今後も勤務先ホテルでは女性管理職がさほど増えないと予測していることが理解できる（表4-17参照）。

表4-17　勤務先ホテルにおける女性管理職の増加予測　（%）　N=175

かなり増えると思う	多少は増えると思う	現状と変わらないと思う
4.6	40.0	55.4

(2) 女性管理職が増えない理由

しかし，なぜ大半の回答者は，女性管理職が「かなり増える」と思っていないのか。そこで，「かなり増える」と答えた人を除く167人の回答者を対象にその理由を聴取したところ，「女性は一般的に勤続年数が短く，早期に退職するから」（回答率約55%）がもっとも多く指摘された。

次いで，「女性自身が管理職になることを希望していないから（約30%）」と「上司，同僚，部下になる男性が女性管理職を希望していないから（約25%）」が，高い回答率を得た。これらを見るかぎり回答者は，①女性自身の問題（勤続年数の短さおよび昇進意欲の希薄さ）と，②男性従業員が女性に抱く忌避感が，女性管理職の増加を妨げていると考えているようである（表4-18参照）。

第3節　調査結果に対する考察

以上，本調査の単純集計結果を概説した。そこで，以下は，これらの単純集計を組み合わせることで察知できる回答者のプロフィールの詳細や，勤続意欲や昇進意欲に影響を与える要因，または管理職昇進上の要件や障害などについ

表4-18　女性管理職がかなり増えると思わない理由（複数回答）

(%)　N＝167

女性は一般的に勤続年数が短く，早期に退職するから	54.5
女性自身が管理職になることを希望していないから	29.9
上司，同僚，部下になる男性が女性管理職を希望していないから	24.6
管理職に必要な知識や経験，判断力等を有する女性がいないから	18.6
管理職になるために必要な在職年数を満たす女性がいないから	18.6
時間外労働が多く，深夜業があるため	12.6
家事があるので責任ある仕事に就けないため	10.2
仕事がハードで女性には無理だと思うから	6.6
顧客が管理職を嫌がるから	4.2
出張，転勤があるため	1.8

て論述したい。

1　回答者の年齢と学歴との関係

本調査の回答者の学歴を年齢層別に集計しχ^2検定を行った結果，人数の偏りは有意であった（$\chi^2(4)=11.18, p<.05$）。残差分析を行ったところ，40歳以上では高卒以下の学歴を有する回答者が増え，30歳代では専門・短大卒の学歴をもつ回答者が増える反面，高卒以下が減る傾向があった。これに対して，30歳未満の回答者では大卒以上の学歴を有する者が増え，専門・短大卒は減ることがわかった（表4-19参照）。したがって，年齢が若くなるにつれ，高学歴者が増えるといえる。

表4-19　学歴と年齢層との関係　　　　　　　　　　（人）

年　　齢	高卒以下	専門・短大卒	大卒以上
30歳未満	11 .0	11 −2.3*	22 2.3*
30歳代	13 −1.7+	36 2.5*	22 −1.0
40歳以上	20 1.8+	22 −.5	18 −1.1

（注）　各セルの2段目の数字は調整済み残差を示し，その右肩に付された記号は，次の有意水準を表す：「＋」は$.05<p<.10$，「＊」は$p<.05$。

2　上司に対する同性・異性選好

本調査では，回答者に対して，①上司をもつとき，②同僚をもつとき，③部下をもつときの3つの仮想的な状況下で，「男女どちらを好むか」と質問した。その結果，「男女どちらでもよい」と答えた人が大半であった（表4-12参照）。

しかし，この結果を仔細に分析すると，「上司をもつとき」とそれ以外では，やや状況が異なることに気づく。なぜならば，「部下をもつとき」，または「同僚をもつとき」には「男性がよい」と答えた人がそれぞれ約12％，15％であっ

たのに対して,「上司をもつとき」には「男性のほうがよい」と答えた人が約35％存在していたからである。

そこで,「上司・部下」,「上司・同僚」と「同僚・部下」間の異性・同性選好に対して, Friedman 検定を行ったところ, 有意差があることがわかった ($\chi^2(2) = 31.14$, $p<.01$)。次に, この三者から2つを組み合わせて, Wilcoxon の符号付順位和検定を行い, Bonferroni の修正による多重比較を行った。その結果,「上司・同僚間 ($Z = -4.37$, $p<.01$)」と「上司・部下間 ($Z = -5.24$, $p<.01$)」に, それぞれ統計的に有意な差があることがわかった。つまり, 上司をもつときは, 同僚や部下をもつときよりも, 男性選好が強いといえる。

3　職位満足に影響を与える要因

現在の職位に対する満足度について, 回答者175人のうち101人は「満足している」と答え,「不満またはどちらともいえない」と回答した人が74人いたと前述した。そこで, この職位満足度と前掲表4-1のプロフィール諸項目とキャリア諸項目との関係性を χ^2 検定によって調べたところ, 職位 ($\chi^2(4) = 17.98$, $p<.01$), 学歴 ($\chi^2(4) = 9.65$, $p<.05$) と勤務先ホテルの女性管理職増加予測 ($\chi^2(2) = 7.79$, $p<.05$) にのみ, 有意な関係性を見出すことができた。

(1)　管理職になると高まる職位満足

そこで, この3つに対して残差分析を行ったところ, 職位では, 主任相当職以下の場合は現在の職位に「満足」と答えた回答者が少なく,「どちらともいえない」と答えた回答者が多くなる。また, 係長相当職では「不満足」と答えた回答者が多い。これに対して, 課長相当職以上の管理職では「不満足」と答えた回答者が少なく,「満足」が多くなっていた。そのため, 職位満足度は, 管理職とそれ未満の職位では異なり, 相対的に前者で高く, 後者で低いことが理解できる (表4-20参照)。

表4-20 職位と職位満足との関係　　　　　　　　　　（人）

職　位	満　足	どちらともいえない	不満足
主任相当職以下	36 −2.6**	32 2.6**	9 .3
係長相当職	29 −.3	13 −1.2	10 2.3*
管　理　職	36 3.3**	10 −1.6	0 −2.8**

（注）　各セルの2段目の数字は調整済み残差を示し，その右肩に付された記号は，次の有意水準を表す：「＋」は $.05<p<.10$，「＊」は $p<.05$，また「＊＊」は $p<.01$。

(2) 高学歴になると低下する職位満足

　これに対して学歴をみると，高卒以下の回答者では職位に対する満足度が「どちらともいえない」と答える人が増え，専門・短大卒では「不満足」と答えた回答者が減る傾向がある。だが，大卒以上の学歴を有する回答者では，「どちらともいえない」が減り，「不満足」が増えている。そのため，職位満足度は，大卒以上の学歴をもつ回答者のあいだで低くなることがうかがえる（表4-21参照）。

表4-21 学歴と職位満足との関係　　　　　　　　　　（人）

学　歴	満　足	どちらともいえない	不満足
高　卒　以　下	21 −1.5	19 1.9+	4 −.4
専門・短大卒	42 .7	23 .4	4 −1.7+
大　卒　以　上	38 .7	13 −2.2*	11 2.2*

（注）　表記法については表4-20の注に同じ。

(3) 女性管理職増加予測が高まるほど高まる職位満足

　他方，女性管理職増加予測と職位満足との関係をみると，女性管理職が「将

来増える」と答えた回答者は「現在の職位に満足」と考える人が多く,「不満足」と考える人が少ない。逆に,女性管理職数が「現状と変わらない」と答えた回答者は,「現在の職位に満足」と考えることが少なく,「どちらともいえない」と考えることが多くなる。このことから,女性管理職数が増えると回答した人の職位満足度は高く,現状と変わらないと答えた人の満足度はあいまいになる傾向があるといえよう（表4-22参照）。

表4-22　女性管理職増加予測と職位満足との関係　　　　　　（人）

女性管理者増加予測	現在の職位に満足	どちらともいえない	現在の職位に不満足
将来増える	52 2.1*	16 −2.8**	10 .7
現状と変わらない	49 −2.1*	38 2.8**	9 −.7

（注）　表記法については表4-20の注に同じ。

4　勤続意欲に影響を与える要因

「あなたはいつまでホテル企業で働きたいか」と質問したところ,「定年まで」と答えた人は4人に1人の割合にすぎなかった。逆に,「結婚するまで」などのように,ある一定の時期まで働きたいと考えている人が全体の半数存在していた（表4-11参照）。

次に,この勤続意欲と前掲表4-1のプロフィール諸項目およびキャリア諸項目との関係をχ^2検定により調べたところ,①ホテル業での経験年数（$\chi^2(6)=11.45$, $p<.05$）,②職位（$\chi^2(4)=17.01$, $p<.01$）,③年齢（$\chi^2(4)=9.80$, $p<.05$）,④転職経験（$\chi^2(2)=9.03$, $p<.05$）と,⑤ポジティブ・アクションへの取り組み状況（$\chi^2(6)=24.50$, $p<.01$）,⑥昇進意欲（$\chi^2(4)=11.22$, $p<.05$）との間に有意な関係性を見出すことができ,また女性管理職予測（$\chi^2(4)=7.98$, $.05<p<.10$）との間に有意傾向があった。そこで,これら項目に対して残差分析を行ったところ,以下がわかった。

(1) 年齢が高まるほど強まる勤続意欲

まず、年齢であるが、30歳未満では「定年まで勤めたい」と考える回答者が少なく、「ある時期まで勤めたい」と考える人が多くなる。これに対して、40歳以上では「定年まで勤めたい」と考える回答者が増える。このことから、勤続意欲は、年齢が高まるほど強くなる傾向があることがわかる（表4-23参照）。

表4-23　年齢と勤続意欲との関係　　　　　　　（人）

年　齢	定年まで	ある時期まで	わからない
30歳未満	5 −2.4*	29 2.2*	10 −.1
30歳代	17 −.3	35 −.5	19 .9
40歳以上	22 2.5*	26 −1.5	12 −.8

（注）表記法については表4-20の注に同じ。

(2) 管理職になると高まる勤続意欲

他方、職位を見ると、それが主任以下では「定年まで勤めたい」と考える回答者が少なく、「ある時期まで勤めたい」が多くなる。これに対して、職位が係長相当職の場合は、「ある時期まで勤めたい」と答えた回答者が少なくなるものの、「わからない」と答えた回答者が増え、自己の去就に迷っているように思わ

表4-24　職位と勤続意欲との関係　　　　　　　（人）

職　位	定年まで	ある時期まで	わからない
主任以下	11 −2.9**	50 3.2**	16 −.7
係長相当職	15 .7	19 −2.6**	18 2.3*
管理職	18 2.5*	21 −.9	7 −1.5

（注）表記法については表4-20の注に同じ。

れる。一方，管理職では，「定年まで勤めたい」という回答者が多くなり，他の職位に比べて明らかに勤続意欲が高い（表4-24参照）。そのため，勤続意欲は，管理職を境に変化し，それを超えると定年まで勤めたいと考えることが多くなると推察できる。

(3) 昇進意欲があるほど強まる勤続意欲

昇進意欲と勤続意欲との関係をみると，昇進を希望する回答者は「定年まで勤めたい」と考えることが多くなり，「ある時期まで勤めたい」と考えることが少なくなる。つまり，定年まで勤める意欲が高まる。しかし，昇進意欲に関して，「なんともいえない」または「昇進したくない」と答えた人の勤続意欲には，このような傾向が見られない（表4-25参照）。そのため，定年まで勤めたいと考えている回答者は，同時に昇進したいと考えている回答者であることが多いといえる。

表4-25　昇進意欲と勤続意欲との関係　　　　　　　　　　　（人）

昇進意欲	定年まで	ある時期まで	わからない
昇進したい	20 3.1**	16 −2.9**	12 .3
なんともいえない	12 −1.3	36 1.4	14 −.2
昇進したくない	12 −1.5	37 1.3	15 .0

（注）　表記法については表4-20の注に同じ。

(4) 転職経験があるほど強まる勤続意欲

これに対して，ホテル業内で転職経験があると答えた回答者は同時に，「定年まで勤めたい」と考えることが多くなり，「ある時期まで勤めたい」と考えることが少なくなる。他方，転職経験がない回答者はこれと正反対で，「定年まで勤めたい」が減り，「ある時期まで」が増える（表4-26参照）。このことから，転職

表4-26　転職経験と勤続意欲との関係　　　　　　　　　　（人）

転職経験	定年まで	ある時期まで	わからない
なし	29 −2.8**	79 2.5*	33 .0
あり	15 2.8**	11 −2.5*	8 .0

（注）　表記法については表4-20の注に同じ。

経験の有無により勤続意欲に違いが見られ，転職経験がある回答者の勤続意欲が相対的に強くなることがわかる。

(5) **勤務先ホテルの客室規模が大きくなるほど強まる勤続意欲**

　一方，勤務先ホテルの客室数が「100〜300室未満」である回答者は「定年まで勤めたい」または「ある時期まで勤めたい」と考えることが少なくなる傾向があり，「わからない」と考えることが多くなる。

　しかし，客室数が「300室以上」のホテルでは，「定年までホテルに勤めたい」と「ある時期まで勤めたい」と考える回答者が多くなり，逆に「わからない」と答えた回答者が減る傾向がある（表4-27参照）。

　このことから，300室未満の中小規模ホテルに勤める回答者は，自分の将来に

表4-27　客室規模と勤続意欲との関係　　　　　　　　　　（人）

客室規模	定年まで	ある時期まで	わからない
100室未満	5 −.0	6 −.2	7 .2
100〜300室未満	13 −1.6+	18 −1.7+	33 3.1*
300室以上	30 1.6+	38 1.7+	24 −3.1**

（注）　表記法については表4-20の注に同じ。

ついて迷いを感じているように思われる。一方，300室以上の大規模ホテルで働く回答者は，自己の将来像が明確になっているようであり，勤続意欲も相対的に高くなっていると推察できる。

(6) ポジティブ・アクションに積極的に取り組むホテルに見られる高い勤続意欲

ポジティブ・アクションに積極的に取り組んでいるホテルでは，「定年まで勤めたい」と考える回答者が多くなり，「ある時期まで勤めたい」が少なくなる。これに対して，今後ポジティブ・アクションに取り組む予定のホテルでは，「いつまで働きたいかわからない」と考える回答者が少ない反面，「ある時期まで勤めたい」と考える回答者が多くなる。

また，勤務先ホテルのポジティブ・アクションに対する考え方を理解していない回答者では，「定年まで勤めたい」と考える人が少なく，「いつまで働きたいかわからない」と答えた人が多くなっている（表4-28参照）。以上から，ポジティブ・アクションに積極的に取り組んでいるホテルほど「定年まで働きたい」と考える人が増えることが理解できる。

表4-28 ポジティブ・アクションへの取り組み状況と勤続意欲との関係　　（人）

ポジティブ・アクションへの取り組み状況	定年まで	ある時期まで	わからない
積極的に取り組み中	24 3.7**	19 −3.2**	13 .0
今後取り組む予定	5 −.9	20 2.6**	2 −2.1*
取り組む予定なし	7 −.4	19 1.2	5 −1.1
わからない	8 −2.7**	32 .2	21 2.5*

（注）　表記法については表4-20の注に同じ。

5 昇進意欲に影響を与える要因

昇進意欲とプロフィール諸項目およびキャリア諸項目との関係をχ^2検定により調べたところ、年齢（$\chi^2(4) = 15.52, p<.01$）と客室数（$\chi^2(4) = 10.62, p<.05$）にのみ有意な関連性を見出せた。そこで、この両者に対して残差分析を行った。その結果、年齢をみると、40歳以上では「昇進したい」と考える人が多いのに反して、30歳代では「なんともいえない」と昇進にやや消極的になり、さらに30歳未満以下では「昇進したくない」と答えた人が多くなる（表4-29参照）。このことから、若年齢化するにしたがい昇進意欲が希薄になることが推察できる。

他方、客室数をみると、「100〜300室未満」のホテルで働く回答者は、「昇進

表4-29　年齢と昇進意欲との関係　　　　　（人）

年　齢	昇進 したい	なんとも いえない	昇進 したくない
30歳未満	7 −2.0*	12 −1.3	25 3.2**
30歳代	19 −.1	33 2.6**	18 −2.5*
40歳以上	22 1.9+	17 −1.5	21 −.4

（注）　表記法については表4-20の注に同じ。

表4-30　客室規模と昇進意欲との関係　　　　　（人）

客室規模	昇進 したい	なんとも いえない	昇進 したくない
100室未満	5 −.0	6 −.2	7 .2
100〜300室未満	13 −1.6	18 −1.6	33 3.1**
300室以上	30 1.6	38 1.7	24 −3.1**

（注）　表記法については表4-20の注に同じ。

したくない」と答えた人が増えている。ところが，「300室以上」のホテルに勤める回答者をみると，昇進を忌避する意見が減り，逆に「昇進したい」または「なんともいえない」と答える人が増える傾向がある。このことから，客室規模が大きいホテルで働く回答者は，昇進に対して必ずしも否定的な考え方を持つわけではないことがわかる（表4-30参照）。

6　女性管理職の典型的なプロフィール

次に，回答者の職位と表4-1に列挙したプロフィール諸項目との関係をχ^2検定を行って調べたところ，年齢（$\chi^2(4)=74.27, p<.01$），婚姻状況（$\chi^2(2)=22.18, p<.01$），子どもの有無（$\chi^2(2)=15.05, p<.01$），学生時代のホテル就職希望（$\chi^2(2)=22.18, p<.01$），卒業後の就職先（$\chi^2(2)=22.18, p<.01$），ホテル業内での転職経験（$\chi^2(2)=22.18, p<.01$），ホテル業での経験年数（$\chi^2(6)=58.97, p<.01$），勤務先ホテルでの勤続年数（$\chi^2(6)=36.56, p<.01$）および勤務先ホテルの客室数（$\chi^2(6)=14.17, p<.05$）の間に有意な連関を見出すことができた。

そして，それぞれに対して残差分析を行った結果，女性管理職のプロフィールを詳しく知ることができた。そこで，以下はこれを説明する。

(1)　40歳以上の既婚者で子どもをもつことが多い女性管理職

まず年齢を見ると，30歳未満の回答者の職位は主任相当職以下であることが多く，逆に係長相当職または管理職であることが少ない。これに対して，40歳以上の回答者の職位は係長相当職または管理職であることが多く，主任相当職以下であることが少ない。このことから，管理職は，40歳を超えると多くなるといえる（表4-31参照）。

一方，独身の回答者の職位は，主任相当職以下であることが多く管理職であることが少ない。逆に，既婚者である回答者の職位は，主任相当職以下であることが少なく，管理職であることが多い。これにより，管理職は既婚者であることが多いことがわかる（表4-32参照）。

表4-31 年齢と職位との関係　　　　　　　　　　　　　　　（人）

年　齢	主任相当職以下	係長相当職	管理職
30歳未満	40 7.2**	2 −4.2**	2 −3.8**
30歳代	32 .2	25 1.3	14 −1.6
40歳以上	5 −6.9**	25 2.5*	30 5.1**

(注) 表記法については表4-20の注に同じ。

表4-32 婚姻状況と職位との関係　　　　　　　　　　　　　（人）

婚姻状況	主任相当職以下	係長相当職	管理職
独　身	61 3.8**	33 .0	17 −4.3**
既　婚	16 −3.8**	19 .0	29 4.3**

(注) 表記法については表4-20の注に同じ。

表4-33 子どもの有無と職位との関係　　　　　　　　　　　（人）

子どもの有無	主任相当職以下	係長相当職	管理職
な　し	71 2.9**	45 .5	31 −3.7**
あ　り	5 −2.9**	7 −.5	15 3.7**

(注) 表記法については表4-20の注に同じ。

　さらに，子どもがいない回答者の職位は，主任相当職以下であることが多く，管理職であることが少ない。逆に，子どもをもつ回答者は，主任相当職以下であることが少なく，管理職であることが多い。そえゆえ，管理職には子どもがいることが多いといえる（表4-33参照）。

(2) 学生時代にホテル就職を希望せず，他の産業からの転身者であり，かつ転職経験者であることが多い女性管理職

次に，学生時代のホテル就職希望の有無と職位との関係をみると，ホテル企業への就職を「希望していた」回答者の職位は主任相当職以下であることが多く，管理職であることが少なかった。逆に，就職を「希望していなかった」回答者の職位は，主任相当職以下であることが少なく，管理職であることが多い（表4-34参照）。そのため，現在の職位が管理職である回答者は相対的に，学生時代にホテルへの就職を希望していなかったといえよう。

他方，卒業後の就職先を見ると，「直接ホテル企業に就職した」と答えた回答者は，現在の職位が主任相当職以下であることが多く管理職であることが少ない。だが，「他の産業へ就職しその後ホテル業に転身した」と答えた回答者はこれとは逆に，主任相当職以下であることが少なく管理職であることが多くなる（表4-35参照）。このことから，管理職には転身者が多いことがわかる。

さらに，ホテル業内での転職経験が「ない」と答えた回答者は，現在の職位

表4-34　ホテル就職希望と職位との関係　　　　　　　　　　（人）

就職希望	主任相当職以下	係長相当職	管理職
就職希望あり	41 2.7**	19 -.9	13 -2.2*
就職希望なし	36 -2.7**	33 .9	33 2.2*

（注）　表記法については表4-20の注に同じ。

表4-35　卒業後の就職先と職位との関係　　　　　　　　　　（人）

就職先	主任相当職以下	係長相当職	管理職
直接ホテル企業に就職	61 2.6**	38 .7	22 -3.6**
他へ産業就職しその後ホテル業に転身	16 -2.6**	19 -.7	29 3.6**

（注）　表記法については表4-20の注に同じ。

表4-36　転職経験と職位との関係　　　　　　　　　　　（人）

転職経験	主任相当職以下	係長相当職	管理職
なし	72 3.8**	37 −2.0*	31 −2.2*
あり	5 −3.8**	7 2.0*	15 2.2*

（注）　表記法については表4-20の注に同じ。

が主任相当職以下であることが多く，係長相当職または管理職であることが少ない。これに対して，転職経験が「ある」回答者は，主任相当職以下であることが少なく，係長相当職または管理職であることが多い（表4-36参照）。そのため，管理職には転職経験者が多いことがうかがえる。

(3)　**ホテル業での経験年数と勤務先ホテルの勤続年数が増えるほど高まる職位**

　ホテル業での経験年数を見ると，それが「6年以下」のように短い場合の回答者は，主任相当職以下であることが多く，係長相当職または管理職であることが少ない。また，経験年数が「7〜10年」のときも，主任相当職以下であることが多く管理職であることが少ない。

表4-37　経験年数と職位との関係　　　　　　　　　　　（人）

経験年数	主任相当職以下	係長相当職	管理職
6年以下	28 5.7**	0 −4.0**	3 −2.3*
7〜10年	23 2.7**	8 −1.1	5 −1.9*
11〜20年	24 −2.4*	27 1.9*	21 .7
21年以上	2 −5.2**	17 2.6*	17 3.2**

（注）　表記法については表4-20の注に同じ。

これに対して，経験年数が「11〜20年」になると逆に，主任相当職以下であることが少なくなり，係長相当職であることが多くなる。さらに，経験年数が20年を超えると，係長相当職または管理職であることが多くなる（表4-37参照）。

他方，勤務先ホテルでの勤続年数と職位の間にも，上述したホテル業での経験年数と同じ傾向，年数が増えると職位が高まることが観察できた（表4-38参照）。つまり，回答者の職位は，経験年数と勤続年数が増えるにつれて高まるといえる。

表4-38 勤続年数と職位との関係　　　　　　　　　　　　　　（人）

勤続年数	主任相当職以下	係長相当職	管理職
6年以下	31 4.9**	5 −2.7**	4 −2.7**
7〜10年	21 1.6	9 −.9	8 −.8
11〜20年	23 −3.1**	27 1.6	25 1.8+
21年以上	2 −3.5**	11 2.2*	9 1.7+

（注）表記法については表4-20の注に同じ。

(4) 100室未満のホテルに多い女性管理職

勤務先ホテルの客室数と回答者の職位をみると，「100室以上」のホテルでは客室数と職位の間に偏りがないのに対して，それが「100室未満」である場合は管理職が増え，係長相当職以下が減る傾向がある（表4-39参照）。つまり，「100室未満」のホテルの回答者は，相対的に管理職であることが多い。

(5) 係長相当職以上の職位にある回答者の配属先

管理職および係長相当職にある回答者を対象にして，その配属先を管理部門，宿泊などのオペレーション部門，セールス・マーケティング部門の3つに大別

表4-39 客室数と職位との関係　　　　　　　　　　　　　　　（人）

客室数	主任相当職以下	係長相当職	管理職
100室未満	6 −1.0	2 −1.8*	10 3.0**
100〜300室未満	25 −1.1	22 .9	18 .3
300〜500室未満	31 1.9*	14 −1.0	12 −1.1
500室以上	15 −.2	14 1.5	6 −1.4

(注) 表記法については表4-20の注に同じ。

し，集計した結果が表4-40である。χ^2検定を行ったところ，人数の偏りは有意でなかった（$\chi^2(2) = 4.25, p>.10$）。そのため，彼女たちの配属先には偏りがあるとはいえない。

表4-40 係長相当職以上の職位にある回答者と所属部門との関係　　　（人）

職位	オペレーション部門	セールス・マーケティング部門	管理部門
係長相当職	11	24	17
管理職	14	12	20

7　将来の女性管理職増予測に影響を与える要因

　将来の女性管理職数に関して，本調査の回答者の約55％は，それが「現状と変わらないと思う」と答えており，「増える（「かなり増える」と「多少は増える」の合計）」と予測した回答者を上回っていた（表4-17参照）。

　次に，この「現状と変わらない」と答えた回答者と「増える」と答えた回答者ごとに前掲表4-1のプロフィール諸項目およびキャリア諸項目との関係性をχ^2検定により調べたところ，職位満足度（$\chi^2(2) = 16.44, p<.05$），正規従業員数（$\chi^2(2) = 16.44, p<.01$），女性正規従業員数（$\chi^2(2) = 7.43, p<.05$）に加え，客室数（χ^2

(2)＝20.88，$p<.01$）とポジティブ・アクションへの取り組み状況（χ^2 (2)＝40.11，$p<.01$）との間に有意な関連性を見出せた。そこで，これらに対して残差分析を行ったところ，以下になった。

(1) 職位満足度が高まるほど高まる女性管理職増予測

現在の職位に対する満足度が高い場合，女性管理職が将来「増える」と考える回答者が多くなり，「現状と変わらない」と答える回答者が少なくなる。一方，職位満足に対して「どちらともいえない」と答えた場合は，これとは逆に，女性管理職が将来「増える」と考える回答者が少なく，「現状と変わらない」と答える回答者が多くなっている（表4-41参照）。そのため，職位に満足している回答者ほど女性管理職が増えると思っている。

表4-41　職位満足と女性管理職増予測との関係　　（人）

職位満足	女性管理者増える	女性管理者現状と変わらない
満　足	52 2.1*	49 －2.1*
どちらともいえない	16 －2.8**	39 2.8**
不満足	10 .7	9 .7

（注）表記法については表4-20の注に同じ。

(2) 正規従業員が多いホテルで高まる女性管理職増予測

勤務先ホテルの正規従業員が「300人以上」であるとき，女性管理職が将来「増える」と答えた回答者が多くなり，「現状と変わらない」と考える回答者が少なくなる。しかし，その人数が「100人未満」のホテルでは，女性管理職に対する予測が「300人以上」のホテルと正反対になる（表4-42参照）。つまり，正規従業員が多いホテルに勤める回答者ほど女性管理職が増えると考えている。

表4-42　正規従業員数と女性管理職増予測との関係　　（人）

正規従業員数	女性管理者増える	女性管理者現状と変わらない
100人未満	10 −3.0**	31 3.0**
100〜299人	41 −.4	54 .4
300人以上	24 3.5**	12 −3.5**

（注）　表記法については表4-20の注に同じ。

(3) 女性正規従業員が多いほど高まる女性管理職増予測

　女性正規従業員が「30人未満」のホテルで働く回答者は，将来の女性管理職が「現状と変わらない」と考えることが多く，「増える」と考えることが少ない。しかし，女性正規従業員数が「50人以上」の場合はこれが逆転する。つまり，「増える」が多くなり「現状と変わらない」が少なくなる（表4-43参照）。この結果から，勤務先ホテルの女性正規従業員数が多い回答者ほど，自社ホテルに将来女性管理職が増えると考えていることがわかる。

表4-43　女性正規従業員数と管理職増予測との関係　　（人）

女性正規従業員数	女性管理者増える	女性管理者現状と変わらない
30人未満	10 −2.0*	24 2.0*
30〜49人	11 −1.3	21 1.3
50人以上	56 2.7**	50 −2.7**

（注）　表記法については表4-20の注に同じ。

(4) ポジティブ・アクションへの取り組みが積極的になるほど高まる女性管理職増予測

他方，勤務先ホテルがポジティブ・アクションに積極的に取り組んでいる場合，女性管理職が将来「増える」と考える回答者が多くなり，「現状と変わらない」と考える回答者が少なくなる。これに対して，ポジティブ・アクションに「今後取り組む予定」または「取り組む予定がない」場合は逆に，女性管理者が「増える」と考える回答者が少なくなり，「現状と変わらない」と考える回答者が多くなる（表4-44参照）。

そのため，ポジティブ・アクションに積極的に取り組むホテルに勤める回答者ほど，自社のホテルに女性管理職が将来増えると考えており，逆に，この取り組みに積極的でないホテルに勤める回答者は女性管理職の人数が変わらないと考えているといえる。

表4-44　ポジティブ・アクションへの取り組み状況と女性管理職増予測との関係

(人)

ポジティブ・アクションへの取り組み状況	女性管理者増える	女性管理者現状と変わらない
積極的に取り組み中	43 5.9**	13 −5.9**
今後取り組む予定	8 −1.7+	19 1.7+
取り組む予定がない	3 −4.3**	12 4.3**
わからない	24 −1.0	37 1.0

(注)　表記法については表4-20の注に同じ。

8　管理職にもっとも重要な資質・能力と管理職昇進への最大の障害

(1) 昇進のためにもっとも重要な資質・能力

回答者は，管理職になるために必要な資質や能力として，「問題解決能力」，

「仕事に取り組む姿勢」、「効果的なコミュニケーション能力」、「仕事への精励」、「業務関連知識」と「仕事上の支援者・相談者の存在」の順に重要であると考えていた（表4-15参照）。そこで、z検定を用いて、これら6項目を再度比較すると、χ^2値75.56、漸近有意確率$p=.000$となり、それらの間に有意差を見出せた。このことから、重要度にも濃淡があることがわかる。

ただし、再度Friedman検定を用いて、「問題解決能力」、「仕事に取り組む姿勢」、「効果的なコミュニケーション能力」および「仕事への精励」の差異を調べたところ、χ^2値2.796、漸近有意確率$p=.424$となり、重要度の高低がなかった。換言すれば、回答者は、この4項目をほぼ同じように重要と考えている。

しかし、これらと「業務関連知識」および「支援者・相談者の存在」の間には統計的に有意な差があり、この両者は重要度がやや落ちることが理解できる。そのため、管理職になるために求められる主たる資質・能力は、「問題解決能力」、「仕事に取り組む姿勢」、「効果的なコミュニケーション能力」および「仕事への精励」の4項目と考えてよいであろう。

(2) 管理職昇進に対する最大の障害

回答者は、ホテル企業でキャリアを積む際、「仕事と家庭生活との両立困難さ」、「女性労働に対する上司や顧客の理解不足」と「不規則な労働時間など仕

表4-45　キャリア開発上の主要な障害の比較

障害	仕事と家庭生活との両立困難さ 対 女性労働に対する上司や顧客の理解不足	女性労働に対する上司や顧客の理解不足 対 不規則な労働時間など仕事上の特性	仕事と家庭生活との両立困難さ 対 不規則な労働時間など仕事上の特性
z 値	−3.268[1]	−.781[2]	−4.788[2]
漸近有意確率（両側）	.001	.435	.000

(注)　1：正の順位に基づく、2：負の順位に基づく。

事上の特性」が障害であると考えていた（表4-16参照）。そこで、これら3つに対して、Wilcoxonの符号付順位和検定を行い、この三者の障害度に差異があるか否かを調べた。

その結果、「仕事と家庭生活との両立困難さ」と「女性労働に対する上司や顧客の理解不足」、および「仕事と家庭生活との両立困難さ」と「不規則な労働時間など仕事上の特性」のあいだには、きわめて有意な差が見出せた。

だが、「女性労働に対する上司や顧客の理解不足」と「不規則な労働時間など仕事上の特性」の間には有意差がなかった。つまり、この三者は同様に「障害である」と考えられているものの、「仕事と家庭生活との両立困難さ」を障害と考える度合いの方が、他の2者の度合いに比べて強いといえる（表4-45参照）。

9　勤務先ホテルに存在する最大の男女格差

上述したように、半数以上の回答者は、勤続先ホテル内に「採用募集手法・条件」、「教育訓練・研修機会」、「定年・退職・解雇条件」の格差があると感じていなかった。だが、「昇進・昇格（66.3％）」、「配属・人事異動（54.3％）」と「人事評価（51.4％）」については、半数以上の回答者が「格差がある」、または、「ほぼ平等だが多少の格差を感じる」と答えていた（表4-13参照）。

そして、この3項目のうちの「昇進・昇格」は、「格差がある」と答えた人が約33％に達しており、「配属・人事異動」と「人事評価」のそれが19.4％, 17.7％であったことに比べても、明らかに高い。そのため、「昇格・昇進」に関する

表4-46　勤務先ホテルに存在する主な格差の比較

格差	昇進・昇格 対 配属・人事異動	昇進・昇格 対 人事評価	配属・人事異動 対 人事評価
z　値[1]	-4.310	-5.174	-.702
漸近有意確率（両側）	.000	.000	.483

(注)　1：正の順位に基づく。

格差の度合いは,「配属・人事異動」と「人事評価」のそれと異なるように思われる。

そこで,これら3つに対して,Wilcoxonの符号付順位和検定を行い,三者の格差度に差異があるか否かを調べたところ,「配属・人事異動」と「人事評価」のあいだには差がないが,それらと「昇進・昇格」の間には,統計的に有意な差が存在していることが理解できた(表4-46参照)。そのため,「昇進・昇格」は,格差のなかでも程度の強い格差であるといえよう。

10　勤続意欲と昇進意欲がともに低い若年女性

本調査の結果から,30歳未満の若い女性は,主任相当職以下の職位に就き大卒の割合が高い世代であったが,現在の職位に対してさほど満足しておらず,また昇進意欲が低く,かつ勤続意欲が希薄であることがわかった。そして,このような彼女たちのキャリア意識は,40歳以上の女性とは明らかに異なっていた(表4-23および表4-29参照)。しかし,そのようなことが起こることは,本来ならば納得しにくい。その理由は,以下である。

下表4-47と表4-48は,回答者の年齢別に学生時代のホテル就職希望の有無と,卒業後の就職先を調べ直し集計したものである。それぞれに対して,χ^2検定を行った結果,人数の偏りは有意であった(ホテル就職希望の場合は$\chi^2(2)=15.428$, $p<.01$,また卒業後の就職先の場合は$\chi^2(2)=22.627$, $p<.01$)。

そこで,残差分析を行ったところ,30歳未満の回答者には学生時代ホテル企業への就職を希望していた人が多く,また卒業後も直接ホテル企業に就職した人が多いことがわかった。これに対して,40歳以上の回答者は,30歳未満の回答者と逆に,学生時代はホテル就職を希望していなかった人が多く,他の産業にいったん就職したのちにホテル業へ転身した人が多かった。さらに,30歳代の回答者は,30歳未満の回答者と同様の傾向が見出せた。

つまり,年齢が若くなるにしたがい,学生時代にホテル就職を希望し,卒業後そのままホテルに就職した人が増えている。そうだとすれば,ホテル業に携

表4-47　年齢とホテル就職希望との関係　　　　　（人）

年齢	ホテル就職を希望していた	ホテル就職を希望していなかった
30歳未満	25 2.4*	19 −2.4*
30歳代	34 1.6	36 −1.6
40歳以上	13 −3.8**	47 3.8**

（注）　表記法については表4-20の注に同じ。

表4-48　年齢と卒業後の就職先との関係　　　　　（人）

年齢	ホテルに就職	他の産業にいったん就職
30歳未満	384 2.9**	6 −2.9**
30歳代	55 2.0*	20 −2.0*
40歳以上	28 −4.6**	32 4.6**

（注）　表記法については表4-20の注に同じ。

わることが自己の希望にかなっており，就労意欲も高かったはずの人びとが，なぜ10年も経たないうちに昇進意欲が乏しくなり，勤続意欲が希薄になってしまうのか。

　この結果をみるかぎり，わが国のホテル業には，新入社員として入社した女性たちの意欲を削ぐ，なんらかの構造的な要因が内在していると想像できる。ホテル企業では人的なサービスの提供が不可欠であり，その提供を機械化しにくい。また，肉体を使用する作業も多い。そのため，今後も多くの労働力を必要とする。だが，そのとき，ホテル企業内に新人の成長を阻害する要因があるとすれば，問題になろう。

第4節　小　　括

　本調査の回答者は，その8割がホテル業での経験年数および勤務先ホテルでの勤続年数が7年以上であった。他方，第2章でみたように，わが国のホテル企業で働く女性は，5年程度で離職することが多い。そのため，本調査の大半の回答者は，この5年という関門を通過した女性である。

　他方，本調査の回答者の74％は，職位が係長相当職以下である。また，回答者の約66％は30歳代以下であり，64％は独身であった。それゆえ，仕事に慣れ，管理職になるまでにはまだ時間があるものの，未婚であることから家庭責任もまだ軽い段階の女性であると考えられる。

　この回答者のプロフィールは，本調査が目的にしていた管理職以下の職位にある女性のキャリア観を把握するためには，適切であったと考える。そのうえで，女性ホテル従業員のキャリア観について，以下がわかった。

① 　現在の職位については，回答者の約58％が満足していた。これに対して，職位に満足していない理由としては，「現在の人事評価のあり方に疑問があるから」がもっとも多く指摘されていた。
② 　回答者の昇進意欲はどちらかといえば希薄である。なぜなら，管理職への昇進を希望する回答者は全体の約28％にすぎず，昇進を希望していない回答者（全体の37％）の方が多かったからである。
③ 　昇進を希望する理由として「能力を発揮したいから」が，逆に，昇進したくない理由として「能力，体力に自信がないから」と「仕事と家庭生活との両立がむずかしくなるから」が，しばしば指摘されていた。
④ 　回答者の勤続意欲も希薄であり，結婚するまでなどの「ある一定時期まで」勤めたいと考える回答者が半数を占め，「定年まで勤めたい」と考える回答者は全体の約25％のみであった。
⑤ 　社内に存在する主な男女格差としては，「昇進・昇格」，「配属・人事異

動」と「人事評価」であり，その中でも，「昇進・昇格」に格差があると考える回答者が多かった。

⑥ 管理職に昇格するための要件として回答者は，「問題解決能力」，「仕事に取り組む姿勢」，「効果的なコミュニケーション能力」，「仕事への精励」，「業務関連知識」，「仕事上の支援者・相談者の存在」の順に重要であると考えていた。その中でも「問題解決能力」，「仕事に取り組む姿勢」，「効果的なコミュニケーション能力」および「仕事への精励」の4項目が管理職になるために求められる主要な資質・能力と考えられていた。

⑦ 管理職に昇進する際の障害として，「仕事と家庭生活との両立が困難であること」，「女性労働に対する上司の理解不足」と「不規則な労働時間など仕事上の特性」の3つが強く認識されていた。その中でも，「仕事と家庭生活との両立が困難であること」がもっとも大きな障害と考えられていた。

他方，本章では，職位満足，勤続意欲，昇進意欲に影響を与える要因について検討した。その結果を示すと以下になる。

① 職位満足：職位が高まるほど，将来の女性管理者増を予測する回答者ほど職位満足が高く，学歴が高いほど職位満足が下がる傾向がある（図4-1参照）。

② 勤続意欲：年齢が高くなるほど，また，職位が高くなるほど，そして昇進意欲が高いほど，勤続意欲は高まる。さらに，勤務先ホテルの客室数が多いほど，勤務先ホテルのポジティブ・アクションへの取り組み度合いが高いほど，勤続意欲が高まる。さらに，転職経験がある人ほど，勤続意欲は強くなる傾向がある（図4-2参照）。

③ 昇進意欲：勤務先ホテルの客室数が多いほど，また年齢が高いほど昇進

図4-1　職位満足に影響を与える要因

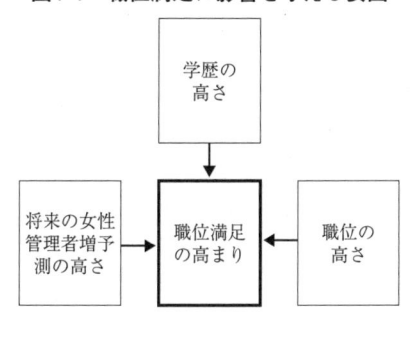

- 学歴の高さ → 職位満足の高まり
- 将来の女性管理者増予測の高さ → 職位満足の高まり
- 職位の高さ → 職位満足の高まり

図4-2　勤続意欲に影響を与える要因

- 昇進意欲の高さ → 勤続意欲の高まり
- 勤務先ホテルのポジティブ・アクション取り組み度の高さ → 勤続意欲の高まり
- 年齢の高さ → 勤続意欲の高まり
- 転職経験あり → 勤続意欲の高まり
- 職位の高さ → 勤続意欲の高まり
- 勤務先ホテルの客室数の多さ → 勤続意欲の高まり

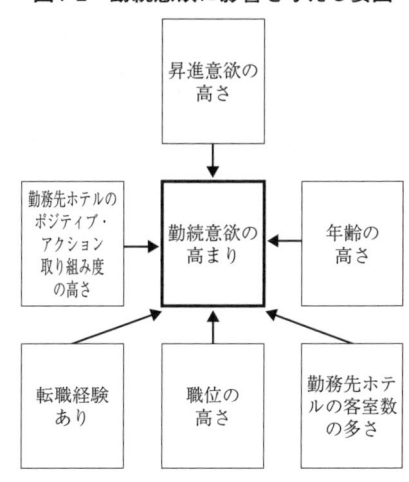

図4-3　昇進意欲に影響を与える要因

- 勤務先ホテルの客室数の多さ → 昇進意欲の向上
- 年齢の高さ → 昇進意欲の向上

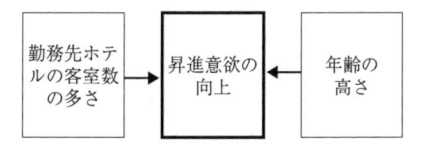

図4-4　将来の女性管理職増予測に影響を与える要因

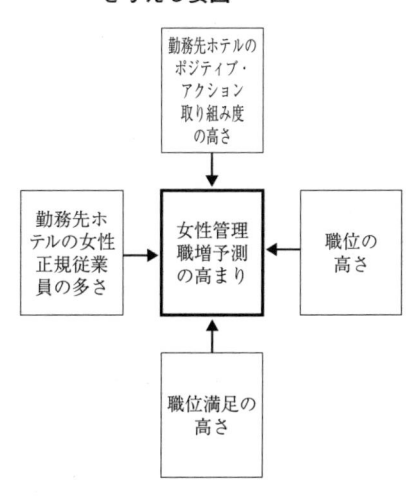

- 勤務先ホテルのポジティブ・アクション取り組み度の高さ → 女性管理職増予測の高まり
- 勤務先ホテルの女性正規従業員の多さ → 女性管理職増予測の高まり
- 職位の高さ → 女性管理職増予測の高まり
- 職位満足の高さ → 女性管理職増予測の高まり

筆者作成。

意欲が強くなる（図4-3参照）。

④ 将来の女性管理職増予測に影響を与える要因：勤務先ホテルのポジティブ・アクションへの取り組み度合いが高いほど，職位が高いほど，職位満足が高いほど，また勤務先ホテルの女性正規従業員数が多いほど，将来の女性管理職増を予測する傾向がある（図4-4参照）。

また，本調査が把握した女性管理職の典型的なプロフィールを示すと下図4-5になる。

図4-5　女性管理職の典型的なプロフィール

- 客室数100室未満のホテルに勤務
- 20年を超えるホテル業での経験年数と勤務先ホテルでの勤続年数
- 他産業からの転職者
- 学生時代のホテル就職希望なし
- ホテル業内での転職経験者
- 40歳以上　既婚　子供あり

→ 女性管理職

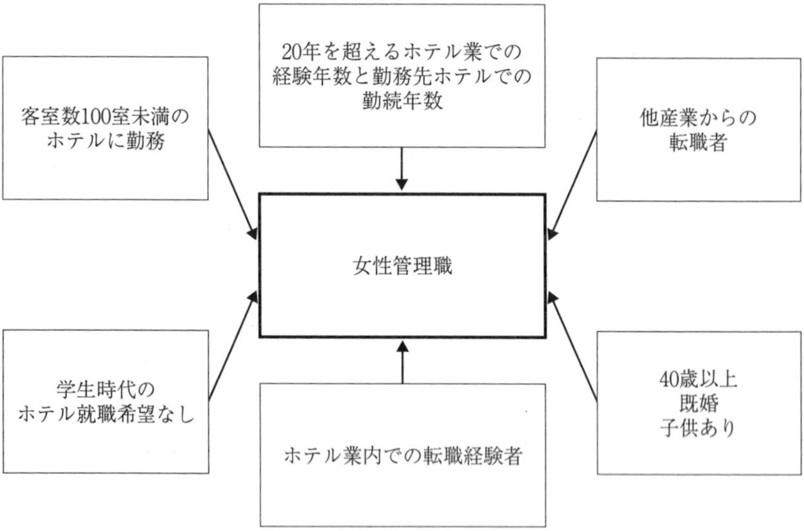

筆者作成。

第5章

男女のキャリア観とホテル企業の女性管理施策

第1節　はじめに

　前章では，女性従業員のキャリア観を分析した。しかし，このキャリア観は，女性特有のものなのか，それとも男性従業員も同様に抱くものなのかがわからない。そこで，本章では，前章で使用した質問紙を用いて男女のキャリア観を聴取し，その異同を把握した。これにより，女性従業員のキャリア観を相対化させ，より明瞭にすることを目的にしている。

　そして，この異同の分析を通じて本章は，女性従業員の勤続と昇進に対する意欲が男性に比べて希薄であることや，女性がキャリア開発に際して直面する障害について，男女間の意見に相違があることなどを明らかにする。

　他方，企業の人的資源管理は，女性従業員のキャリア開発に対して多大な影響を与えると考える。そこで，本章は，ホテル企業の人事担当者を対象に質問紙調査を行うことで，今後重視する人事制度，産休・育児休業制度などのワーク・ライフ・バランスに配慮した人的資源管理制度の整備状況や同制度の利用状況，および女性従業員のマネジメントに関する考え方などを聴取した。

　この聴取を通じて本章は，能力・成果主義がホテル業においても重視されていること，ワーク・ライフ・バランスに配慮した人的資源管理制度のうち育児休業制度や介護休業制度などは整備が進んでいるものの，時短勤務制度やフレックスタイム制度のような労働時間に関連する制度の導入が相対的に遅れていること，企業側は女性管理職の増加を望んでいるものの，それがさほど増えて

いないため，理想と現実のあいだにギャップがあることなどを明らかにしたい。

第2節　男女のキャリア観に関する調査結果

1　回答者のプロフィール

(1)　年齢，婚姻状況と学歴

本調査の回答者は，女性103人，男性65人の合計168人である。その年齢をみると，男女間で明らかな相違がある（$\chi^2(3) = 25.86, p<.01$）。つまり，女性の半数が20歳代であり，これに30歳代を加えると全体の約9割近くに達する。これに対して，男性回答者では，30歳代がもっとも多く（全体の約43％），次いで40歳代となり，この両者で全体の約7割を占めている。そのため，女性は，男性に比べて，年齢的に若い回答者が多いといえる（表5-1参照）。

他方，回答者の婚姻状況も年齢と同様に，男女間で差異がある（$\chi^2(2) = 32.87, p<.01$）。なぜなら，女性回答者の約73％が独身であり，既婚者は約23％であるのに対して，男性回答者では，既婚者が約63％と過半を占め，独身者は約28％にすぎないからである（表5-2参照）。

そして，回答者の学歴をみると，男女間に差異がなく（$\chi^2(2) = .78, p>.01$），「高卒以下」，「専門・短大卒」と「大卒以上」が男女ともほぼ3分の1ずつ存在している（表5-3参照）。

表5-1　回答者の年齢　（％）

年齢	女性 N = 103	男性 N = 65
20歳代	52.4	16.9
30歳代	34.0	43.1
40歳代	8.7	29.2
50歳代以上	4.9	10.8

表5-2　回答者の婚姻状況（％）

婚姻状況	女性 N = 103	男性 N = 65
独　身	72.8	27.7
既　婚	23.3	63.1
離・死別	3.9	9.2

表5-3 回答者の学歴 (%)

学　　歴	女性 N = 103	男性 N = 65
高卒以下	30.1	30.8
専門・短大卒	36.9	30.8
大卒以上	33.0	38.4

(2) **回答者の経験年数と勤続年数**

次に，回答者がホテル業に携わってきた年数（以下「経験年数」という）と，勤め先ホテルでの勤続年数をみると，男女間に差異がみられた。つまり，経験年数をみれば（$\chi^2(3) = 29.38, p<.01$），女性の場合は，「3〜10年未満」がもっとも多く全体の約56％となり，「1〜3年未満」の回答者も約6人に1人の割合で存在する。だが，男性では，「10〜20年未満」の回答者が約37％ともっとも多く，次いで「20年以上」が約32％となり，明らかに，女性より経験年数が長い（表5-4参照）。

一方，勤続年数に転じると，女性の場合は，経験年数でみた回答者の分布と同じ傾向を示している（表5-5参照）。これに対して，男性では，「3〜10年未満（全体の約43％）」がもっとも多いものの，それ以上勤めている回答者も全体の約5割存在する。そのため，男性回答者には，女性回答者と異なり，長期勤続者が多いことがわかる（$\chi^2(3) = 17.50, p<.01$）。

表5-4 回答者の経験年数 (%)

経験年数	女性 N = 103	男性 N = 65
1〜3年未満	15.6	4.6
3〜10年未満	56.3	26.2
10〜20年未満	19.4	36.9
20年以上	8.7	32.3

表5-5 回答者の勤続年数 (%)

勤続年数	女性 N = 103	男性 N = 65
1〜3年未満	21.4	6.1
3〜10年未満	56.3	43.1
10〜20年未満	17.5	35.4
20年以上	4.8	15.4

(3) 回答者の職位と所属部門

　回答者の職位に関しても，男女間で統計的に有意な差異がみられる（$\chi^2(3) = 45.77, p<.01$）。つまり，女性で「課長相当職」以上の職位に就く回答者は，全体の約5％しかいない。逆に，女性の場合は，約9割が「主任・一般社員」である。他方，男性は，「課長相当職」以上の職位にある回答者が全体の4割存在する。ただし，同時に，「主任・一般社員」も約4割いるため，女性のように特定の職位に回答者が集中することがない（表5-6参照）。

　さらに，回答者の所属部門をみると，男女間の差異がみられない（$\chi^2(3) = .75, p>.01$）。なぜなら，この所属部門を，「宿泊部門」，「料飲部門」，「マーケティング部門」と「管理部門ほか」の4つに分類し，集計し直したところ，「宿泊部門」と「管理部門ほか」に所属している回答者が相対的に多かったものの，特定の部門に男性，または女性だけが偏って配属されているわけではなかったからである（表5-7参照）。

表5-6　回答者の職位　（％）

職　位	女性 N＝103	男性 N＝65
部長相当職以上	0	16.9
課長相当職	4.9	23.1
係長相当職	6.8	18.5
主任・一般社員	88.3	41.5

表5-7　回答者の所属部門　（％）

所属部門	女性 N＝103	男性 N＝65
宿泊部門	39.8	33.9
料飲部門	20.4	24.6
マーケティング部門	12.6	13.8
管理部門ほか	27.2	27.7

(4) ホテル業内での転職経験の有無と転職回数

　ホテル業内での転職経験についても，男女間の差異が見出せない（Fisherの直接法，$p=.55$両側）。つまり，男女ともその8割は，転職経験がない。そして，大半の転職経験者の転職回数は1回または2回であった。また，男女の平均転職回数を調べたところ，女性1.60回，男性1.67回となり，両者の間には，有意な差異がなかった（表5-8参照）。

表5-8　転職経験の有無と転職経験者の転職回数　　　　　　　　　（％）

転職経験	女性 N=102	男性 N=64	転職回数	女性 N=20	男性 N=15
あ　る	18.6	23.4	1　回	85.0	66.7
な　い	81.4	76.6	2　回	5.0	6.7
			3回以上	10.0	26.6

(5) 回答者の勤務先ホテルの規模

　回答者が勤めるホテルの客室数については，男女間で差異がなかった（$\chi^2(3)$ =.99, $p>.10$）。そして，客室数が「100〜300室未満」であるホテルの回答者がもっとも多く，女性回答者の約半数と男性の約45％がこのようなホテルに所属している。また，「100室未満」のホテルに勤める回答者が男女それぞれ約2割存在する。このことから，回答者は，客室数でみるかぎり，小・中規模ホテルに勤めていることが多いといえよう。

　他方，回答者の勤務先ホテルの従業員についても，男女間で差異がない（$\chi^2(3)=1.23, p>.10$）。つまり，「30〜300人未満」のホテルに男女とも8割近くが勤務しており，従業員数からみても，回答者が勤めるホテルは小・中規模ホテルであるといえる（表5-9参照）。

　さらに，回答者の勤務先ホテルが有する姉妹ホテルの軒数についても，男女間で差異がない（$\chi^2(2)=2.48, p>.10$）。つまり，男女を問わず，半数以上の回答者が勤めるホテルは，4軒以上の姉妹ホテルを有している。逆に，「姉妹ホテ

表5-9　勤務先ホテルの客室数と従業員数　　　　　　　　　（％）

客室数	女性 N=103	男性 N=65	従業員数	女性 N=103	男性 N=65
100室未満	19.4	21.5	30人未満	11.7	10.8
100〜300室未満	48.5	44.6	30〜100人未満	35.9	43.1
300〜500室未満	21.4	26.2	100〜300人未満	40.7	38.4
500室以上	10.7	7.7	300人以上	11.7	7.7

表5-10　勤務先ホテルが有する姉妹ホテルの軒数（％）

姉妹ホテルの軒数	女性 N = 103	男性 N = 65
なし	22.3	20.0
1～3軒	24.3	15.4
4軒以上	53.4	64.6

がない」と答えた回答者は，男女ともに全体の約2割にすぎない（表5-10参照）。

2　男女の職位満足，昇進意欲および勤続意欲とその異同

(1)　職位満足度

　回答者に現在の職位に対する満足度を尋ねたところ，男女間で統計的に有意な差異を見出せた（$\chi^2(2)=6.24, p<.05$）。つまり，女性回答者は，現在の職位に「不満足」と答えた人が少ない反面，職位に対する満足，不満足が「どちらともいえない」というあいまいな評価になる傾向がある。これに対して，男性は「どちらともいえない」と考えている人が少なくなるものの，「不満足」と考える人の割合が高くなっている（表5-11参照）。

　次に，現在の職位に「満足している」と答えなかった，つまり，「不満足」または「どちらともいえない」と答えた78人に対して，その理由を聴取したところ，男女間で意見の相違がみられなかった（$\chi^2(3)=1.46, p>.01$）。つまり，満足していない理由としては，「現在の人事評価制度に疑問があるから（女性回答率約37％，男性回答率約30％）」と「昇進・昇格の機会が不足しているから（女性

表5-11　回答者の職位満足度　　（％）

職位満足度	女性 N = 103	男性 N = 64
満足している	49.5	56.2
不満足である	7.8	17.2
どちらともいえない	42.7	26.6

表5-12　現在の職位に満足していない理由　　　　（％）

職位不満理由	女性 N＝51	男性 N＝27
現在の人事評価制度に疑問があるから	37.3	29.7
昇進・昇格の機会が不足しているから	29.4	25.9
自分の能力を反映していないから	9.8	18.5
その他	23.5	25.9

回答率約29％，男性回答率約26％）」が，男女ともに高い回答率を得ていた（表5-12参照）。

(2) 管理職への昇進意欲の有無

　回答者に対して，「課長相当職以上の職位（すでに課長相当職以上の地位にある場合はその地位を超えた上位職位）に昇進したいか」と質問したところ，男女間で明らかに意見が異なった（$\chi^2(2) = 40.60, p<.01$）。

　女性で，「昇進したい」と考える回答者は約17％だけであり，むしろ，「昇進したくない」と思っている人が全体の約半数おり，さらに，「どちらともいえない」と考えている女性も3人に1人の割合で存在する。これに対して，男性は，3人に2人の割合で「昇進したい」と考えており，「昇進したくない」と答えた人は約2割にすぎない。このことから，男性は昇進に積極的であるのに対して，女性は昇進に消極的であることがわかる（表5-13参照）。

　そこで，次に，「昇進したい」と答えた回答者を対象にして，その理由をたず

表5-13　課長相当職以上への昇進意欲の有無　（％）

昇進意欲の有無	女性 N＝103	男性 N＝65
昇進したい	16.5	64.6
昇進したくない	47.6	18.5
どちらともいえない	35.9	16.9

表5-14 昇進を希望する理由　　　　　　　　(%)

昇進を希望する理由	女性 N=17	男性 N=42
能力を発揮したいから	29.4	35.7
正当な評価を得たいから	5.9	7.1
収入を増やしたいから	41.2	33.3
同僚に遅れをとりたくないから	0	2.4
当然だと思うから	0	14.3
その他	23.5	7.1

ねたところ，男女間に意見の差異はなく（$\chi^2(5)=5.96$, $p>.10$），「収入を増やしたいから」，または「能力を発揮したいから」が，その主な理由として指摘された（表5-14参照）。

(3) ホテル企業での勤続意欲

回答者に対して，「いつまでホテル企業で働きたいか」と質問したところ，男女間の意欲に差異がみられた（$\chi^2(6)=16.73$, $p<.05$）。つまり，男性の約31％が「定年まで」働きたいと答えたものの，女性をみるとこの数値が約16％に半減す

表5-15 ホテル企業での勤続意欲　　　　　　(%)

勤 続 意 欲	女性 N=101	男性 N=62
定年まで	15.8	30.6
結婚するまで	17.8	8.1
子どもができるまで	12.9	0
経済的余裕ができるまで	7.9	9.7
他の就職先が見つかるまで	14.9	11.3
特に考えていない	27.7	38.7
その他	3.0	1.6

る。逆に，女性の場合は，「結婚するまで」，「子どもができるまで」，「経済的な余裕ができるまで」，または「他の就職先が見つかるまで」のような期間限定的な就業を考える回答者が約54%存在する。加えて，いつまで働きたいか「特に考えていない」と答えた女性も約28%あった。そのため，女性の勤続意欲は相対的に希薄であるといえる（表5-15参照）。

3　女性管理職の有無と将来の増加予測

回答者が勤めるホテルに，「女性で，課長相当職以上の職位に就いている人（以下「女性管理職」という）」がいるかどうかをたずねたところ，女性回答者の約52%，男性回答者の約53%は，女性管理職がいると回答した。

次に，「女性管理職が将来的に増える，または減ると思うか」と質問したところ，「減る」と考えている人は皆無であったが，「増える」と答えたのは女性回答者が1名，男性回答者が6名だけであった。次に，男女別に，「増える」および「多少増える」と回答した人と，「現状と変わらない」と答えた人の割合を調べ直したところ，男女の将来予測について差異がみられた（Fisherの直接法，$p = .007$両側）。

つまり，女性回答者の約57%は「現状と変わらない」と思っているのに対して，男性の約66%は「増える」または「多少増えると」と考えていた。このことから，男性は女性管理職増に関して相対的に楽観的な予測をしており，女性は相対的に悲観的な捉え方をしていることがわかる（表5-16参照）。

次に，女性管理職が「現状と変わらない」と答えた回答者を対象に，その理

表5-16　将来の女性管理職増に対する予測　　（%）

女性管理職増予測	女性 N＝102	男性 N＝64
増える＋多少増える	43.1	65.6
現状と変わらない	56.9	34.4

由を聴取したところ，男女ともに同じ理由を考えていることがわかった。つまり，「女性は早期に退職するから」という理由を，約4割の男女が指摘していた。また，「管理職になるための資格年数を満たす女性がいない」と考える人も，男女それぞれ約15％近くいる。

このことから，女性管理者数が現状と変わらないと答えた回答者はその理由を主に，女性の勤続年数が短いためと考えていることがわかる。これに対して，少数派ではあるが，「女性自身が管理職になることを希望していないから」と回答した人も，男女それぞれ約14％存在する（表5-17参照）。

表5-17 女性管理職数が現状と変わらない理由 (％)

理　　　由	女性 N＝58	男性 N＝22
女性は早期に退職するから	39.7	40.9
管理職になるための資格年数を満たしていないから	13.8	18.2
女性自身が管理職になることを希望していないから	13.8	13.6
管理者に必要な職務知識や経験がある女性がいないから	10.3	9.1
上司が女性を希望していないから	10.3	9.1
その他	12.1	9.1

他方，将来の女性管理職増予測と，勤務先ホテルでの女性管理職の有無との関係を調べたところ，両者の間には連関があることがわかった。つまり，女性管理職がいるホテルに勤める回答者は，女性管理職が将来「増える」または「多少増える」と考えることが多く，逆に，女性管理職がいないホテルの回答者は，将来的にも「現状と変わらない」と考えることが多い（表5-18参照）。

表5-18 女性管理職増予測と女性管理職の有無との関係 (％)

女性管理職増加予測	女性管理職がいる N＝87	女性管理職がいない N＝80
かなり増える＋多少増える	65.5	37.5
現状と変わらない	34.5	62.5

第5章 男女のキャリア観とホテル企業の女性管理施策　187

表5-19　女性管理職増予測と姉妹ホテル数および従業員数との関係　　（％）

女性管理職増加予測	姉妹ホテル数 N=167			従業員数 N=167			
	なし N=37	1軒以上3軒以下 N=35	4軒以上 N=95	30人未満 N=19	30人以上100人未満 N=65	100人以上300人未満 N=66	300人以上 N=17
増える＋多少増える	40.5	31.4	64.2	15.8	47.7	62.1	70.6
現状と変わらない	59.5	68.6	35.8	84.2	52.3	37.9	29.4

　さらに，女性管理職増に対する予測と，回答者の年齢（$\chi^2(3)=.11, p>.1$），勤続年数（$\chi^2(3)=4.44, p>.1$），学歴（$\chi^2(3)=1.99, p>.1$），職位（$\chi^2(3)=5.62, p>.1$），所属部門（$\chi^2(3)=6.17, p>.1$），婚姻状況（$\chi^2(2)=5.42, p>.1$），および回答者が勤めるホテルの客室数（$\chi^2(3)=3.41, p>.1$）の間には，統計的に有意な連関を見出せなかった。

　しかし，将来の女性管理職増予測は，回答者が勤めるホテルが有している姉妹ホテルの数（$\chi^2(2)=13.56, p<.01$）と，従業員数（$\chi^2(3)=15.53, p<.01$）のあいだに連関がみられ，姉妹ホテルが4軒以上あるホテルの回答者は，将来的に女性管理職が「増える」または「多少増える」と考えることが多い。また，従業員数が増えるほど，将来的に女性管理職が「増える」または「多少増える」と予測する傾向がみられた（表5-19参照）。

4　キャリア開発上の要件，障害と社内の男女格差

(1) 管理職になるために求められる資質や能力

　回答者は，女性が管理職に昇進するためにはどのような資質や能力などが必要だと考えているのだろうか。これを知るために，前章で用いた10個の資質，能力項目に対して，4段階評価法により，それぞれの重要度を聴取した。

　ただし，男性回答者には，「女性の立場に立って考える」ように依頼した。また，4段階の評価は，「4　重要である」，「3　どちらかといえば重要である」，「2　どちらかといえば重要ではない」，および「1　重要ではない」とした。

表5-20　管理職に昇進するために必要な資質や能力などに関する男女比較

管理職昇格のために必要な資質，能力など	女性			男性			df	t値
	平均	順位	標準偏差	平均	順位	標準偏差		
仕事に取り組む姿勢	3.88	1	.32	3.77	1	.52	166	1.75
効果的なコミュニケーション能力	3.83	2	.37	3.75	2	.53	166	1.08
問題解決能力	3.83	2	.37	3.66	3	.64	166	2.21*
業務関連知識	3.80	4	.43	3.62	4	.58	166	2.32*
仕事への精励	3.78	5	.42	3.57	5	.59	165	1.34
仕事上の支援者・相談者の存在	3.51	6	.59	3.25	6	.85	165	2.36*
自己犠牲の気持ち	2.83	7	.79	2.94	7	.87	164	−.78
個性	2.70	8	.75	2.65	8	.89	166	.40
運のよさ	2.49	9	.88	2.34	9	1.04	164	.98
学歴	2.00	10	.81	1.72	10	.78	165	2.20*

(注)　数字の右肩に付された記号は，次の有意水準を表す：「+」は $.05<p<.10$，「*」は $p<.05$。

　その結果，回答者は男女を問わず，「仕事に取り組む姿勢」がもっとも重要であると考えていた。次いで，やはり男女を問わず，「効果的なコミュニケーション能力」，「問題解決能力」，「業務関連知識」，「仕事への精励」，「仕事上の支援者・相談者の存在」の順に重要だと考えている（表5-20参照）。

　これに対して，「学歴」，「運のよさ」，「個性」，「自己犠牲の気持ち」は，男女ともに，どちらかといえば重要ではないと思われていた。このことから，ホテル企業の女性従業員が管理職に昇進する際に必要な資質や能力などに関して，その重要度の順位に男女間の差異がないことがわかる。しかし，「問題解決能力」については，男性の評点平均値が3.66であるのに対して，女性は3.83となり，女性の方が男性よりも，より強く重要と考える傾向がみられた（$t=2.21$, $p<.05$）。

　また，「業務関連知識（$t=2.32$, $p<.05$）」，「仕事上の支援者・相談者の存在（t

=2.36, $p<.05$)」,および「学歴（$t=2.20$, $p<.05$)」についても,それぞれの重要度の順位は男女ともに同じであるが,女性回答者の方が重要視していた。

(2) 女性が管理職に昇進する際の障害

次に,昇進に必要な資質や能力などを聴取したときと同一の4段階の評価手法を用いて,女性が管理職に昇進する際の障害を尋ねたところ表5-21を得た。ただし,男性回答者には,「女性の立場に立って考える」ことを依頼した。

その結果,男女ともに,女性が管理職に昇進するとき,「仕事と家庭生活との両立困難さ」がもっとも重大な障害と考えていた。次いで,「不規則な労働時間など仕事上の特性」,「女性労働に対する上司や顧客の理解不足」,「仕事上の支援システムの欠如」の順に障害と考えられていたが,この順位には男女間で相違がなかった。

しかし,「昇進・昇格の不平等さ」と「平等な賃金制度の欠如」は,女性がそれぞれ第5位と第6位の障害と認識しているものの,男性はそれらを第8位,第9位の障害と考えていた。そして,「昇進・昇格の不平等さ」に対する女性の評点平均値は3.04であったが,男性のそれは2.53と低く,両者の評価には統計的に有意な差異がみられた（$t=3.67$, $p<.01$)。つまり,女性の方が男性よりも障害と考える度合いが強いといえる。

また,「平等な賃金制度の欠如」についても,統計的に有意な差異があった（$t=3.24$, $p<.01$)。他方,「教育・訓練を受ける機会の不平等さ」,および「社内外で人脈を形成する機会の欠如」については,男女ともに,女性が管理職に昇進する際の障害であると考える人が少なかった。

表5-21 管理職に昇進するときの障害に関する男女比較

管理職に昇進するときの障害	女性			男性			df	t値
	平均	順位	標準偏差	平均	順位	標準偏差		
仕事と家庭生活との両立困難さ	3.52	1	.59	3.38	1	.78	166	1.23
不規則な労働時間など仕事上の特性	3.41	2	.69	3.25	2	.88	166	1.25
女性労働に対する上司や顧客の理解不足	3.13	3	.78	3.14	3	.87	165	−.11
仕事上の支援システムの欠如	3.07	4	.80	2.84	4	.90	164	1.64
昇進・昇格の不平等さ	3.04	5	.77	2.53	8	1.01	164	3.67**
平等な賃金制度の欠如	2.99	6	.83	2.52	9	1.02	166	3.24**
セクシャル・ハラスメント	2.94	7	1.04	2.70	6	1.02	164	1.45
業務関連知識の不足	2.89	8	.90	2.79	5	.90	164	.69
社内外で人脈を形成する機会の欠如	2.60	9	.86	2.61	7	.99	164	−.76
教育・訓練を受ける機会の不平等さ	2.56	10	.89	2.39	10	1.03	164	1.08

(注) 数字の右肩に付された記号は,次の有意水準を表す:「+」は .05<p<.10,「*」は p<.05,また「**」は p<.01。

(3) 社内に存在する男女格差

　本研究は,上述した昇進に必要な資質や能力など,および昇進を妨げる障害に加え,社内に存在する男女格差について質問した。その回答をみると,男女ともに,「昇進・昇格」について,もっとも格差を感じていた。ただし,この項目に対する女性回答者の評点平均値は2.88であったのに反して,男性は2.62となり,両者の評価のあいだには統計的に有意な差異があった(t=2.04, p<.05)。つまり,女性回答者は,男性よりも,昇進・昇格上の格差を強く感じているといえる(表5-22参照)。

表5-22 社内に存在する男女格差に関する男女比較

社内に存在する男女格差	女 性			男 性			df	t 値 注
	平均	順位	標準偏差	平均	順位	標準偏差		
昇進・昇格	2.88	1	.86	2.62	1	.80	165	2.04*
配属・人事異動	2.64	2	.80	2.51	2	.69	166	1.14
人事評価	2.57	3	.81	2.37	3	.72	166	1.70
賃　金	2.39	4	.83	2.34	4	.76	165	.43
採用募集手法・条件	2.38	5	.67	2.29	5	.61	166	1.75+
教育訓練・研修機会	2.20	6	.56	2.17	7	.45	165	.34
定年・退職・解雇条件	2.10	7	.77	2.25	6	.53	166	-1.48

(注) 表記法については表5-20に同じ。

この「昇進・昇格」に次いで，男女ともに，「配属・人事異動」，「人事評価」，「賃金」の順に格差があると思っていた。ただし，これら3項目に対する男女の評価には統計的に有意な差異を見出すことができなかった。

さらに，「採用募集手法・条件」，「教育訓練・研修機会」，および「定年・退職・解雇条件」については，男女ともにさほど格差を感じておらず，その評価には統計的に有意な差異がなかった。

第3節　ホテル企業の女性管理施策に関する調査結果

本研究では，ホテル企業の人的資源管理施策を把握するために，オータパブリケイションズ編『日本ホテル年鑑（2008年度版）』を使用して，400ホテルを無作為に抽出し，その人事部または人事担当者宛てに調査票を送付した。本調査に回答したホテル（以下「回答ホテル」という）数は42ホテルである。また，本調査の実施日は平成20年12月上旬である。

1　回答企業のプロフィール

回答ホテルの女性比率，つまり全従業員に占める女性割合（正規・非正規従

業員の合計）の平均は42.1％であった。また，正規従業員の勤続年数の平均は，男性が11.5年，女性が5.7年である。女性の勤続年数は短く，男性の約5割程度にすぎない。

また，回答ホテルの「主任・係長相当職」，「課長相当職」，および「部長相当職以上」の職位に占める女性の割合は，それぞれ15.9％，5.5％，0.4％であった。主任・係長相当職から，課長相当職のあいだで，女性が急に減ると同時に，部長相当職以上の職位に就く女性がきわめて少ないことが理解できる。

2　今後重視する人事施策

今後重視する人事施策を聴取するために，あらかじめ設定した8項目に対して，「5　重視する」，「4　やや重視する」，「3　現状と変わらない」，「2　あまり重視しない」，および「1　重視しない」の5段階による評価を求めた。

その結果，「人事評価・処遇に対する成果主義・業績主義」をもっとも重視していることがわかった。次いで，「女性従業員の能力発揮を促す取り組み」，「幹部候補生の早期選抜・育成」，「従業員の能力開発の自己責任化」の順になった（表5-23参照）。

このことから，わが国のホテル企業においても，成果主義や能力主義が重視されはじめていることがわかる。これは，ホテル企業が，自社の内部労働市場に，競争原理を導入しようとしていることを示している。そして，この意図があるから，「幹部候補生の早期選抜・育成」および「従業員の能力開発の自己責任化」という施策を同時に重視するのであろう。

ただし，ホテル企業側が従業員のマネジメントに競争原理を取り入れようとしているにもかかわらず，通常それと一緒に導入されることが多い，「社内公募制など従業員の希望を重視した配置」をさほど重視していない。この施策を今後「重視する」と答えたホテルは1軒もない。逆に，約3割の回答ホテルは，「あまり重視しない」と答えている。他方，「長期勤続を奨励する処遇制度」は，約7割のホテルが「現状と変わらない」，または「あまり重視しない」と答えて

表5-23 ホテル企業が今後重視する人事施策　　N＝42　（％）

重視する 人事施策	重視する	やや 重視する	現状と 変わらない	あまり 重視しない	重視しない	平均値 標準偏差
人事評価・処遇に対する成果主義・業績主義	21.4	57.2	21.4	0	0	4.00 .66
女性従業員の能力発揮を促す取り組み	16.7	52.4	30.9	0	0	3.86 .68
幹部候補生の早期選抜・育成	14.3	54.8	23.8	7.1	0	3.76 .79
従業員の能力開発の自己責任化	14.3	47.6	35.7	2.4	0	3.74 .73
長期安定的な雇用の維持	16.7	33.3	26.2	23.8	0	3.43 1.04
職種・職能部門ごとの処遇の違いを認める人事管理の多元化	7.1	42.9	33.3	11.9	4.8	3.36 .98
社内公募制など従業員の希望を重視した配置	0	28.6	42.8	28.6	0	3.00 .77
長期勤続を奨励する処遇制度	4.8	21.4	35.7	33.3	4.8	2.88 .97

おり，その導入に消極的である。

　一方，「女性従業員の能力発揮を促す取り組み」は，第2番に重視する人事施策として位置づけられている。この結果をみるかぎり，わが国のホテル企業は，上述した競争原理に加えて，女性の積極的な活用を目指していることが推察できる。

表5-24　ワーク・ライフ・バランス制度の有無と利用状況

人事制度と利用者の有無	制度あり	利用者あり	制度なし
育児休業制度	36（85.7）	22（61.1）	6（14.3）
介護休業制度	34（81.0）	4（11.8）	8（19.0）
時短勤務制度	33（78.6）	12（36.4）	9（21.4）
フレックスタイム制度	12（28.6）	11（91.7）	30（71.4）
ポスティング制度	4（9.5）	1（25.0）	38（90.5）
結婚・育児などで退職した従業員の再雇用制度	20（47.6）	8（40.0）	22（52.4）
在宅勤務制度	2（4.8）	2（100.0）	40（95.2）

(注)　カッコ内の数字は，全回答数に対する比率を示す。

3　ワーク・ライフ・バランス制度の有無とその利用状況

(1) 制度の有無

　次いで，育児休業制度，介護休業制度，時短勤務制度，フレックスタイム制度などのワーク・ライフ・バランス制度の有無について質問したところ，回答ホテルの8割以上が育児休業制度と介護休業制度をもっていることがわかった。また，時短勤務制度も42ホテルのうち33ホテルが有していた（表5-24参照）。

　しかし，接客業務が多いホテル労働の特徴からか，在宅勤務制度を設けているホテルは，2ホテルしかない。また，フレックスタイム制度は，42ホテルの3分の1に相当する12ホテルだけが有していた。さらに，結婚・育児などで退職した従業員の再雇用制度をもっているホテルも，全体の半数程度にすぎない。

(2) 利用状況

 一方，上述したワーク・ライフ・バランス制度がどの程度利用されているのかを知るために，平成19年4月から同20年3月までの1年間に，「ひとりでも利用した制度があるか」と尋ねた。その結果，育児休業制度は，42ホテルの半数の22ホテルで利用者がいた（表5-24参照）。そして，育児休業制度と並んで多くのホテルが用意していた介護休業制度の利用者がいたホテルは4軒のみであり，この制度はほとんど利用されていない。

 これに対して，フレックスタイム制度は，12ホテルが採用していただけであるが，そのうちの11ホテルに利用者がいた。導入率の低さに反して，利用率がきわめて高くなっている。他方，時短勤務制度は，33ホテルが採択していたが，利用者がいたのはそのうちの12ホテルであった。

 時短勤務制度とフレックスタイム制度はともに，従業員の「労働時間」の融通性を高めることを目的にしている。しかし，ホテル企業の従業員には，フレックスタイム制度の方が使いやすいようである。フレックスタイム制度は，労働時間の配分手法に融通性をもたせる制度であるが，それは総労働時間の変更をもたらしにくい。それゆえ，従業員側の心理的抵抗が少なくなり，利用しやすいのではなかろうか。これに対して，時短勤務制度は，労働時間そのものを短縮させる制度であるため，24時間，年中無休営業のホテル企業では活用しにくいのかもしれない。いずれにせよ，両制度に対する従業員に使いやすさを再考する必要がある。

4　非正規従業員向けの人事制度とその利用状況

 さらに，本研究は，非正規従業員を対象にした人事制度として，「正規従業員への登用制度」と「研修制度」を取り上げ，両制度の有無と利用状況を質問した。

 その結果，42ホテルのうち36ホテルが正規従業員への登用制度をもっていた。このことから，登用制度の導入はかなり進展していることがうかがえる。そし

表5-25　正規従業員登用制度および非正規従業員向け研修制度の有無と利用状況

制度と利用者の有無	制度あり	利用者あり	制度なし
正規従業員への登用制度	36 (85.7)	30 (83.3)	6 (14.3)
非正規従業員向けの研修制度	16 (38.1)	16 (100.0)	26 (61.9)

（注）　カッコ内の数字は，全回答数に対する比率を示す。

て，同制度をもつ36ホテルのうち30ホテルで登用実績があった（表5-25参照）。

一方，非正規従業員向けの研修制度については，42ホテルのうち16ホテルのみが有していた。このことから，非正規従業員に研修機会を与えたいと思っているホテルは，少数派であることがわかる（表5-25参照）。ただし，この制度を有しているホテルでは，1軒の例外もなく，実際に研修を実施している。この実施率の高さは，研修の必要性を反映しているものと推察する。そのため，今後，同制度を採用するホテル企業が増えるのではないかと本研究は考えている。

5　女性従業員に対する人事施策

(1) 将来の女性従業員増に対する予測

回答ホテルの約3分の1は，女性従業員が将来「自然に増加する」と予測しており，また，4ホテルは，「今後女性従業員を積極的に増やしたい」と考えていた。これにより，回答ホテルの約4割は，程度の差はあるものの，女性が将来増える，または増やしたいと思っていることがわかる。ただし，「特に性別を

表5-26　女性従業員の増加予測　　　　　　N＝42　（%）

今後積極的に増やしたい	今後自然に増加すると考えている	現状と同程度に推移すると考える	今後自然に減少すると考える	特に性別を意識した採用を行っていない
9.5	33.3	26.2	2.4	28.6

意識した採用を行っていない」と答えたホテルが約 3 割存在している（表5-26参照）。

(2) 採用時の女性目標数の有無

しかし，回答ホテルの約95％は，従業員採用に際して，目標にする女性比率を有していない。それにもかかわらず，女性が「自然に増える」と考えているホテルが約 3 割あったことは，応募者に女性が多いからではないかと推測する。つまり，女性の応募が多いため，結果的に女性従業員が増える傾向にあると，回答ホテルは考えているのではなかろうか。

(3) 女性管理職の理想的な割合

調査対象の企業に対して，「課長相当職以上取締役未満の管理職に，女性がどの程度いればよいと思うか」と質問し，その理想値を聴取したところ，回答の平均値は24.4％になった。つまり，管理職の 4 分の 1 は女性であることが望ましいと思っている。ただし，この数値には，標準偏差が16.3あった。そのため，実際の回答には，かなりバラつきがある。

これに対して，「5 年前と比べたときの女性管理職の割合」を尋ねたところ，回答ホテルの約64％は，「変わらない」と答えており，「やや増えた」または「増えた」と答えたホテルは，全42ホテル中の約 3 割しかなかった（表5-27参照）。

前述したように，回答ホテルでは，課長相当職の5.5％，部長相当職以上の0.4％が女性である。これを理想値の平均である約24％にまで高めるためには，かなりの努力が必要と思われる。しかし，現実は，過去 5 年間をみても，女性管理職がほとんど増えていない。そのため，理想的な管理職比率を達成するため

表5-27　5 年前と比べた管理職に占める女性の割合　　N=42　（％）

増えた	やや増えた	変わらない	やや減った	減った
2.4	26.2	64.3	7.1	0

には，まだかなりの時間がかかると予想できる。

(4) **女性の勤続年数を延ばす試み**

上述したように，回答ホテルの女性正規従業員の平均勤続年数は5.7年であり，第2章で述べた従前の諸調査（表2-21および表2-22参照）に比べて，勤続年数が若干長い。だが，「女性の勤続年数を延ばすための取り組みがあるか」と質問したところ，回答ホテルの約83％は，特段なにも行っていないことがわかった。

逆に，「具体的な取り組みがある」と答えた7ホテルに対して，その内容を聴取したところ，「育児休業制度や時短勤務制度の充実・積極的活用」が6ホテル，「結婚・育児で退職した女性の再雇用」が1ホテルであった。

このことから，「女性の勤続年数の長期化に取り組んでいる」と答えたホテルであっても，ワーク・ライフ・バランス制度の充実で対処しようと目論んでいることが理解できる。一方，女性の積極的活用や登用により，雇用の長期化を目指すホテルは，「女性管理職増を通じて雇用の長期化を図る」と答えた1ホテルを除くと，皆無であった。

第4節　小　　括

本章では，女性のキャリアに対する男性の考え方，およびホテル企業側の認識を把握するために行ったふたつの調査結果を分析した。本研究が男性とホテル企業の人事担当者を調査対象に選んだ理由は，この両者が女性のキャリア開発に強い影響を与えると考えたからである。

つまり，現在のわが国のホテル企業では，男性中心の組織文化が形成されている。そのため，この環境下で職位や威信などの面でマイノリティである女性がキャリア開発を行う場合，なんらかの影響を男性から受けるはずである。

例えば，男性の上司が女性のキャリア開発に理解があれば，女性は活躍の場を与えられることが多くなるであろう。逆に，この上司が，「女性はすぐ辞めてしまう」というステレオタイプを抱いていれば，女性の活用に躊躇し，結果と

して女性は補助的な仕事しか割り当てられないかもしれない。

そこで、本研究は、男性が女性のキャリア観やキャリア開発上の障害をどのように把握しているのか、またそれは女性自身の考え方と同じなのか、それとも違うのかという疑問を抱き、男女間を比較する調査を実施した。

その結果、女性の勤続意欲と昇進意欲は男性に比べ希薄であることが理解できた。また、将来の女性管理職増に関する予測についても、女性の約6割は「現状と変わらない」と考えているのに対して、男性の約7割は「増える」、または「多少増える」と考えていた（表5-16参照）。このことから、男性は女性に比べ、将来の女性管理職増を楽観的に捉えていることがわかった。

他方、女性が管理職に昇進する際に求められる資質や能力などについては、男女間に相違がなかった。しかし、女性が管理職に昇進することを妨げる障害のうち、「昇進・昇格の不平等さ」と「平等賃金制度の欠如」については、男女間に意見の差異がみられ、女性は男性よりも、このふたつを障害と考える度合いが強かった。

一方、本研究がホテル企業の人事部または人事担当者に対して行った調査から、ホテル企業の人事施策として、以下がわかった。

① わが国のホテル企業は、自社の内部労働市場に競争原理を導入しようとしている。そのため、成果主義、能力主義が重視されはじめている。また、ホテル企業では、「幹部候補生の早期選抜・育成」および「従業員の能力開発の自己責任化」を、将来的に重視すべき人事戦略として考えていた。ただし、「長期勤続を奨励する処遇制度」の導入には消極的である。

② 回答ホテルの8割以上が育児休業制度と介護休業制度を有していた。また、時短勤務制度も42ホテルのうち33ホテルがもっていた。しかし、在宅勤務制度を設けているホテルは、きわめて少ない。そして、フレックスタイム制度や従業員の再雇用制度を有しているホテルは全体の半数以下にすぎない。

③ 育児休業制度は比較的よく利用されていた。また，フレックスタイム制度を導入するホテルは少ないものの利用率は高かった。これに対して，時短勤務制度を利用する従業員は少ない。
④ 非正規従業員を正規従業員に登用する制度はかなり導入されていた。しかし，非正規従業員向けの研修制度をもつホテルは少数派であった。
⑤ 回答ホテルは，女性従業員の能力発揮を促す取り組みを，今後重視する人事施策のひとつとして捉えていた。また，回答にばらつきがあったものの，管理職の4人に1人は女性であることが理想であると考えていた。しかし，現状の女性管理職割合が低いこと，および過去5年間で女性管理職がほとんど増えていないことを考慮すると，この理想的な数値を達成するためにはまだかなりの時間がかかると予想できる。

第6章

女性ホテル従業員のキャリア課題

第1節　はじめに

　本章は，第2章から第5章までのあいだで行った，既存データおよび総支配人のキャリア・パスをはじめとする3つの調査の分析結果を踏まえ，女性のキャリア開発に関連し，かつホテル企業が解決すべき課題を明らかにすることを目的にしている。そして，次章では，この課題を解決するための人的資源管理について考察する。それゆえ，本章は，次章の導入部として位置づけることができる。

　本章は，この課題として，以下の6点を指摘したい。

① 多くの女性がホテル企業に入社したのち，6ヵ月前後から1年未満または5年程度で離職する。また，30歳未満の若年女性を中心に，女性の勤続意欲と昇進意欲が希薄である。それゆえ，勤続年数の伸長に加え，勤続意欲と昇進意欲の向上が課題になる。
② 女性のキャリア開発を阻害する要因は，つねに同じではない。年齢や職位などが異なると，阻害要因も異なる可能性が高い。そのため，女性のキャリアをひとまとめにして考察することができない。そこで，ホテル企業は，女性を適切にカテゴリーに分け，そのカテゴリーごとにキャリア・マネジメントを行う必要がある。
③ 仕事と家庭生活との両立が，女性にとって，キャリア開発上の最大の障

害である。そのため，この両者のバランスをいかに保つかが課題になる。
④ 女性は結婚，または出産・育児を経験すると非正規化することが多い。そのため，この非正規化への対応が求められる。
⑤ 女性のキャリア問題に対する男性の理解は，かならずしも正確ではない。そこで，ホテル企業は，男性が抱くステレオタイプを打破し，女性の視点から女性のキャリア問題に取り組まなければならない。
⑥ 女性が大半を占める非正規雇用が進展している。そのため，非正規雇用にかかわる諸問題を考察することは，女性の雇用を考えることに等しい。そして，非正規雇用の増大は同時に，その職域の拡大をもたらすことが多い。その場合，ホテル企業は，男性が主流を占める正規従業員と女性が主流を占める非正規従業員の均等処遇という課題を抱えることになる。

第2節　ホテル企業が解決すべき課題

1　早期離職と希薄な勤続・昇進意欲

(1)　早期離職を生み出す2つの関門

　第2章では，財団法人女性職業財団（1991）と日本労働研究機構（1994）の調査から，ホテル企業で働く女性の勤続年数がおおよそ4年前後であり，5年を超えることが少ないことを明らかにした（表2-21参照）。

　また，『週刊ホテルレストラン』（2009f）が国内のホテル28軒を対象にした調査においても，男性従業員の平均勤続年数が9.2年であったのに対して，女性は4.0年であった。財団法人女性職業財団および日本労働研究機構と，この『週刊ホテルレストラン』誌の調査のあいだには15年程度の隔たりがある。それにもかかわらず，勤続年数は5年を超えることができなかった。

　さらに，本研究が第5章で行った調査でも，女性回答者の勤続年数の平均は5.7年間であった。そのため，ホテル企業に就職した女性のキャリアの先には，この「5年」という大きな関門が依然として立ちはだかっているといえる。

一方，上述の財団法人女性職業財団および日本労働研究機構の調査によると，ホテル企業における女性の離職理由のうち，結婚がもっとも多かった。これに対して，長瀬（1999）は，育児休業法施行後，結婚しても就業を続ける女性が増えている反面，出産後の就業継続は有意に増えていないという。そして，このことから，わが国の一般的な企業には，結婚と出産のあいだに女性の就業を中断させるなんらかの要因が存在していることがわかる。

　だが，わが国のホテル企業では，結婚と出産のあいだではなく，結婚を契機に女性のキャリアが中断されることが多い。そのため，ホテル企業で働く女性にとって，「家庭をもつこと」と「仕事を続けること」は，両立しにくいと推測する。

　さらに，わが国のホテル企業では，入社1年以内に離職する超短期離職が多いと推察される。例えば，『日経MJ』（2009）によると，「スイスホテル南海大阪（大阪市）」では，入社1年以内の離職率が2006年で38％に達していた。また，厚生労働省の「雇用動向調査（平成18年度）」によると，ホテル企業が属する宿泊・飲食業の全離職者に対する6ヵ月以内，および6ヵ月以上1年未満で離職した人の割合は，それぞれ28.3％，16.5％となり，両者を合算すると全体の約45％を占める（表2-26参照）。

　この雇用動向調査とスイスホテル南海大阪の事例を考えあわせたとき，わが国のホテル企業には超短期離職がかなりの割合で存在すると想像できる。そして，上述した5年に加え，「6ヵ月前後から1年未満」までのあいだにも，女性のキャリア開発を妨げるひとつの大きな関門があるように思われる。

(2) **若年女性の希薄な昇進・勤続意欲**

　入社後5年未満で辞める女性は，30歳未満の若年者であることが多い。なぜなら，例えば前出の財団法人女性職業財団（1991）の調査では，在籍する女性従業員の平均年齢がほぼ24歳から26歳の年齢幅に収まっていたからである（表2-21参照）。

これに対して，第4章では，30歳未満の若年女性は主任以下の職位に就き，大卒者であることが多い世代であるものの，現在の職位に対する満足度が相対的に低く（表4-20および表4-21），また昇進意欲と勤続意欲が他の年齢層の女性に比べ希薄であると述べた（表4-23および表4-29参照）。さらに，30歳未満の女性は，学生時代にホテルへの就職を希望していた人が多く（表4-47参照），卒業後も直接ホテル企業に就職した人が多かった（表4-48参照）。

　だが，そうであるとすれば，ホテル業に携わることが自分の希望にかなっており，それゆえ就労意欲も高かったと思われる女性が，なぜ10年も経たないうちに勤続意欲が希薄になり，昇進意欲が乏しくなるのか。この結果をみるかぎり，わが国のホテル企業には，若年女性の勤続・昇進意欲を削ぐなんらかの要因が内在しているとみてよい。そして，それは同時に，早期離職者を生み出す原因になっているのではないかと思慮する。

(3) エントリー・レベルの従業員に対する配慮

　エントリー・レベルの従業員は，一般的に離職率が高い。しかし，前述した雇用動向調査による6ヵ月未満の離職者の多さから判断すると，ホテル企業のそれは，他の産業に属する企業に比べて著しく高いと予測できる。

　これに関して，『日経MJ』(2009)は，①24時間，年中無休営業による不規則労働である，②体力的にきつい仕事が多い，③入社前に抱いていたイメージと実際の仕事とのギャップが大きい，④新人研修の内容が先輩や上司によるOJTが中心であるため仕事上の悩みを話すことができる身近な相談者が周囲にいない，などの理由から，ホテル企業では入社後まもない従業員の離職率が高いという。

　他方，『日経ビジネス』(2001)の調査結果から，企業が採用した従業員に対して，今後のキャリア・パスを十分に指し示さないと，入社後の現実と事前の期待とのギャップが明らかになり，従業員はミスマッチを感じやすいことがわかっている。そして，同誌は，今日では企業と従業員双方が終身雇用を当然視

していないため，ミスマッチを感じた従業員は，離職を躊躇しないという。それゆえ，エントリー・レベルにある従業員の離職を防ぐためには，キャリア・パスを明示することが不可欠になる。

また，このミスマッチは，従来の考え方や知識，または行動様式が企業のなかで役立たない，受け入れられないことにおどろき，ショックを受けたことが原因になり生じることがある。そのような場合，このミスマッチを放置し続けていると，やはり離職をまねく[1]。

そこで，企業は，新入社員が知覚したおどろきやショックに対して，個別に意味づけを与えることが必要になる。つまり，なぜ彼・彼女らの考え方や知識，または行動様式が企業で通用しないのか，逆に，どのような行動や態度が有用であり，どのような考え方や知識が求められているのかを従業員に明示しなければならない。その意味で，特にエントリー・レベルにある従業員には，キャリア・カウンセリングなどのきめ細かいフォローアップが重要になる。

例えば，前出のスイスホテル南海大阪では，入社1年以内に離職する従業員の割合が高かったため，新入社員が人事部スタッフや現場指導者と「交換日記」をやり取りすることで，研修上の悩みなどを打ち明けられるようにした。また，3ヵ月間の研修期間中，1週間のうち5日間は配属先部門でのOJTに費やし，1日は人事部が教育を担当するというスケジュールを繰り返すことで，座学を通じて不足するスキルを習得できるように改めた。その結果，この新しい研修制度を導入したのちの2008年には，4割近くあった新入社員の離職率が約6％にまで下がったといわれている[2]。

(4) 女性のキャリア開発意欲を削ぐ要因

上述した女性従業員の早期離職や若年女性の勤続・昇進意欲の希薄さは，ホテル企業内に彼女たちのキャリア開発意欲を削ぐなんらかの要因があることをうかがわせる。ところが，わが国には，ホテル企業の従業員を対象にした離職研究が飯嶋（2001）と劉（2002）以外にない。加えて，女性の離職行動に関する

実証的研究は皆無である。そのため，ホテル企業で働く女性従業員の離職理由は，必ずしも定かではない。

しかし，財団法人女性職業財団（1991：101）は，ホテル企業とのヒアリング調査の結果をふまえ，わが国のホテル企業が女性を単純で補助的な仕事にのみ就かせており，本人の適性や意欲，または能力の伸長度合いに合致した仕事を与えていないことに離職の遠因があると指摘する。また，総合職の女性を採用しても，仕事の与え方や育成方法がわからず，一般職の女性と同様の扱いをしているケースもあるという。さらに，同財団は，女性の配置転換を定期的に行う制度が未整備であるため，女性を特定の職場に配属し続けていることも，離職を生み出す一因になっていると主張する。

一方，女性従業員の早期離職は，上述した女性の活用にみられる問題点だけでなく，むしろそれ以上に，キャリア展望のなさがもたらしているといわれている[3]。例えば，『週刊ホテルレストラン』（2009e：51）がホテル企業に勤める女性76名を対象に行った調査をみると，キャリア展望の欠如が離職をまねく一因であったことがわかる。

なぜなら，同調査は回答者に，「会社を辞めたいと思ったときはどのようなときか」とたずねており，この質問に対して，「何年たっても昇進の兆しがないとき」，「その職場での将来性を感じられないとき」，「自分の能力を正当に評価されないとき」と「なかなか社員にしてもらえないのに業務や責任ばかり増えるとき」という回答が多かったからである。つまり，女性従業員は，将来の見通しが得られないと感じたとき，会社を辞めたいと考えるのである。

他方，『週刊ホテルレストラン』（2009d）は，ホテル従業員に対して（有効回答数216名），「現在の会社での成長機会に対する満足度」と「自分が属する職位に期待されている役割，職務内容，および職務遂行のために必要な知識・スキルに対する理解度」を聴取している。

そのうちの前者に対して，新入社員と一般社員の約7割は，現在の会社での成長機会を，「やや不満」または「とても不満」と評価しており，逆に，1割程

表6-1　現在の会社での成長機会に対する満足度　　　　　　　　（％）

職　　位	とても満足	おおよそ満足	ふつう	やや不満	とても不満
総支配人，副総支配人，役員	28	33	11	28	0
上 級 管 理 職	5	22	22	33	18
中 間 管 理 職	2	12	26	30	30
一 　般 　社 　員	3	10	19	33	35
新 　入 　社 　員	0	14	14	43	29

出所：『週刊ホテルレストラン』（2009d）43頁。

表6-2　自分が属する職位に期待されている役割，職務内容および職務遂行のために必要な知識・スキルに対する理解度　　　　　　　　（％）

職　　位	理解できている	おおよそ理解できている	あまり理解できていない	まったく理解できていない
総支配人，副総支配人，役員	59	29	12	0
上 級 管 理 職	53	39	5	3
中 間 管 理 職	36	51	10	3
一 　般 　社 　員	29	44	23	4
新 　入 　社 　員	14	57	29	0

出所：表6-1に同じ。

度だけが「とても満足」または「おおよそ満足」と考えていた。

　しかし，総支配人や役員などのトップ・マネジメントの半数は，この質問に対して，「とても満足」または「おおよそ満足」と答えており，「やや不満」または「とても不満」という答えは，3割にも満たなかった（表6-1参照）。

　このことから，①新入社員や一般社員は現在勤める企業から成長機会を得られると思っていない場合が多い，②成長機会に対する満足度は職位に比例して高まる傾向がある，ことが読み取れる。

　他方，「自分が属する職位に期待されている役割や職務内容および職務遂行のために必要な知識・スキルに対する理解度」については，新入社員と一般社員の約7割が「理解できている」または「おおよそ理解できている」と考えてい

た。だが，残りの3割は，「あまり理解できていない」または「まったく理解できていない」と答えている。そして，この割合は，中間管理職以上の回答者に比べると，2倍以上高い数値であった（表6-2参照）。

このことから，新入社員，一般社員の中には，自分の役割，職務内容や必要な知識・スキルを理解していない人が相当数存在することがわかる。そして，この理解不足も，勤続意欲と昇進意欲を削ぎ，離職を生み出す原因のひとつと考えられる。

(5) 女性の勤続・昇進意欲を向上させるための要件

上記の『週刊ホテルレストラン』（2009d）は，女性に限定せず，ホテル従業員一般を対象にした調査である。しかし，それは，女性従業員のキャリア開発意欲を削ぐ原因について，いくつかの示唆を与えている。

つまり，それは，わが国の多くのホテル企業が，新入社員を含めた一般社員に対して日常的な定型業務を委ねるだけで，新しい課題や未知の体験に挑戦させるような職場環境を創造してこなかったことをわれわれに伝えている。そのため，若手社員は，成長の機会を感じることができなかったのである。

また，若手社員に向けた従前の社内教育，特にキャリア教育にも問題があったように感じられる。つまり，「仕事のしかた」に関する教育は行っていたとしても，なぜその仕事をするのか，仕事の質を高めるにはどのようなスキルや知識を習得すべきなのかなどの仕事の意義や目的を明確にし，かつキャリアの方向性を確立するための教育が不徹底であった。

早期に離職する女性従業員や，勤続意欲と昇進意欲が希薄な女性従業員は，上述の新入社員または一般社員であることが多いであろう。そのため，『週刊ホテルレストラン』（2009d）が明らかにした新入社員・一般社員の意見は，女性従業員のキャリア開発を阻害する要因の解明にヒントを与えてくれる。そのヒントとは，以下である。

① 女性従業員に対する成長機会の供与不足。
② 女性のキャリア開発を支援する仕組みやキャリア・コンサルティングの不足。

このふたつは、前段の離職要因で述べた、女性を補助的な仕事でのみ使用している、高次の課題を与えていない、または将来の展望がないなどと意味内容がほぼ同じである。そのため、女性従業員の早期離職を防ぎ、勤続・昇進意欲を高めるためには、新しい仕事に挑戦させるなどにより十分な成長機会を提供するとともに、キャリア開発への支援を行うことが大切になる。そして、ホテル企業にとって、その仕組みをいかに構築するかが課題になる。

2　キャリア阻害要因の多様性

第1章で述べたように、米英などでは、女性ホテル従業員のキャリア開発を妨げる要因を考察する研究事例が多数存在する。しかし、職位の異なる女性を比較しつつ、その研究を行う事例はきわめて少ない。そのなかでも、Brownell (1994) は、この希少な事例である。

(1) Brownellによる米国女性のキャリア開発を阻害する要因

Brownell (1994) は、米国内の女性総支配人97人と女性マネジャー287人に対して、キャリア開発上の阻害要因を調べている。それによると、最大の阻害要因として女性総支配人が捉えていたものは、「社内外の人的ネットワークの欠如」であり、次いで、「仕事と家庭生活との両立の困難さ」、「男女間の給与・昇進の不平等さ」、「長時間・不規則勤務などのホテル労働の特性」、「上司・部下などからの信頼感の乏しさ」、「メンターの不在」の順になった。

これに対して、女性マネジャーは、第1位が「社内外の人的ネットワークの欠如」であり、第2位が「メンターの不在」となり、以下、「長時間・不規則勤務などのホテル労働の特性」、「仕事と家庭生活との両立の困難さ」、「男女間の

表6-3 女性総支配人と女性マネジャーのキャリア開発を阻害する要因の比較

キャリア開発を阻害する要因	女性総支配人 N=97			女性マネジャー N=287		
	平均	順位	標準偏差	平均	順位	標準偏差
社内外の人的ネットワークの欠如	4.42	1	1.26	4.89	1	.70
仕事と家庭生活との両立の困難さ	4.36	2	1.24	3.05	4	1.29
男女間の給与・昇進の不平等さ	4.03	3	1.29	2.89	5	1.69
長時間・不規則勤務などのホテル労働の特性	3.72	4	.98	3.51	3	1.56
上司・部下などからの信頼感の乏しさ	3.62	5	1.22	2.44	6	1.44
メンターの不在	3.37	6	1.43	4.62	2	1.19

出所：Brownell (1994) p.110.

給与・昇進の不平等さ」,「上司・部下などからの信頼感の乏しさ」の順であった（表6-3参照）。

そして，この女性総支配人と女性マネジャーのキャリア阻害要因を比較すると，以下がわかる。

① 総支配人とマネジャーはともに,「社内外の人的ネットワークの欠如」をもっとも大きな阻害要因と考えていた。ただし，この項目に対する評価，つまり阻害要因と考える度合いは，6ポイントLikert尺度（ポイントが高いほど阻害要因と考えている）で測定されているが，その評価平均値をみると，総支配人の4.42に対して，マネジャーが4.89になっている。そのため，総支配人よりも，マネジャーが阻害要因と考える度合いが高い。

② マネジャーは,「メンターの不在」を2番目の阻害要因と考えていたが，総支配人で「メンターの不在」を指摘する人はさほど多くなく，重要度としては6番目であった。

③ 総支配人は,「仕事と家庭生活との両立」を，2番目の阻害要因として位

置づけていた。しかし，この項目に対するマネジャーの評価平均値をみると（6ポイント中の3.05），総支配人ほどには阻害要因として認識していない。
④ マネジャーが認知する上位6つのキャリア阻害要因に対する評価平均値をみると，「社内外の人的ネットワークの欠如」と「メンターの不在」は，それぞれ4.89および4.62であった。しかし，残りの4項目は評価平均値がすべて4以下であり，そのうちの「上司・部下などからの信頼感の乏しさ」と「男女間の給与・昇進の不平等さ」は3以下にすぎなかった。そのため，この評価平均値をみるかぎり，人的ネットワークの欠如とメンターの不足は，マネジャーにとって特に重大な阻害要因になっている。

　米国のホテル業界では，転職時に外部のコネクションが重要になり，また社内で昇進するときにも上司の推薦が効果的であるといわれている。そのため，総支配人もマネジャーも，「社内外の人的ネットワークの欠如」を最大の阻害要因と考えていると思われる。
　しかし，メンターは，マネジャーのように上位職位への昇進を今後目指す人にとって重要なのであり，総支配人のようにキャリア的に成功した女性にとって重要度が下がるようである。
　逆に，総支配人は，マネジャーとは比較できないほどの広範な権限と責任を担い，ますます仕事が忙しくなり，「仕事と家庭生活との両立」がなお一層むずかしくなるのかもしれない。それゆえ，総支配人は，この項目を最大の阻害要因と考えているのではないか。どちらにしても，一見すると総支配人とマネジャーの阻害要因はかなり似ている。しかし，詳細に見比べると，職位によって重要視される阻害要因が異なることが理解できる。

(2) Ng & Pineによる香港の女性マネジャーのキャリア開発を阻害する要因

　一方，Ng & Pine（2003）は，上述したBrownellの研究手法に準拠して，香

港ホテル企業の女性マネジャー52人を対象にキャリア阻害要因を調べている。また、Ng & Pine は、Brownell と同様に、6ポイント Likert 尺度を使用し、回答者が考える阻害の程度を把握している。そのため、両者の研究成果は、比較検討することができる。

これによると、阻害要因の第1位は、「仕事上の支援システムの欠如」であった。次いで、評価平均値が「3」(つまり、阻害要因であるとも、ないともいえない) を超えた回答項目を抽出すると、「男女間の昇進の不平等さ」、「仕事関連知識の不十分さ」、「メンターの不在やキャリア・カウンセリングの不十分さ」、「長時間・不規則勤務などのホテル労働の特性」の順になった (表6-4参照)。

この香港の結果と、上述した Brownell の米国マネジャーの阻害要因とを比べると、「男女間の昇進の不平等さ」、「長時間・不規則勤務などのホテル労働の特性」、「メンターの不在」は共通しているものの、香港の女性マネジャーの場合は、Brownell の調査では回答の上位に現れなかった「仕事上の支援システムの欠如」や「仕事関連知識の不十分さ」が主要な阻害要因として指摘されている。

また、「仕事上の支援システムの欠如」、「メンターの不在やキャリア・カウンセリングの不十分さ」、および「仕事関連知識の不十分さ」が上位を占めていたことから判断すると、香港の女性マネジャーは、キャリアを確立するための支援、手助けを所属企業や上司などに求めているようである。

これに対して、米国の女性マネジャーが重大視していた「仕事と家庭生活と

表6-4 香港の女性マネジャーのキャリア開発を阻害する要因 (上位6項目)

キャリア阻害要因	平均	順位	標準偏差
仕事上の支援システムの欠如	3.58	1	1.63
男女間の昇進の不平等さ	3.42	2	1.60
仕事関連知識の不十分さ	3.20	3	1.48
メンターの不在やキャリア・カウンセリングの不十分さ	3.14	4	1.34
長時間・不規則勤務などのホテル労働の特性	3.00	5	1.41

出所:Ng & Pine (2003) p.94.

の両立の困難さ」は，Ng & Pine はこれを「育児責任」と「家庭生活との葛藤」に二分して阻害度を聴取しているが，前者の評価平均が2.75，後者が2.73となり，香港の女性マネジャーは，どちらかといえばそれらを重大な阻害要因と思っていないことがわかる。

　以上の結果から，職位的に同等のマネジャーであったとしても，米国と香港ではキャリア阻害要因に対する認識，特に，「仕事と家庭生活との両立の困難さ」に対する重要度がかなり異なることが察知できた。

(3) 女性ホテル従業員のキャリア開発を阻害する要因に関する異同

　上述した米国と香港の事例はともに，マネジャー以上の職位に就く女性を調査対象にしていた。これに対して，本研究は，職位の国際比較はむずかしいものの，仮に課長をマネジャーと考えれば，回答者の約４分の３はマネジャー未満の職位にあった（表4-6参照）。そして，そのような職位の女性がマネジャー以上の役職に昇進するときの阻害要因を考察するところに，本研究と Brownell の米国および Ng & Pine の香港事例との違いがある。

　以上のような回答者の職位と調査実施地（国）が異なる３つの調査結果を用

表6-5　本研究と Brownell および Ng & Pine によるキャリア開発を阻害する要因の比較

キャリア阻害要因	本研究 （一般社員が主）	米国女性 マネジャー	香港女性 マネジャー
長時間・不規則勤務などのホテル労働の特性	○	○	○
男女間の昇進の不平等さ	○	○	○
仕事上の支援システムの欠如	○	×	○
仕事と家庭生活との両立の困難さ	○	○	×
仕事関連知識の不十分さ	×	×	○
メンターの不在，キャリア・カウンセリングの不十分さ	－	○	○

筆者作成。

いて，女性ホテル従業員のキャリア阻害要因を比較した結果，以下がわかった（表6-5参照）。

① 回答者の職位，調査実施地を問わず，「長時間・不規則勤務などのホテル労働の特性」と「男女間の昇進の不平等さ」は，主たるキャリア阻害要因になっている。
② 米国の事例でみたように，同一国内であっても職位が異なると，重視するキャリア阻害要因が異なる。
③ わが国や米国では，「仕事と家庭生活との両立の困難さ」が重大な阻害要因になっていたが，香港ではこれがさほど重視されていないなど，調査実施地が異なると，認知されるキャリア阻害要因の内容とその要因に対する軽重が相違することがある。

以上から，本研究は，女性ホテル従業員のキャリア阻害要因は必ずしも一般化できず，むしろ女性を，職位や所属する国家などのクラスターを用いて分類したうえで考察すべきであると考える。それゆえ，ホテル企業は，同じ女性であってもクラスターが異なれば，キャリア開発上の阻害要因が相違することを考慮し，その相違に対処できるような人的資源管理を確立しなければならない。

3　女性キャリア問題に対する男性の不完全な理解

本書第5章で考察したように，女性のキャリア問題に対する女性自身の考え方と男性の考え方は，かならずしも同じではなかった。たしかに，女性が管理職になるために求められる資質や能力などに関する評価には，男女間に意見の相違はなかった（表5-20参照）。

しかし，管理職に昇進する際の障害については，「男女間の昇進・昇格の不平等さ」と「男女平等な賃金制度の欠如」に対する男女間の評価に差異がみられた（表5-21参照）。また，男性は，社内に存在する男女格差のうちの「昇進・昇

格」について，女性が考えるほどの格差が存在しているとは思っていなかった（表5-22参照）。

　つまり，男性は，女性に比べ，このふたつの障害を軽度に捉えていた。このことから，男性は，女性のキャリア開発上の阻害要因を正確に把握しているわけではないことがわかる。しかし，現在のわが国のホテル企業では，男性がトップ・マネジメントを独占しているといっても過言ではない。そのため，男性は，女性のキャリア問題の解消に責任を負っている。その男性が女性のキャリア阻害要因を完全に理解していないという事実は，看過できない。

　他方，前出のBrownell（1994）とNg & Pine（2003）は，本研究と同様に，キャリア開発上の障害を，女性だけでなく，男性からも聴取している。このうちのBrownellは，男女の総支配人を対象にして，これを把握しているが，両者の認識はかなり異なっている。

　つまり，阻害要因として重要な項目を上位６つずつ比較したところ，それら６つの内容は同じであったが，重要度に関する男女の順位がまったく異なっていた。さらに，この重要度を６ポイントLikert尺度で比較したところ，どの項目についても，女性の評価が高く，男女間の評価平均値の差は，統計的に有意な差異として認めることができた。

　例えば，女性が１番目に重大な阻害要因と考えている「社内外の人的ネットワーク」をみると，彼女らの評価平均値は4.42であったが，男性はこの項目を３番目に重大な要因とみなしており，その評価平均値は3.07にすぎなかった。

　また，女性総支配人は，「男女間の給与・昇進の不平等さ」を３番目の阻害要因と捉えており，この項目に対する彼女たちの評価平均値は4.03だった。しかし，男性総支配人は，この項目を６番目に位置づけ，その評価平均値は2.56であった。これは，女性に比べて明らかに低い（表6-6参照）。

　一方，Ng & Pineは，男女のマネジャーを対象にして，この阻害要因を比較している。そのなかから，女性が阻害要因と考えるトップ５項目（評価平均値が「３」以上の項目数に該当する）を抜き出し，それらに対する男性の評価を

表6-6 女性総支配人と男性総支配人のキャリア開発上の阻害要因の比較

キャリア開発を 阻害する要因	女性総支配人 N=97			男性総支配人 N=221			t値
	平均	順位	標準 偏差	平均	順位	標準 偏差	
社内外の人的ネットワークの欠如	4.42	1	1.26	3.07	3	1.43	−7.30**
仕事と家庭生活との両立の困難さ	4.36	2	1.24	4.01	1	1.27	−2.01*
男女間の給与・昇進の不平等さ	4.03	3	1.29	2.56	6	1.37	−7.61**
長時間・不規則勤務などのホテル労働の特性	3.72	4	.98	3.26	2	1.55	−2.20*
上司・部下などからの信頼感の乏しさ	3.62	5	1.22	2.63	5	1.22	−2.12*
メンターの不在	3.37	6	1.43	2.94	4	1.46	−5.75**

(注) 数字の右肩に付された記号は，次の有意水準を表す：「*」は$p<.05$，また「**」は$p<.01$。
出所：Brownell（1994）p.110.

調べてみると，上述したBrownellと同様，各項目に与えた重要度の順位が女性とまったく相違していた。

例えば，男性は，女性が3番目に重要視していた「仕事関連知識の不十分さ」を，もっとも重大な阻害要因と考えていた。そして，この項目に対する男女の評価平均値をみると，女性は3.20であったが，男性は3.82となり，両者の差は統計的に有意な差異として認めることができた（表6-7参照）。

以上，BrownellとNg & Pineの研究結果から，キャリア開発上の阻害要因として認識する項目が，男女間で異なることが理解できる。そのため，例えば，Ng & Pineの調査対象になったホテル企業の男性が，女性従業員のキャリア開発を支援する仕組みをつくるとしたら，男性がもっとも重要視している「仕事関連知識の不十分さ」を補うための研修・教育プログラムを最優先で導入するかもしれない。しかし，女性にとってそれは，阻害要因の順位がやや低いため，

表6-7　女性マネジャーと男性マネジャーのキャリア開発上の阻害要因の比較

キャリア開発を阻害する要因	女性マネジャー N=52			男性マネジャー N=56			t値
	平均	順位	標準偏差	平均	順位	標準偏差	
仕事上の支援システムの欠如	3.58	1	1.63	3.61	2	1.36	−.11
男女間の昇進の不平等さ	3.42	2	1.60	3.48	4	1.26	−.21
仕事関連知識の不十分さ	3.20	3	1.48	3.82	1	1.54	−2.14*
メンターの不在とキャリア・カウンセリングの不十分さ	3.14	4	1.34	3.50	3	1.29	1.19
長時間・不規則勤務などのホテル労働の特性	3.00	5	1.41	2.71	10	1.07	−.92

(注)　数字の右肩に付された記号は，次の有意水準を表す：「*」は $p<.05$。
出所：Ng & Pine (2003) p.94.

重要ではあるものの，緊急性に乏しいものになるのではなかろうか。

どちらにしても，ホテル企業のトップ・マネジメントを男性が独占している以上，キャリア阻害要因に対する男女間の捉え方の差異は，女性のキャリア開発を誤った視点からみる可能性を高めるであろう。

4　ワーク・ライフ・バランスの困難さ

(1)　仕事と家庭の両立を重視する理由

本書第4章および第5章の調査結果からわかるように，わが国の女性ホテル従業員は，管理職に昇進する際の最大の障害として，「仕事と家庭生活との両立」を考えていた。つまり，女性は，仕事で果たすさまざまな役割に加えて，夫や子どもの世話または家族の介護などの家庭で果たす役割を担うことで，役割が多重になることを危惧している。

この多重役割間の関係については，次の4つが考えられる[4]。

①　コンフリクト（conflict）：役割間に対立が生じた状態である。このコンフ

リクトのうち，仕事と家庭それぞれからの要求が両立できず，互いの達成が阻害される状況を「ワーク・ファミリー・コンフリクト（work-family conflict）」という。
② 流出（spillover）：一方の役割の状況・経験が他方の役割に影響を与える状態。
③ 補償（compensatory）：一方の役割の不利な状況・経験が，他方の役割の有利な状況・経験で償われる状態。
④ 分離（segmentation）：役割が互いに独立しており，無関係な状態。

そして，金井（2002）は，わが国では一般に，男性による家庭役割の分担が少ないため，共働きをする男女をみると，女性の方が男性よりも，家事過重感とワーク・ファミリー・コンフリクトを感じやすいという。また，鈴木・柏木（2006）は，わが国の女性は，仕事役割に意義を見出しても，家庭役割により強い責任を感じるため，多重役割に陥ることを回避したいと考え，就労を中断するか，短時間労働を選択するといっている。

他方，ホテル企業では，年中無休，24時間営業が一般的である。そのため，ホテル企業では，洋の東西を問わず，深夜勤務，シフト勤務，週末・休日出勤および長時間労働が常態化している[5]。また，ホテル企業では，マネジャーは可能な限り長い時間働くべきだとする規範がある[6]。

そこで，Mulvaneyら（2007）は，ホテル業は，歴史的にみても仕事と家庭生活との両立がむずかしい産業のひとつとして捉えられており，この問題を解決できたホテル企業は，ライバル企業に対して競争優位性を獲得できるという。それゆえ，このようなホテル労働の実態が，わが国の女性ホテル従業員に対して，昇進を躊躇させ，また結婚を契機にホテル企業から離れさせているのであろう。

これに対して，武石（2006）は，就業を中断した女性の中には，継続的な就業を希望していた人が少なくないと述べる。また，結婚や出産・育児と仕事を両立させたいと願う女性も多いという。だが，その両立を許す環境が職場にな

いため，しかたなく仕事を辞めた女性が相当数存在すると武石は主張する。

しかし，女性にとって出産や育児は，一生涯続くわけではない。むしろ，彼女たちの長い人生の一局面に起こる出来事にすぎない。そして，女性が，その一局面だけのために，不本意ながら仕事を辞めなければならないとしたら，その場合の離職理由を結婚や出産に求めるべきではない。むしろ，女性のライフ・ステージに無理解，無関心であった企業側に，その責めがあるのではないか。

(2) 仕事と家庭の両立からワーク・ライフ・バランスへ

今日では，多くの人びとが仕事と同時に，家庭生活を重視している。例えば，米国では，母親が子どものために使う時間が，1965年の週10.5時間から2000年の週12.9時間へと増えている[7]。

他方，米国で行われた調査をみると，20歳から39歳の男性は，仕事へのチャレンジや昇給よりも，家族とより多くの時間を過ごすことを望んでいた。そして，彼らのうちの7割は，家族との時間を確保するためには給与を諦めてもよいと考えていた[8]。

加えて，個人や家庭の事情で勤務形態に特別な配慮が必要なのは，女性だけではない。川本（2004）は，男性も子育てや高齢の親の介護で残業や出社ができないことが今後増えるだろうという。また，武石（2005）は，仕事と家庭生活の両立を望む意識は，男性においても多数派になってきたと述べている。

事実，総理府（2000）の調査によると，男性の20歳代から40歳代を捉えると，「仕事と家庭生活の両立」が望ましい生き方と考える人の割合がもっとも多かった。そして，特に20歳代では，回答者の55％がこれを支持していた。

このように，仕事と家庭生活の両立は，わが国の内外を問わず，男女共通のニーズになっている。また，上述した総理府の調査結果から推測すると，若年男性の支持率が相対的に高かったことから，武石がいうように今後は，男性においても両立を求める人が多数派になるだろう。

しかし，わが国では，晩婚化と同時に未婚化が進んでいる[9]。そして，この

未婚化は，家庭をもたない単身者を増やすかもしれない。また，今日の働く人びとにとって，仕事との調和を図るべき対象は家庭だけではない。地域活動，ボランティア活動や個人の自己啓発などのさまざまな活動を含めた広義の「生活」である。

これについて，Wong & Ko (2009) は，Nelson-Horchler が明らかにしたジェネレーションX世代以降の人びとは，生活の質を重要視しているという。換言すれば，もし仕事と仕事以外の生活のバランスがとれないと感じれば，仕事を辞め，生活の質を探しはじめるといっている。

一方，このワーク・ライフ・バランスがもたらす効果として，Dex & Scheibl (1999) は，以下の5つを指摘する。

① 新規採用，欠勤，または病欠の減少による勤続率の上昇，士気・生産性の向上。
② 従業員の定着がもたらす教育・研修費用に対する投資効率の向上。
③ 「社員を大切にする会社」という企業イメージの向上。
④ 入社志願者の質の向上。
⑤ 高度なスキルを有する人材の流出防止。

また，内閣府の少子化と男女共同参画に関する専門調査会の「男女の働き方と仕事と生活の調和（ワーク・ライフ・バランス）に関する調査（2006年度）」によると，性別，既婚，未婚にかかわらず，ワーク・ライフ・バランスが図られていると考える人ほど仕事への意欲が高くなる傾向がある。

そして，女性の能力発揮を推し進める企業，両立支援を実施する企業では，働く人びとのモチベーションが高まり，結果としてそのような施策が当該企業の業績を向上させるといわれている[10]。さらに，両立支援策は，近年注目されている「ダイバーシティ・マネジメント」において重要度を増している[11]。それゆえ，ホテル企業は，従業員の家庭生活に主眼を置きながらも，それに限定せ

ず，ひろくワーク・ライフ・バランスに配慮することが重要になり，それをいかに確立するかが課題になる。

5　非正規化する女性労働

近年，わが国では，雇用者の就業形態が著しく多様化している。たしかに，現在においても正規雇用は，就業形態の主流である。しかし，一方で非正規雇用が急速に増加している。この非正規雇用の増加は，経済のグローバル化により，市場競争が激化したことが発端になっている[12]。

つまり，わが国の企業は，年功的な賃金制度をもつことが多いため，社員の高齢化にともない人件費が増大しがちであった。そこで，市場競争力を確保するために，人件費の抑制が必要になる。その際，多くの企業が正規従業員の賃金制度を成果主義賃金へ移行させると同時に，非正規従業員の活用を本格化させた[13]。

ホテル企業でも，第2章で述べたように，大規模ホテルでは非正規雇用が著しく進展しているとはいえないが，それでも経年にしたがい非正規従業員が正規従業員を代替しはじめている（表2-20参照）。また，小規模ホテルでは，量的および質的な基幹化が進んでいる（表2-19参照）。そのため，非正規従業員は，今日のホテル企業にとって不可欠な労働力となり，その重要性はますます高まるだろう。

他方，わが国では，20歳代後半から40歳代初めまでの期間に，結婚，妊娠，出産，育児などを経験することにより，職業生活からリタイヤする女性が少なくない。例えば，首都圏在住で子どもと配偶者がいる30歳代の女性1,726人を対象に徳永（2006）が行った調査によると，出産前に正規または非正規で就労していた女性で出産後離職した人が48％いた。

また，厚生労働省の「21世紀出生児縦断調査（2008年度）」は，2001年1月10日から17日まで，および同年7月10日から17日までに出産した子どもをもつ35,361人の女性を対象にして，就業状況の経年変化を調べている。これによる

表6-8　母親の就業状況の変化に関する経年比較

調査年度	総数	無職	有職				不詳
				常勤	パート・アルバイト	自営業・家事・内職・その他	
出産1年前	35,361	15,821	19,272	11,444	5,795	2,033	268
出産半年後	35,361	26,142	8,879	5,601	1,319	1,959	340
第6回調査(2007年)	35,361	16,787	18,172	5,846	9,119	3,207	402

出所：厚生労働省「21世紀出生児縦断調査（2008年度）」を利用して筆者作成。

と，出産時の1年前の段階では，全体の約55％に相当する19,272人が有職で，そのうちの11,444人がフルタイムの雇用者であった。しかし，出産後半年経つと，このフルタイムの人数が5,601人に減り，2007年になってもそれは5,846人にすぎなかった。

これに対して，パート・アルバイトだった人も出産前後で5,795人から1,319人に減っていたが，2007年になると逆に9,119人に増えている。出産後，6年経過した2007年においても多くの女性がフルタイムに戻らず，仕事に復帰するときには，パート・アルバイトを選んでいることがうかがえる（表6-8参照）。

女性は，子育てが一段落したと本人が思っていても，妻であり，母であることから，家事や家族生活全般の管理という責任を依然として担っていることが多い[14]。そのため，女性は，出産後の再就職で仕事と家庭生活の両立を主体的に実現できる働き方を求職条件として強く意識するようになる[15]。そしてそれが，上述したフルタイマーの頭打ちと，アルバイト，パートタイマーの増加をもたらしていると推察する。

また，奥津（2009）は，女性が出産後初めて再就職するとき，それは本格的な社会復帰までのつなぎとしての役割や，トライアルとしての意味合いが強いという。そのため，女性は，自己の能力の確認，働くという感覚の呼び戻しのための助走，またはウォーミングアップに適した働き方を選びたいと考える。そ

して，この段階をスムーズに過ぎれば，また正規従業員に戻る可能性が高いと奥津はいう。

それゆえ，ホテル企業が女性従業員を長期的に雇用するためには，この「正規→非正規→正規」と移り変わる女性の働き方に即応できる人的資源管理を行う必要があり，その管理手法の構築が課題になる。

6 非正規従業員の職域拡大と均衡処遇

現在のわが国のホテル企業では，正規従業員と非正規従業員の職域を明確に区分する人的資源管理が行われることが多い。例えば，旭（2004）によると，「新阪急ホテル」では業務を，①コア業務，②専門業務，③定型業務に3分類し，コア業務を正規従業員に，専門業務と定型業務を非正規従業員に分担させ，両者の職域を二分している（図6-1参照）。

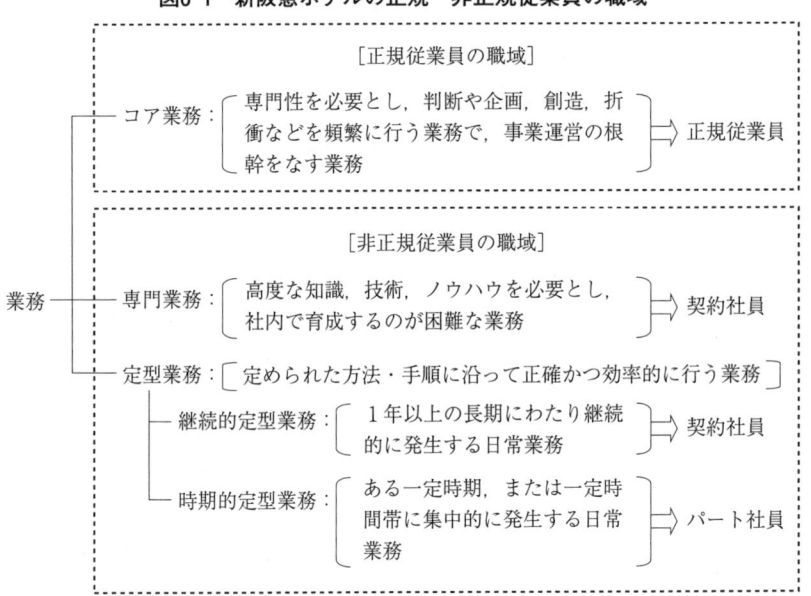

図6-1 新阪急ホテルの正規・非正規従業員の職域

[正規従業員の職域]
- コア業務：専門性を必要とし，判断や企画，創造，折衝などを頻繁に行う業務で，事業運営の根幹をなす業務 ⇒ 正規従業員

[非正規従業員の職域]
- 専門業務：高度な知識，技術，ノウハウを必要とし，社内で育成するのが困難な業務 ⇒ 契約社員
- 定型業務：定められた方法・手順に沿って正確かつ効率的に行う業務
  - 継続的定型業務：1年以上の長期にわたり継続的に発生する日常業務 ⇒ 契約社員
  - 時期的定型業務：ある一定時期，または一定時間帯に集中的に発生する日常業務 ⇒ パート社員

出所：旭（2004）を利用して，筆者一部修正。

このような正規・非正規の職域分割は、非正規従業員の人数が相対的に少ないときには有効に成立するかもしれない。事実、新阪急ホテルの非正規従業員の割合（2004年10月1日現在）は約50％であった。

しかし、小川（2007）は、「パンパシフィックホテル横浜」では、非正規従業員（おもに学生と主婦）を新阪急ホテルと同様に「時期的定型業務」で使用していたが、次第に彼・彼女らが専門性をもつようになり、ひとつのセクションすべてが非正規で占められることも生じてきたという。加えて、非正規従業員が担当する業務が複雑化し、マネジメント的要素もその職掌に含まれるようになったといっている。

このパンパシフィックホテル横浜のように、いったん非正規従業員を活用すると、人件費負担の軽さが非正規の基幹労働力化をもたらし、時間の経過にともない、その職域拡大と質的基幹化につながりやすい[16]。そのため、正規従業員と非正規従業員の職域が分離されているからといって、それが永続すると考えるべきではない。むしろ、将来的には非正規の質的基幹化が進み、両者の職域が重なり合うと考えるべきであろう。

また、財団法人21世紀職業財団（2006）の調査によると、「職務が正規従業員とほぼ同じパートがいる」と回答した事業所が42.5％存在しており、正規従業員とほぼ同じ仕事をするパートの人数はパート全体の48.5％いた。さらに、労働政策研究・研修機構（2006）の調査によれば、「正規従業員と同じ仕事をするパートがいる」、または「正規従業員と同じ仕事をするパートが一部いる」と答えた企業が60.3％あった。つまり、今日では、一握りの非正規従業員が正規従業員と同じ仕事をしているわけではないのである。

さらに、非正規従業員の職域が拡大し、正規従業員のそれと重なり合う事態が起これば、正規従業員は非正規従業員に代替されるかもしれない。また、武石（2003）がいうように、組織階層の垂直方向に非正規従業員の職域が拡大し、主任や係長などの仕事を担うこともあるだろう。事実、このような非正規による正規の代替化と垂直方向への職域拡大現象が、佐野（2000）の百貨店、また、

小野（2001）によるスーパー・マーケットの研究事例で起こっている。

　他方，非正規従業員の質的基幹化が進展し，正規従業員の仕事と重なり合うとき，正規・非正規従業員間の均衡処遇が問題になる。この点について，佐藤ら（2003）は，非正規従業員の質的基幹化を推し進めている企業ほど，均衡処遇への取り組みが積極的になることを明らかにしている。

　また，前出のパンパシフィックホテル横浜では，非正規の基幹化にともない，均衡処遇を図るために非正規従業員を積極的に正規従業員として登用している。この結果，同ホテルでは，2003年に120名いた非正規従業員が2005年時点になると40名まで減少した[17]。つまり，正規・非正規間の明確な分離を前提にした人事制度の有効性には，時間的な限界があったのである。

　それゆえ，ホテル企業は，正規・非正規間の職域が融合しやすいことを前提とし，かつ両者の均衡処遇に配慮した人的資源管理制度をつくりあげることが課題になる。

第3節　小　　括

　本章では，女性のキャリア開発に関連し，かつホテル企業が解決すべき課題を論述した。そして，本章では，その解決すべき課題として，①女性従業員の早期離職と勤続・昇進意欲の希薄さ，②女性のキャリア開発を阻害する要因の多様さ，③女性のキャリア問題に対する男性の不完全な理解，④ワーク・ライフ・バランスの困難さ，⑤結婚や出産・育児を契機に非正規化する女性労働，⑥女性が過半を占める非正規雇用で進展する職域の拡大と均衡処遇，を取り上げた。

　このうち，早期離職については，入社後1年未満と，5年程度のところに女性のキャリア開発を妨げる関門があり，多くの女性がこの関門を通過できずに離職すると述べた。また，勤続意欲と昇進意欲の希薄さについては，①ホテル企業は女性従業員に対して十分な成長機会を与えてこなかったこと，②女性のキャリア開発を支援する仕組みやキャリア・コンサルティングが不足していた

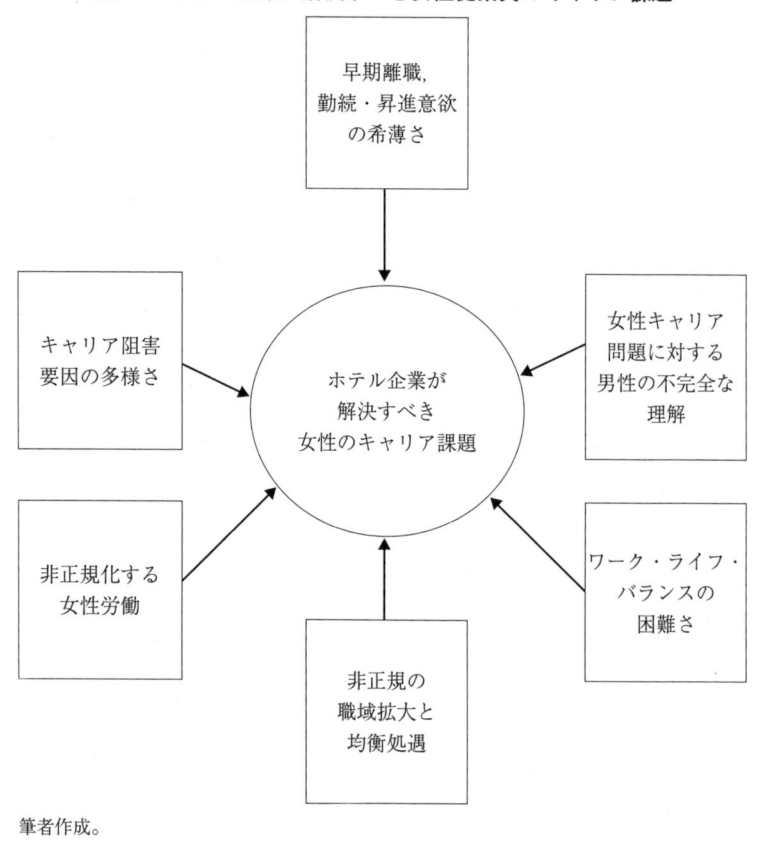

図6-2　ホテル企業が解決すべき女性従業員のキャリア課題

- 早期離職，勤続・昇進意欲の希薄さ
- キャリア阻害要因の多様さ
- 非正規化する女性労働
- 非正規の職域拡大と均衡処遇
- ワーク・ライフ・バランスの困難さ
- 女性キャリア問題に対する男性の不完全な理解

→ ホテル企業が解決すべき女性のキャリア課題

筆者作成。

ことが原因ではないかと論じた。また，早期離職と彼女らの勤続意欲の希薄さは，相互に関連していると付言した。

　一方，女性のキャリア開発を阻害する要因について，本研究と米国および香港での研究事例を比較した結果，この阻害要因がかならずしも同一ではないことを明らかにした。むしろ，阻害要因は，ライフステージや職位により異なると推測できるため，女性をひとまとめにせず，適切なクラスターで分類したうえで考察すべきであると述べた。

さらに，本章は，男性が女性のキャリア課題をかならずしも正確に理解しているわけではないと述べた。そして，男性は思い込みやステレオタイプ的発想を放棄するとともに，ホテル企業は女性の視点を通じて彼女たちのキャリア問題を考察しなければならないと主張した。

　これに対して，ワーク・ライフ・バランスの困難さがホテル企業で働く女性にとってもっとも重大なキャリア開発上の阻害要因であると論じた。そのため，このワーク・ライフ・バランスをいかに確保するかが，ホテル企業に与えられた課題になる。

　加えて，本章では，女性が結婚，出産・育児を経験すると非正規労働を選ぶ傾向があることを指摘し，この非正規化する女性への対応もホテル企業にとって重要な課題になると論じた。

　最後に，本章は，女性が過半数以上を占める非正規雇用を取り上げ，その職域が将来拡大すると予測した。そして，その場合は正規従業員とのあいだの均衡処遇が問題になるため，この均衡処遇への対策もホテル企業の課題になると論述した。

　本章の内容をまとめると，図6-2（226ページ）のようになる。

注
（1）　竹澤（2007）を参照。
（2）　『日経MJ』（2009）を参照。
（3）　例えば，Rosin & Korabik（1990），Trost（1990）など。
（4）　Watanabe et al.（1997）を参照。
（5）　例えば，Deery & Shaw（1999），Pizam & Thornburg（2000），Rowley & Purcell（2001）など。
（6）　Stalcup & Pearson（2001）を参照。
（7）　Eagly & Carli（2007），p.53およびp.68を参照。
（8）　AWLP（2004）を参照。
（9）　鈴木・柏木（2006）を参照。
（10）　武石（2005）4頁を参照。
（11）　武石（2000）4頁を参照。

(12)　原田（2005）を参照。
(13)　同上。
(14)　御船（2008）を参照。
(15)　奥津（2009）を参照。
(16)　禿（2003）を参照。
(17)　小川（2007）15頁を参照。

第7章

ダイバーシティ・マネジメントと複線型人事制度

第1節　はじめに

　ホテル企業には，多種多様な職種があり，多様な属性をもつ人びとが働いている。そのなかには若年者もいれば，壮年者もいる。また，新卒者もいれば，中途採用者もいる。そして，フルタイマーもいれば，パートタイマーも働いている。

　これに対して，ホテル企業の顧客も，性別，年齢，国籍，利用目的などが異なり，多様である。そのため，ホテル企業が有する人材の多様性は，顧客の多様性に対処するための有力な経営資源になる。また，このような多様性により，ダイバーシティ・マネジメントを実践するためのフィールドとして，ホテル企業は理想的な存在のひとつになる。

　ところが，従前のホテル企業は，貴重な財産である人材の多様性を余すところなく活用してきたわけではない。特に，労働力の半数以上を占める女性従業員は，補助的な労働力として取り扱われ，彼女たちの潜在能力は未活用のまま放置されてきた。

　一方，本研究は，前章までの考察により，わが国のホテル企業の女性従業員は，5年程度の短期間で仕事を辞めることが多く，それゆえ女性管理職が少ないことを明らかにした。また，女性従業員は，若年者を中心にして，働きがいを感じておらず，これが彼女たちの勤続意欲と昇進意欲を希薄にさせていると述べた。そして，多くの女性従業員は，家庭生活とホテル企業で働くことが両

立しにくいと考えており，この両立の困難さが彼女たちの勤続・昇進意欲を削いでいると主張した。

一方，仕事に対する人びとの意識が変化しはじめている。人びとは，自分の価値観やライフスタイルに合った働き方を選ぶようになってきた。そのため，荒金（2008）は，地位や報酬，仕事のやりがいだけでは従業員を繋ぎとめておくことがむずかしい時代を迎えているという。

しかし，そうだとしても，地位や報酬，働きがいが不要になったわけではない。問題なのは，それらを単独で提供することである。逆に，地位や報酬，働きがいをトータル・パッケージにして従業員に提供し，彼・彼女らの自己実現を支援することが現代の企業経営に求められている。

そして，この考え方と女性従業員の活用という経営課題を重ね合わせたとき，ホテル企業がダイバーシティ・マネジメントを実践するためには，次の3つの制度を同時に整備し，活用しなければならない。

① ワーク・ライフ・バランス制度：仕事とそれ以外の生活のあいだのバランスを図り，従業員が人間らしく働くための環境づくりを目的にした制度。
② ポジティブ・アクション制度：女性を積極的に活用する仕組みをつくり，女性管理職を増やすための制度。これにより，女性の働きがいを創造することを目的にしている。
③ 複線型人事制度：女性のライフ・ステージに合わせたさまざまな働き方を許容する人事制度で，雇用，報酬，職位などを規定する。

そこで，以下は，ホテル企業におけるダイバーシティ・マネジメントの意義，目的などを整理したのち，これら3制度の必要性について考察する。そして，これら3制度間の関係について検討する。また，トップ経営者の関与度合いが，ダイバーシティ・マネジメントの成否を決すると考えられるため，その成功に向

けてトップ経営者が果たすべき役割について論じたい。

第2節　女性に焦点をあてたダイバーシティ・マネジメント

1　ジェンダー・ダイバーシティの必要性

　ダイバーシティ・マネジメントは，1990年代の米国で誕生した概念である。木谷（2008：46）は，このダイバーシティ・マネジメントを，「外見上の違いや内面的な違いにかかわりなく，すべての人が各自の持てる力をフルに発揮して，組織に貢献できるような環境をつくること」と定義する。

　また，日経連研究会（2001：11）は，ダイバーシティ・マネジメントを，「異なる属性や従来からの企業内や日本社会において主流をなしてきたものと異なる発想や価値を認め，それらをいかすことで，ビジネス環境の変化に迅速かつ柔軟に対応し，利益の拡大につなげようとする経営戦略」と規定する。

　この場合の人材の属性には，観察により容易に気づく年齢や性別といった個人的な属性だけでなく，本人を知ることによりはじめてわかるような個性，知識，価値観，教育レベルや，勤務年数または職歴といった仕事に直接関連した属性も含まれる[1]。

　そして，このダイバーシティ・マネジメント誕生の背後には，市場ニーズの多様化がある。つまり，企業の人的資源を多様化させることで，多種多様なニーズに対応し，これにより企業の競争力向上を図るという考え方に則っている。

　他方，世界のホテル業は，人びとの「旅」と歩調を合わせて発展してきた。しかし，「旅」を意味する「travel」は，苦痛，苦労，辛苦などを意味する「travail」と同じ語源から派生した言葉である。このことからわかるように，古代から近現代に至るまでの旅には，今日のようなレジャー，または遊興という要素がなく，むしろ苦しみや危険がつねにつきまとっていた。

　また，19世紀までの宿泊施設は，ひとつ，または2，3台の大型ベッドを有するのみであり，宿泊者は着衣のまま就寝し，見知らぬ旅人とそのベッドを共

用していた。当然，女性専用の客室はなかった。そのため，女性は一般に，旅の困難さと宿泊施設の不備により，19世紀後半になるまで旅を避けた。その結果，西洋の宿泊施設の顧客は，長いあいだ男性であった(2)。

これに対して，わが国のホテル業は，国民の旅行ニーズに対応するために自然発生したわけではない。むしろそれは，江戸末期の開国にともない来訪しはじめた外国人ビジネスマンや旅行者などをもてなす施設として人為的に創造された(3)。

ところが，来訪外国人そのものが少なかったため，従前のホテル企業の経営は苦しく，ホテル周辺に所在する法人の宴会や料飲需要を取り込むことで，なんとか収支のバランスを保っていた。一方，明治初頭から今日に至るわが国のビジネス社会では，男性がその中核を担ってきた。それゆえ，法人宴会や料飲の主たる顧客は，男性にならざるをえなかったのである。

しかし，女性の社会進出が進むにつれて，今日の世界のホテル業では女性客が，特に出張などのビジネスでホテルに宿泊する女性客が，急増している。米国のホテル業を事例にすれば，このビジネス客に占める女性の割合は，1960年代末の約1％，1991年の約25％から急伸し，2003年になると過半数を超えるようになった(4)。

また，わが国でも，米国ほどの女性ビジネス客の急増はみられないものの，旅行や飲食などでホテルを利用する女性が増えている。そして，このトレンドに歩調を合わせて，女性専用客室や専用フロアを設けたり，女性に好まれるインテリアや調度品を備えたり，または高級なエステサロンを付帯するなどにより女性向けのサービスを充実させたホテルが増えてきた(5)。さらに，この女性客重視の潮流は，都市ホテルだけでなく，男性客が大半を占めてきたビジネスホテルにまで広がっている(6)。そして，土井（2002）は，このような傾向を捉えて，女性客を魅了できるホテルのみが今後発展するといっている。

だが，女性客を受け入れるにしたがい，彼女たちの消費行動やホテルに対するニーズがしばしば男性客と異なることがわかってきた。例えば，女性は，宿

泊日のかなり前から予約を入れるし，予約センターを経由せず宿泊予定のホテルに直接かつ頻繁にコンタクトすることが多いといわれている[7]。

また，女性客はセキュリティーをもっとも重視するため[8]，ルームサービスを注文し客室内で食事したり，客室内で用事を済ますことができる機器・備品（例えば，ファックスやコピー機，またアイロンなど）をしばしば求めたりする[9]。さらに，女性客は，男性客以上に安眠を重視している。そのため，客室の防音設備や寝具の優劣は，女性にとって重大な関心事になっている[10]。

荒金（2006）は，「職場は市場の鏡でなければならない」という。つまり，企業の従業員構成と中核になる従業員が，当該企業の市場ターゲットに合致していなければならないというのである。そのため，以前のように男性客がホテル市場を独占していた時代であれば，従業員の主役が男性であることは理に適っていた。しかし，上述したとおり，現代のホテル市場は女性化しはじめており，また女性客は男性客と異なるニーズを抱いていることがある。そのような状況下で，男性従業員が依然として主役であり続けることは，市場への不適合をまねきやすい。

事実，女性客は，ホテル企業が自分たちのニーズを理解していないという不満を感じている[11]。この不満は，市場不適合の表れであり，男性従業員だけが女性のニーズに対処してきた結果である。「新しいワインは新しい皮袋に」という格言があるように，女性従業員が女性客のニーズに対応する方が効率的，効果的ではなかろうか。この意味から，ホテル企業の女性には，従前の男性と同様の役割と活躍の機会を与えるべきである。

他方，わが国を含めて過去の世界のホテル企業では，長期就労（長期間ホテル業に携わること），フルタイム勤務，長時間労働や，転宅を伴う転勤・転職をいとわない人びとが支配的地位に就いていた。そして，そのような人びとは，もっぱら男性であった。

これに対して，わが国のホテル企業の女性は，結婚などにより短期間で退職することが多く，長期にわたってキャリアを築くことがまれであった。そして，

家庭をもつ女性は，転宅が付随する転勤・転職が困難であり，また家事・育児などの家庭責任を果たすためにフルタイムで働くことがむずかしい場合が多かった。その結果，彼女たちは，補助的な労働力としての位置づけしか与えられていなかった。

しかし，結婚によりキャリアを中断した女性や，短時間労働を求めている女性のなかには，就業継続とフルタイム労働を望みながらも，彼女たちの長いライフ・ステージのある特定の一局面において家庭生活との両立を図るために，本心に反した行動をとった女性が含まれていたはずである。それゆえ，その局面が過ぎれば，以前と同じ勤労意欲をもち，フルタイムで仕事に打ち込めたかもしれない。

ところが，わが国のホテル企業はこれまで，女性のキャリアを短期的なスパンでしか捉えようとしなかった。しかし，企業が短期的な視点で女性のキャリアをみているのであれば，その企業には短期的なキャリア観をもつ女性しか集まらない。それゆえ，ホテル企業の女性は，多くの場合，短期間で離職すると考える。

この意味から，わが国のホテル企業は，市場の変化に直面しており，かつ女性の活用が遅れていたことから，ダイバーシティ・マネジメントのなかでも，女性の活用と登用促進を中心にした「ジェンダー・ダイバーシティ (gender diversity)」を推進しなければならない。

2　ダイバーシティ・マネジメントの前提としての主体的なキャリア開発

わが国では，1990年代になり，情報ネットワーク型組織や分社型組織が普及し，またバブル経済崩壊後の広範な雇用リストラを契機に，労働力市場が流動化しはじめている。そして，このプロセスのなかで，他社や他分野でも通用する職業能力を意味するエンプロイヤビリティが重視されるようになってきた[12]。そして，労働者には，スキルの多様性，柔軟性が求められ，「職務確保 (job security)」ではなく「雇用確保（employment security）」に，人的資源管理の主眼が置かれるようになった(13)。

これにともない，人びとのキャリア観も変わってきた。Hall（1976, 2002）は，キャリア開発の主体が組織から個人へと移り，個人が組織に依存することなく自己志向的なキャリアを追求する「プロティアン（protean）」なものに変わっているという。そして，キャリアの成功を，組織内での昇進や地位の向上でなく，個人が仕事に対して抱く肯定的な評価，例えば仕事への満足感の有無に基づき判断すべきであるという。

さらに，Hallは，キャリアは，それを築く個人の欲求の変化に合わせて，そのつど方向転換されるものであると考える。それゆえ，キャリアは，かならずしも一組織内で形成されるとはかぎらず，むしろ組織間移動を通じて，この欲求の変化に対処することが増える。換言すれば，キャリアは，移り変わる環境に対して，変幻自在（プロティアン）に対応すべきものとHallは主張している。

そして，このプロティアン的キャリア観と伝統的なそれとを対比すると，下表7-1のようになる。

他方，Waterman ら（1994：88）は，「社員がひとつの会社でキャリアを積む時代は終わった。社員は会社の成功にコミットしながら競争力あるスキルを身

表7-1　プロティアン的キャリア観と伝統的キャリア観の比較

比較項目	プロティアン的キャリア観	伝統的キャリア観
主体者	個人	組織
核となる価値観	自由，成長	昇進，権力
組織間移動の程度	高い	低い
重要なパフォーマンス側面	心理的成功	地位，給与
重要な態度側面	仕事満足 専門性へのコミットメント 自分を尊敬できるか	組織へのコミットメント 他人からの尊敬
重要なアイデンティティ側面	自分はなにがしたいのか	自分はなにをすべきか

出所：Hall（1976）p.202.

につけ，キャリアを自らマネジメントしなければならない。そして，企業には，社員にキャリア開発の機会を提供する義務がある」と指摘している。

企業をとりまく経営環境の変化がスピードを増すなかで，以前のような安定的な雇用関係を維持することは事実上むずかしくなっている。そのため，従業員は自己の責任に基づきキャリア開発に取り組む必要があり，企業は従業員のキャリア開発を積極的にサポートする義務がある。この双方向的な必要・義務関係が持続するかどうかによって，雇用関係が継続できるかどうかが決まる。それゆえ，今日の雇用関係は，片務的では成り立たない[14]。

3　ダイバーシティ・マネジメントの効果

ダイバーシティ・マネジメントにも欠点はある。多様性を受容することは，あいまいさが増大したり，合意形成に時間がかかったりなどのデメリットをもたらす。その結果，ダイバーシティ・マネジメントを促進するとコストがかかることもある。しかし，ダイバーシティ・マネジメントには，そのようなデメリットを差し引いても，次のようなプラスの効果があるため，実践する意義があるといわれている[15]。

① 人材の獲得や活用に制限を設けず均等な機会を提供することで，社員の満足度が高まり，従業員の維持や優秀な従業員の確保が可能になる。
② 異質な人びとや，多様な価値観が融合することで組織に活力が生まれ，革新的なアイデアや行動につながる。
③ 雇用差別やセクシャル・ハラスメントなどの不公正な取り扱いによる訴訟リスクを回避することができる。また，ダイバーシティは，企業の社会的責任の評価項目であるため，その促進は企業イメージを向上させることができる。

一方，ダイバーシティ・マネジメントは，「今後どのようにすれば社員が集め

られるのか」,「どのような価値観や考え方をもつ人材を必要としているのか」という経営者のビジョンを内外に伝える機能を有している[16]。そのため,ダイバーシティ・マネジメントは,経営者のビジョンを共有するための手段としての効果も期待できる。

第3節　ポジティブ・アクション制度

1　ホテル企業にみる女性の積極的活用例と女性活用上の要諦

　わが国においても近年,女性顧客のニーズを理解し,自社の製品やサービスの魅力を高めるためのビジネス戦略として女性従業員の活用を位置づけ,事業の成功につなげる企業が現れはじめた[17]。女性は,新興勢力であるため,伝統的なビジネス上の常識や仕事の進め方などから比較的自由であり,その発想や方法論が新たなビジネスモデルや組織文化を創出する可能性をもっているからである[18]。

　また,石倉（2008）は,同質化はイノベーションの敵であり,同質をいくら組み合わせても新しいものは生まれないという。逆に,「女性ならではの感性」を売り物にしたヒット商品が誕生しているように,「女性の異質性」は男性中心のビジネス社会に揺さぶりをかけ,製品やサービスの差別化を生み出す原動力になると石倉は考える。

　わが国のホテル企業でも,その数は少ないものの,「女性ならではの感性」を売り物にしてヒット商品を創出し,その後の業界に多大な影響を与えたいくつかの事例を指摘できる。そして,その最初の事例は,帝国ホテルが1993年に開発した女性限定の宿泊プラン[19]「レディース・フライデー」である。

(1)　帝国ホテル「レディース・フライデー」での**女性活用例**

　帝国ホテルは1993年当時,1週間のうちの金曜日と日曜日に客室稼働率が落ち込むという問題を抱えていた。同ホテルは,明治政府の元老のひとりである

井上馨と第一国立銀行頭取を務めた渋沢栄一の発案により創設され[20]，開業当時からわが国の政・財界人や海外からのビジネスマンなどを主たる顧客にしていた。そのため，企業や政府が休業になる日曜日と週末の金曜日の宿泊客が少なかったのではないかと推測する。

このような状況下で，帝国ホテルは，宿泊部の従業員のなかから女性だけのプロジェクト・チームを立ち上げ，このチームに金曜日と日曜日の稼働率向上策を立案させた。ただし，チームが立ち上がった当初の社内には，女性のプロジェクト・チームに企画立案を委ねることを不安視する意見がなかったわけではない。また，社内には女性客のデータが乏しかった。さらに，1993年以前には，女性を対象にした宿泊プランを企画するという発想は，どのホテルにも存在しなかった[21]。

それにもかかわらず帝国ホテルの女性プロジェクト・チームは，金曜日の仕事帰りに気楽に立ち寄ってもらえるOLをイメージして，室料に朝食または昼食を含み，かつ料金を抑えた宿泊プランである「レディース・フライデー」を企画する。この宿泊プランは，1日30組の利用客を予想していたが，実際にはそれをはるかに超えた1日当り平均150組，多いときには180組の利用者を集めるというヒット商品になった[22]。そして，この帝国ホテルの成功を受け現在では，女性限定の宿泊プランは，多くのホテルで定番商品になっている。

帝国ホテルの「レディース・フライデー」は，それまでの社内の「常識」，つまり，「顧客＝男性」に基づいて発想していては，けっして思いつかなかった商品である。だが，常識にとらわれなかったのはプロジェクトを担当した女性が商品企画の「素人」であったからであり，その素人さが逆に自由な発想を引き出したといえる。また，担当者が女性であったため，女性顧客のニーズを適切に察知できたのではないか。

(2) ホテルオークラ東京ベイ「ボンジュール！べべ」での**女性活用例**

女性がヒット商品を案出したもうひとつの事例として，ホテルオークラ東京

ベイ（千葉県浦安市）をあげることができる。同ホテルは，2004年に30歳前後の女性従業員10名による組織横断的なプロジェクト・チームを組成し，妊婦向けの宿泊プランを開発している。

この妊婦向けの宿泊プランは，「ボンジュール！ベベ」という名称で現在も販売されており，「子どもが生まれるとなかなか宿泊旅行ができないため，その前に思い出づくりを兼ねてホテルに宿泊する」という商品コンセプトに従い開発された。また，このプランでは，妊婦用の特別メニューを用意し，食事を提供している[23]。

同ホテルの顧客は元来，70％が女性であるといわれており[24]，それがこの商品を生み出した背景になっていると思われる。しかし，妊婦を顧客対象に選ぶという発想は，それまでのわが国のホテル業では前例がなく，男性従業員であれば夢想することもなかったものである。

さらに，同ホテルの女性プロジェクト・チームは現在でも，「バスルームの中にだけあった鏡が，ベッドルームにもあると便利だ」という提案を行い，その提案が採択されたり，レストランのメニュー候補を試食して新メニュー作りの一翼を担ったりするなどの活動実績を誇っている[25]。

そして，2004年のプロジェクトに参加した10名の女性は，社業への貢献を評価され，そのうちの6名はのちに管理職へ昇進している。また，同ホテルによると，このような女性活用は，若手女性従業員の刺激になり，女性の離職率が下がったという[26]。

(3) 女性活用上の要諦

上述した帝国ホテルとホテルオークラ東京ベイは，女性を活用して成功した事例である。両ホテルとも，商品企画や業務改善などを行った経験がない女性をあえて登用し，日常業務とまったく異なる課題を与えている。そして，両ホテルはこの課題を通じて，前例にとらわれない自由な発想を導き出し，新たなビジネスを創出した。一方，女性たちは，この課題の遂行を通じて新たな能力

と成長機会を獲得している。これにより，企業と女性たちのあいだには，「win-win」の関係が確立した。

だが，女性を活用すればかならず成功するわけではない。帝国ホテルにおいても，ホテルオークラ東京ベイにおいても，トップ経営者の強いサポートがあったことは事実であるが，女性を活用して成功しなかった場合，彼女たちがもともと素人だったため，社内から「やはりだめだった」とか，「それみたことか」という否定的な反応が出るであろう。

しかし，荻野（2003）は，そのような批判がかりに出たとしても，女性にチャンスを与え続けることがダイバーシティ・マネジメント実現のために不可欠であるという。なぜなら，演劇にたとえれば，脇役にすぎなかった女性が舞台の中央でスポットライトを浴びることそれ自体に，ダイバーシティ・マネジメントの意義があるからである。

つまり，女性がスポットライトを浴びることで，それまで主役であった男性が刺激を受ける。これにより，男性の意識変革を促し，組織を活性化させる。つまり，ダイバーシティ・マネジメントは，このような行為を通じて，終局的に企業の組織文化を変えることを目的にしている。

だが，組織文化は一般に，容易には変わらない。それゆえ，「女性の活用→男性の意識変革→組織の活性化→組織文化の変革→女性のさらなる活用」という循環が必要であり，その循環づくりがダイバーシティ・マネジメントの成否を握るのである。

2 ポジティブ・アクション制度の象徴としての女性管理職

(1) 女性管理職の必要性

Kanter（1977）は，女性が企業の中で能力を発揮するためには，「数」の論理と経験を積む機会が必要だといっている。なぜなら，ダイバーシティ・マネジメントが変革しようとしている組織文化は，組織の構成員によって創造されたものだからである。そのため，組織文化を変えるためには，上述した女性の積

極的活用に加え，組織文化に影響を与えられるような地位に就く女性の人数を増やす必要がある。また，新しい能力を獲得し，スキルを習得するためには，経験が必要であり，実績を積み重ねるためには機会が必要になる。

　さらに，Kanter（1977）は，機会に恵まれていないと感じる人は向上心や積極性を示すことが少なく，自己の能力を過小評価する傾向があり，仕事以外のことから満足を得ようとし，現状に甘んじる傾向があるという。逆に，機会に恵まれた人は，向上心に富み，自己の能力を正当または過大に評価し，成長，昇進のための手段として仕事を捉え，何かを学ぶための機会として仕事を考える傾向があるという。そのため，Kanterは，成長，昇進の機会がある人のみがキャリア・プランニングを行うと主張している。

　他方，本書第4章で述べた「女性ホテル従業員のキャリア観」に関する調査では，回答者である女性従業員の7割以上が，昇進に懐疑的または消極的であった（表4-9参照）。また，約7割近い回答者は，昇進に関して，自分が働くホテル内になんらかの男女格差があると考えていた（表4-13参照）。そのため，多くの女性従業員は，昇進を諦めているのかもしれない。

　さらに，第4章では，管理職への昇進を希望する回答者は同時に，勤続意欲も高いことを明らかにした（表4-25参照）。この場合の勤続意欲は，「ホテル業への継続的な従事」を意味し，キャリア・プランニングのひとつの表出である。そして，昇進意欲の高さの背後には，昇進機会の存在が前提条件としてある。昇進機会がないにもかかわらず，それを希望することはまれだからである。どちらにしても，本研究の結果から，Kanterがいう昇進機会とキャリア・プランニング間の関連性を導き出すことができる。

　わが国のホテル企業において，女性の昇進意欲と勤続意欲との関係を考察する際のポイントは，課長相当職であると考える。なぜなら，課長相当職に就くと職位満足が高まり，また勤続意欲が高まるからである（表4-20および表4-24参照）。

　しかし，現状では，女性が課長相当職に到達するころになると40歳を過ぎる

ことが多く，入社後20年以上の歳月がかかる（表4-31参照）。ところが，わが国のホテル企業では，大半の女性がこの20年間を待たずに離職する（表2-21および表2-22参照）。そのため，女性管理職を増やすためには，抜擢人事などにより，女性を意識的に，かつ早期に昇進させるようなポジティブ・アクションが求められる。

一方，Ng & Pine（2003）は，香港ホテル産業に占める女性総支配人の割合を1989年から1999年まで比較している。それによると，1989年の女性比率が7.4％であったのに対して，1999年は7.2％となり，この10年間でほとんど変化していないことがわかる。それゆえ，この調査結果をみるかぎり，女性管理職が自然に増加するとは考えにくい。むしろ，女性管理職を増やすためには，クオータ制のようなある一定数の女性管理職を政策的に確保するポジティブ・アクションがやはり必要になろう。

(2) **女性管理職育成のためのロールモデルの必要性**

一般に，ある集団において非常に目立つ少数派を「トークン集団（token group）」と呼び，多数派を「支配集団（dominant group）」と呼ぶ[27]。わが国のホテル企業の女性管理職は，管理職のなかではまさにこのトークン集団である。

そして，ある女性がトークン集団になると，彼女はすべての女性の代表として注目され，女性の特性ばかりが強調され，他の個人的特性が無視される。そのうえ，トークン集団として強い圧力にさらされ，男女間の共通点よりも相違点に焦点が当てられる。そのため，この集団に属する女性は，男性と仲間意識をもちにくく，孤立しがちになる[28]。このことから，現在のホテル企業で管理職になる女性は，さまざまな苦難に立ち向かわなければならないことが予想される。

他方，1990年代以降，多くの企業が市場競争の激化に対処するために，管理職を減らし，組織をフラット化させてきた。また，チームで行う仕事も増加している。その結果，部下を動機づけ，組織化し，チームとして参加的な経営を

行うことが重要になってきた(29)。そして、このような時代背景下で、女性リーダーへの期待が高まっている。

経済産業省 (2005) の調査によると、女性の管理職比率が高い企業は、利益率も高くなる傾向があるという。また、女性が長く働ける環境下にある企業の方が、そうでない企業よりも利益率が高いという。

さらに、Bass & Avolio (1994) は、女性のリーダーシップスタイルが個々の従業員やグループ、または組織全体の成果に対して、強い正のインパクトを及ぼしているという。加えて、Rosener (1990) は、これまでのような指揮命令型の男性型リーダーシップスタイルは、今日の組織では適合しにくくなっており、逆に、女性的なリーダーシップスタイルが非伝統的な中規模企業において成果を出しつつあるという。

この場合の女性的なリーダーシップスタイルとは、「参画を促す」、「権限と情報を共有する」、「部下の自己認識を高める」、「人を活性化する」というものであり、部下を取り込み、チームとして参加的な経営を行うことを意味する。

また、女性が有するコミュニケーション能力の高さ、融通性や適応力なども、現在のビジネスでは高く評価されるようになってきた(30)。これにより、女性がもつマネジメント・スキルは、すべての組織が求めているものになっており、その意味で、現代の企業では、「マネジメントの女性化（feminization of management）」が生起しているといわれている(31)。

だが、現状では、わが国のホテル企業の女性が管理職を目指したとしても、職場にはロールモデルとなる女性がほとんどいない。特に、出産や育児を経験したロールモデルはきわめて少ない。そのため、管理職予備軍である未婚女性、または既婚で子どもがいない女性は、例えば将来のキャリアの見通しが不鮮明になったときや、家事・育児と仕事が両立しにくい事態が起こったときに、同性からの適切なアドバイスを得ることができない。そこで、わが国のホテル企業は、このロールモデルを早急に創造しなければならない。

ただし、現在でも少数存在するホテル企業の女性管理職、そのなかでも上級

管理職は，一般の女性にとって，かならずしもロールモデルにふさわしいとはいえない。なぜなら，彼女たちは，従前のホテル企業が男性優位社会であったにもかかわらず，男性に比肩できる昇進を果たしており，そのほとんどがこの上なく優秀な人であったからである。また，彼女たちは，職場の上司に育てられたというよりも，自分たちの力で成長した人だからである[32]。

例えば，『日経ビジネス』(2004) が紹介するパークハイアットホテル東京のA氏や，本橋 (2008) が紹介するIHG・ANA・ホテルズグループジャパンのB氏のような女性上級管理職は，キャリア意識がきわめて高く，キャリア構築のためには転職もいとわない。また，以前の上司から「鉄の女」と呼ばれるほど意志が強く，能力の高い女性である。それゆえ，「あの人でも管理職になれたのだから，自分もなれるのではないか」という身近なレベルでのロールモデルになりにくい。

しかし，身近なロールモデルが増えなければ，女性管理職の底上げはむずかしい。そのため，一刻も早く女性管理職を養成しなければならず，この点においてもポジティブ・アクションが重要になる。

第4節　ワーク・ライフ・バランス制度

1　ポジティブ・アクション制度との併用の必要性

本研究第4章および第5章では，ワーク・ライフ・バランスが女性ホテル従業員のキャリア開発にとって最大の課題であると述べた。しかし，ワーク・ライフ・バランスが必要なのは女性だけではない。今後は，男性従業員も，子育てや高齢の親の介護のために，残業や出社できないことが増えるであろう[33]。そこで，ホテル企業は，すべての従業員のために，ワーク・ライフ・バランス制度を整備する必要がある。また，その整備は，従業員のワーク・ファミリー・コンフリクトを軽減する効果もある[34]。

一方，本章第3節では，女性従業員を活用し，ヒット商品を生み出した帝国

ホテルとホテルオークラ東京ベイの事例を紹介した。だが，両社の成功の背後には，女性が働きやすい環境づくりがあったと考える。つまり，女性プロジェクトを組成し，仕事を委ねるだけでなく，会社が同時に，女性が働きやすい環境づくりを行っていたように思われる。

例えば，ホテルオークラ東京ベイでは，法定では1年6ヵ月間の育児休業期間を平成14（2002）年より3年間に延長した。そして，時短勤務制も，子どもが3歳になるまでのところを，小学校就学前まで利用可能にしている。また，妊娠中の女性に対して，通院のために時間単位の休暇制度を設けている。さらに，幼児をもつ従業員には保育料の月額20％を補助している。そのうえ，休職中の従業員に社内情報をメールで送ったり，社内報を送付したりするなどにより，復帰後の情報ギャップを軽減する配慮も示している[35]。

このホテルオークラ東京ベイの事例は，女性を積極的に活用するというポジティブ・アクション制度とワーク・ライフ・バランス制度の整備が同時に進行していたことを表している。阿部（2007）や阿部・黒沢（2005）は，ワーク・ライフ・バランスだけでなく，ポジティブ・アクションと同時に実施することで生産性が高まるといっているが，まさにホテルオークラ東京ベイは，阿部らの主張が正しいことを物語る事例である。

さらに，阿部（2007）は，ポジティブ・アクションと同時に実施すると，女性の人的資本蓄積が進み，離職を抑制し，男女の勤続年数格差の是正に貢献するという。そして，この効果についても，前述したように，ホテルオークラ東京ベイでは離職率の低下というかたちで顕在化しつつある。

2 制度の実効性を担保する仕組みづくり

ワーク・ライフ・バランスを支援する制度は，法律で定められていることもあり，多くのホテル企業で整備されている。たしかに，この制度をつくることは重要だが，それ以上に，つくりあげた制度を形骸化させずに運用することがより重要である。

この点について，Cleaveland ら（2007）は，自社のワーク・ライフ・バランス制度が見せかけにすぎないと，従業員に思わせてはならないという。そのためには，各種制度を活用しやすい環境をつくることに加え，「部下がワーク・ライフ・バランス制度を利用しやすくするためにどのよう努力をしたか」という項目を上司の評価の一部に追加すべきであると主張する。

　また，田中（2009）は，ワーク・ライフ・バランス制度を誰が運用しているのかが重要になるという。つまり，その運用者が男性であれば制度利用が進まない。逆に，この制度の必要性を肌で感じて前向きに運営できるのは，女性人事部長だけであると田中はいう。

　他方，牛尾（2002）は，日本では有能な女性ほど，休業期間中に同僚などに及ぼす迷惑や仕事上の支障を危惧して，育児休業制度などのワーク・ライフ・バランス制度の利用に躊躇する傾向があるという。そして，そのような女性は，出産後退職するか，あるいは子どもをつくらないという二者択一を迫られるケースが多いという。

　しかし，牛尾の指摘どおりであるとすれば，ホテル企業は，女性従業員が母親になる機会を奪うことになり，また出産のたびに企業は有能な女性従業員を失うことになる。このことからも，わが国のホテル企業は，ワーク・ライフ・バランス制度の実効性を担保する仕組みづくりが不可避になると考える。

第5節　複線型人事制度

1　複線型人事制度の意義

　1日，1週間，1ヵ月当りどれだけ働くか，契約期間はどの程度がよいかなど，働き方は個人のライフスタイルによってさまざまである。また，多額の報酬がほしい，仕事を通じて能力やスキルを養いたいなど，働く目的も個人により異なる。換言すれば，人びとがどのように働くかは，当人の自由であり，企業が強要する問題ではない[36]。

それゆえ，企業が行うべきことは，従業員に対して，その働き方に応じた勤務内容や処遇などの選択肢を複数用意すること，つまり人事制度を複線化することである。そして，人事制度が複線化していれば，従業員は自分に合った条件の働き方（雇用形態）を選ぶことができ，それに従い働くことができる。

一方，わが国のホテル企業は，第2章でも述べたように，「宿泊事業に加え，料飲事業，物品販売，または各種サービスの販売事業などを複合した事業展開を行う企業」であることから，社内にはさまざまな業務がある。そして，この業務の多様さを反映して，社内には多種多様な知識や技能をもつ従業員が存在する。

さらに，近年のわが国のホテル企業では，非正規従業員の量的，質的な基幹化が進みつつあり，また離職者が多いことから，欠員補充のための中途採用が日常化している。その結果，学生，フリーターや主婦，またはいくつかのホテル企業を渡り歩いてきた人びとなど，多様なバックグラウンドを有する人材を抱え込むようになってきた。

さらに，将来的には，外国人や高齢者，または障害をもつ人びとの雇用も進むと推察する。そのため，今後ますます人材の多様化が進展するであろう。それゆえ，わが国のホテル企業にとって人事制度の複線化は，他の産業の企業以上に重要になると考える。

2　ホテル企業の導入事例

第2章で述べたように，わが国のホテル市場は細分化されており，チェーン化したホテル企業が少ない。むしろ，姉妹ホテルをもたずに単独で営業するホテルが大半である。そのため，管理職のポストには限界があった。他方，ホテル企業では，わが国の一般的な企業と同様に，従業員の給与体系は職位に連動していたため，管理職に昇進できないと給与額にも限界があった。その結果，従前の単線的な人事制度は，管理職になれない従業員の勤労意欲を低下させると同時に，その離職を生む要因になっていた[37]。

一方，ホテル企業には，ソムリエ，バーテンダー，コック，コンシェルジェなどのように，専門的な知識や技能が要求されるスペシャリスト的な仕事がある。そして，この仕事に就く人たちの専門性が高まることで企業は利益を得られるのであり，彼・彼女らを管理職にすることがかならずしも企業の利益に直結するわけではない。また，スペシャリストにとって管理職になることは，それまで培ってきた専門性からの決別を意味することが多く，手放しで歓迎できることではなかった。しかし，旧来の人事制度下のスペシャリストは，管理職になれないかぎり十分な金銭的処遇を享受できない。ここにホテル企業とスペシャリストのジレンマがあった。

このジレンマに対して，京王プラザホテルは1993年に，「ゼネラリスト・コー

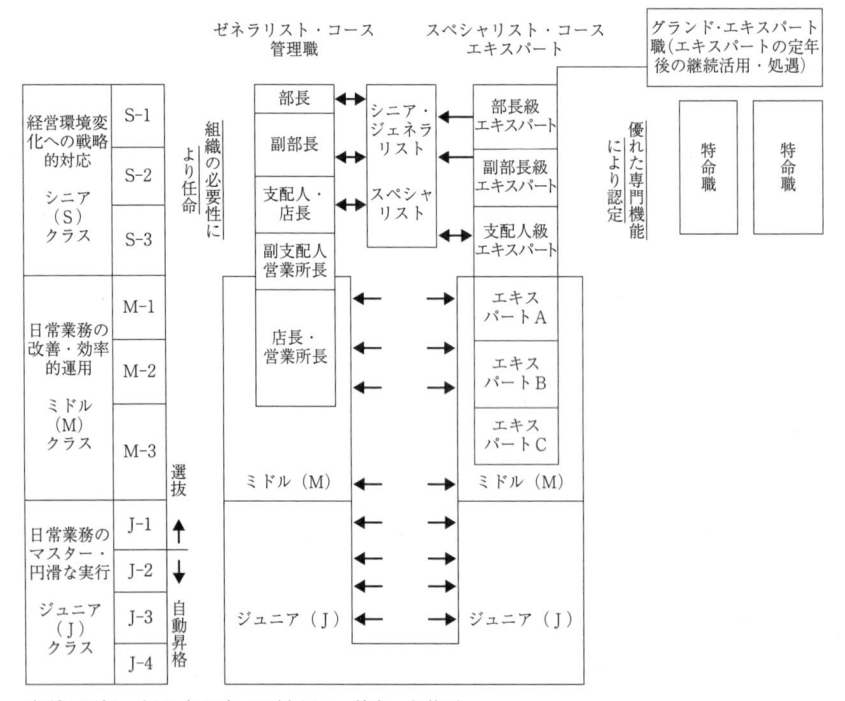

図7-1　京王プラザホテルの複線型人事制度

出所：阿部・中田（2008）15頁を用い，筆者一部修正。

ス」と「スペシャリスト・コース」に人事制度を複線化した。前者はライン管理職向けの多能型人材の育成を，後者は専門型人材の育成を目的にしている（図7-1参照）。

そして，京王プラザホテルは，この複線型人事制度導入と同時に，それと平仄を合わせた職能資格制度を新設している。この職能資格制度では，社員をその能力の段階に応じて「ジュニアクラス（S）」，「ミドルクラス（M）」，「シニアクラス（J）」の3つに区分している。そのうえで，各クラスを3～4段階のサブクラスに細分化する。

また，各サブクラスで要求される能力要件は，資格格付け基準によって明らかにされている（表7-2参照）。さらに，この制度のもとでの昇格は，経年にしたがい自動的に行われるものではなく，上位のサブクラスやクラスへ昇格するためには，試験を受験して合格しなければならない。加えて，Sクラスでは，給与が毎年見直されるなどにより，能力主義，成果主義が取り入れられている。

京王プラザホテルの複線型人事制度では，新卒者は全員がいったんゼネラリスト・コースに配属される。しかし，初級段階のジュニア（J）クラスに属しているあいだに自分の適性とキャリア設計の方向性を検討し，中級段階のミドル（M）クラスに昇格したとき，ゼネラリスト，またはスペシャリストのいずれかのコースを選択する(38)。そして，キャリア開発の途中で，コースを変更することができる。

一方，スペシャリスト・コースの職位は6段階に分かれており，それらはおおむねゼネラリスト・コースの管理職に対応し，例えば，「部長級エキスパート」はゼネラリスト・コースの「部長職」または「副部長職」に相当する。

この京王プラザホテルの複線型人事制度には，能力主義，成果主義の導入に加え，コース間の転換を可能にするなどの新機軸が盛り込まれており，この点は高く評価できる。しかし，同制度は，正規従業員を対象にしたものであり，非正規従業員には適用されない。

また，ミドルクラスに昇格した時点でないとコース選択ができないという難

表7-2 京王プラザホテルの資格格付け基準の抜粋

ジュニア (J) クラス		ミドル (M) クラス		シニア (S) クラス	
J1	限定された職務職種における職務遂行において，自主的な創意工夫を加味しながら，より効率的に業務遂行し得る能力レベル また，下位資格の者の日常反復的業務習得について指導し得る能力レベル （最短滞留年数は2年）	M1	限定された職務職種における職務遂行において，豊富な経験と豊かな専門知識に基づき，所属部署構成員の特定職務遂行レベルの総合的向上を図り，その手段や内容について全般的見地から改善案を提起し得る能力レベル 専門職能において特に秀でているものについてはエキスパートとして認定することがある （最短滞留年数は3年）	S1	職務遂行においては，経営環境の変化に対して，広範な視点から適宜適応可能な諸策を，担当する専門分野から具体的に策定し，これをもって部門の年次計画の完全達成を可能にする高度な専門能力を有する能力レベル また，会社を代表する専門家としてふさわしい態度を示し，社員の目標となり得る者 専門職能において特に秀でているものについてはエキスパートとして認定することがある
J2	限定された職務職種における職務遂行において，上司の適切な指示・指導に基づき日常反復的業務であれば独力でほぼ完全に遂行し得る能力レベル （最短滞留年数は2年）	M2	限定された職務職種における職務遂行において，豊かな専門的知識に基づいた専門技能・技術の適切かつ効果的な発揮により，所属部署の特定職務遂行能力レベルの質的向上を図るとともに，その業務遂行が所属部署構成員の模範となる能力レベル 専門職能において特に秀でているものについてはエキスパートとして認定することがある （最短滞留年数は3年）	S2	職務遂行においては，多様化する顧客ニーズに対して担当する専門分野から具体的かつ適切な対応を行い，これを所属部門内に浸透させる働きをなすとともに，所属部門の専門職能の質的向上に資する能力レベル 専門職能において特に秀でている者についてはエキスパートとして認定することがある 滞留年数については特に設定しない

出所：『ニュー人事システム』(1994) 42頁。

点がある。なぜなら、同ホテルでは、ジュニアクラスからミドルクラスに到達するまでの年数が最低でも8年間かかるからである[39]。そのため、人事制度を複線化したとしても、入社後5年程度の短期間で離職することが多いわが国の女性従業員には活用しにくい制度であるといえる。

3 複線型人事制度の進化形としてのダイエーCAP制度

京王プラザホテルの「ゼネラリスト・コース」と「スペシャリスト・コース」による複線型人事制度は、ホテル業での先駆的な事例である。しかし、上述したように、そこには非正規従業員向けの制度が組み込まれていない。

これに対して、渡辺（2009）が事例研究で取り上げた外食企業H社（正社員数約1,200人、パート・アルバイト社員約7,000人）の正規従業員には、①全国転勤が可能で、2～6年ごとに職域を拡げつつあらゆる基幹業務を経験し、将来的にはエリア・マネジャーや事業部長などへの昇進が期待されているグローバル社員と、②店舗運営、食品製造および本社業務の3業務の習熟に重きを置いた勤務地域限定のエリア社員の2種類の契約区分がある。そして、パート、アルバイトに対しても、資格体系で上級レベルに達し、かつ店長養成試験などに合格した人を店長職位で登用するという制度を用意している。

このH社の人事制度は、京王プラザホテルのそれより一歩進んだ複線化の事例であるが、パート、アルバイトが店長職になったとしても、その勤務地が限定されており、店長職を超える職位のエリア・マネジャーやスーパー・バイザー、または本社各部門のマネジャーには昇進できない。さらに、正規従業員であるグローバル社員とエリア社員間の契約区分の変更ができないなどの制約が残っている。

これに対して、アパレル販売会社のファーストリテイリング社では、店長職はフルタイム労働と全国転勤が前提になっている。しかし、家庭の都合などで転勤やフルタイムでの勤務がむずかしくなった場合、契約社員やアルバイト社員に契約区分を変更することができる。加えて、同社では、契約社員やアルバ

イト社員に契約変更した人が，契約変更前と同じ勤務ができるようになれば，再び正規従業員に復帰できるという「契約区分間の行き来」が認められている[40]。

そして，この「契約区分間の行き来」を進化させ発展させた事例が，総合スーパーのダイエーが2002年に打ち出した「CAP (contract of all partner) 制度」である（図7-2参照）。

このCAP制度が導入される以前の人事制度では，パート従業員は単純定型業務を行うのみで，役職に就いてマネジメントを担うことはなかった。したがって，能力の高いパート従業員がその能力をフルに発揮するチャンスが限られていた。また，従前の制度では，正規従業員にも，全国転勤が可能な人びとと，勤務地が限定された人びとに分かれていた。しかし，後者は，職位や賃金に上限があったため，自己の能力や仕事の質を向上させる意欲が乏しかったといわ

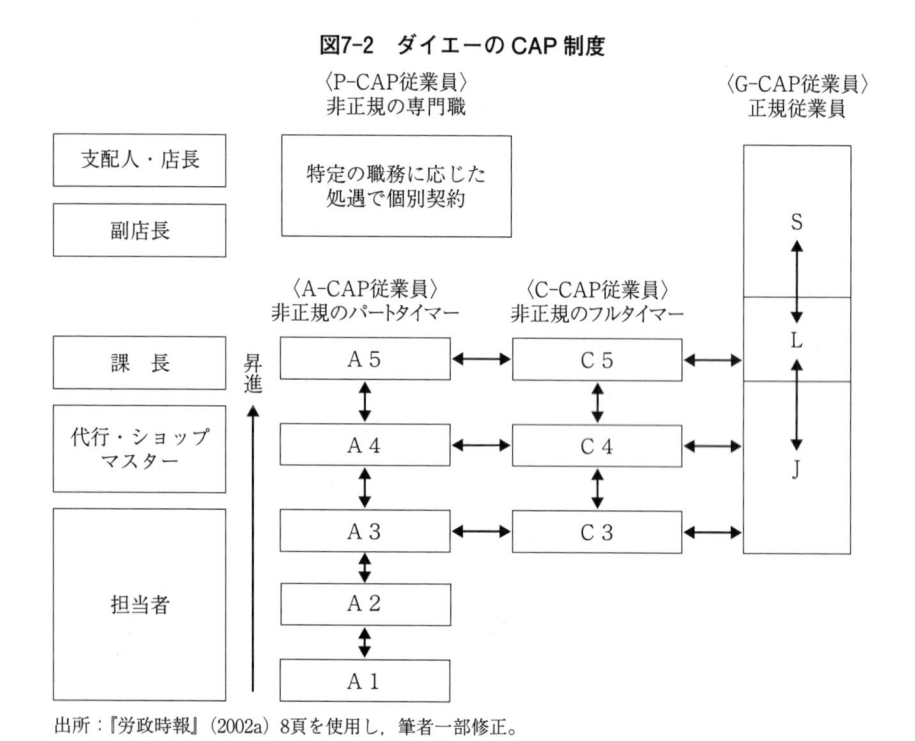

図7-2 ダイエーのCAP制度

〈P-CAP従業員〉非正規の専門職：特定の職務に応じた処遇で個別契約（支配人・店長／副店長）

〈A-CAP従業員〉非正規のパートタイマー：A5／A4／A3／A2／A1

〈C-CAP従業員〉非正規のフルタイマー：C5／C4／C3

〈G-CAP従業員〉正規従業員：S／L／J

課長─A5⇔C5
代行・ショップマスター─A4⇔C4
担当者─A3⇔C3／A2／A1

（昇進）

出所：『労政時報』(2002a) 8頁を使用し，筆者一部修正。

れている⁽⁴¹⁾。

　他方，パートのなかには，正規従業員以上の能力をもつ人材が多く，この貴重な人的資源をいかに有効活用するかが課題になっていた。また，パート従業員の量的，質的拡大が進むと，パートだから賃金が低く，正規従業員だから高いという理由づけが成立しにくくなるという問題に直面していた⁽⁴²⁾。

　そこで，ダイエーは，正規従業員，パート従業員という雇用形態ではなく，本人が望む働き方（パートタイム，フルタイム，転宅可能，転宅不可など）によって契約区分を選択でき，契約区分と仕事の内容によって処遇が決定される人事制度 CAP を案出する⁽⁴³⁾。

　この制度では，旧来のパート従業員は「アクティブ・キャップ」（以下「A-CAP」という）に，また正規従業員は「ゼネラル・キャップ」（以下「G-CAP」という）に位置づけられた。加えて，「キャリア・キャップ」（以下「C-CAP」という）と「プロフェッショナル・キャップ」（以下「P-CAP」という）が新設された。

　この場合の A-CAP 従業員は，契約期間が1年間のパートタイマーであり，転宅を伴う転勤がなく，給与は時給制である。そして，G-CAP 従業員は，契約期間がなく，給与は月給制または年俸制である。

　これに対して，C-CAP 従業員は，1年契約で，転宅を伴う転勤がない日給・月給のフルタイマーである。また，C-CAP 従業員には賃金の年功制はなく，退職金を前払いした形式で日給・月給額が決められている⁽⁴⁴⁾。一方，P-CAP 従業員は1年契約であるが，勤務形態および異動については従業員本人と個別に契約を締結する。そして，P-CAP 従業員の金銭的処遇は，市場価値により決定される完全年俸制になっている⁽⁴⁵⁾。

　上述したように，ダイエーの CAP 制度では，G-CAP 以外は，通常の意味での非正規従業員である。だが，非正規であっても A-CAP と C-CAP の最上位階に昇進できれば管理職である課長職に，また P-CAP であれば店長になることができる。また，同一職位（例えば，非正規の A-CAP の課長と正規の G-CAP の課長）であれば，契約区分間の賃金格差がほとんどない⁽⁴⁶⁾。

さらに、ダイエーのCAP制度では、本人の働き方の変化により、契約区分の変更が認められている。例えば、結婚、育児などのライフ・イベントを契機に、C-CAPからA-CAPに、あるいはA-CAPからG-CAPへ変更ができるという特徴がある[47]。

これ以外にも、同制度は、以下の特徴を有している[48]。

① 企業側からの任命による配置・登用に加え、個人の熱意ややる気を尊重した公募制、アセスメント制やFA制を導入することで、人材の活性化を図っている。
② 人材の能力レベルを認定し、有期限の認定証を発行している。これにより、育児・介護などで退職した人であっても、再雇用されるときには、最下位のレベルからスタートする必要がなくなり、認定されたレベルからキャリアを再開することができるようになった。

4　ホテル企業からみたCAP制度の利点

ダイエーのような総合スーパーの主たる顧客は、主婦である。それゆえ、同じ主婦であり、主婦のニーズを知りつくしたパート従業員の能力を活用することは、意義があると考える。また、主婦パートは一般的に、非正規従業員の中でも比較的定着率が高いため[49]、基幹労働力化しやすかったといえよう。

さらに、ダイエーでは、CAP制度を導入した2002年時点で正規従業員11,000人に対して非正規従業員が55,000人（8時間換算）おり、非正規が実質的に労働力の中核を担っていた。また、同社では、正規従業員が新人時代に売り場の熟練パートから仕事を教わってきたという伝統がある。そのため、同社には、非正規を尊重する企業風土があり[50]、それゆえCAP制度がスムーズに導入されたと考える。

これに対して、わが国のホテル企業では、非正規従業員の比率がダイエーほ

ど高くない。そのため，CAP制度と同様の複線型人事制度を導入することは時期尚早であるという意見もあろう。だが，このCAP制度には，ホテル企業にとって，いくつかの利点がある。その利点とは，以下である。

① CAP制度の名称が「contract of all partner」（下線筆者）から由来しているというように，正規・非正規を問わずすべての従業員が含まれており，また組織階層の下位に属する従業員から管理職まで一貫した考え方に則った人的資源管理を行うことができる。
② 結婚や出産などのライフ・イベントに合わせて，働き方（契約区分）を変えることができる。
③ 非正規従業員であっても，「できる人，やりたい人」であれば，仕事の機会（例えば，課長，店長など）を与えることができ，それに合わせて仕事の幅や賃金などの処遇制度を組み立てることができる。
④ 退職して再度入社する従業員に対しても適用できる。
⑤ C-CAP従業員が典型例であるが，給与が年功制でなく，退職金を前払いした日給・月給制になっている。

このような制度がホテル企業にあれば，結婚や出産・育児のために会社を辞めたり，再度働く際にパート先を探したりする必要もなくなる。また，キャリアを中断した人でも，初期段階に逆戻りすることなく，退職時に認定されたレベルからキャリアを再開することができる。

一方，非正規従業員の職域が広がり，正規従業員と同じような仕事をするようになっても，両者の均衡処遇問題に対応しやすい。さらに，キャリア開発の方向性がわからず早期退職することが多い女性にとって，レベル段階とそれごとの職務要件が明確になっているため，キャリア開発の指針を得ることができる。そして，これにより，彼女たちの勤労意欲を高めることが可能になる。加えて，離職率が高いホテル企業では，退職金制度が有名無実になっていること

から，それを前払いし，給与に含める手法は，従業員の満足度を高めることができると考える。

5　複線型人事制度実現のための要件

(1) 職務要件および昇進・昇給基準の明確化と整合性

複線型人事制度を構築するとき，もっともむずかしく，かつ慎重な検討を要することは，契約区分内の各グレードに対する職務要件および昇格・昇給基準の決定と，その職務要件，昇格・昇給基準に関する契約区分間の整合性である。

例えば，いま契約区分にAとBの2種類あり，A内にはA1からA3まで，B内にはB1とB2のグレードがあるとする。そして，A1はB1に，A2はB2に契約区分の変更，つまり乗り換えができると仮定する（図7-3参照）。

この場合，A1からA3まで，およびB1とB2の職務要件と昇進・昇給基準は，明確に規定され，かつそれぞれの内容が異なっていなければならない。内容が相違していなければ，各グレードを設定する必然性がないからである。

一方，乗り換え可能なA1とB1，A2とB2の職務要件と昇進・昇給基準は整合していなければならない。そうでなければ，各契約区分内のグレードは，給与や退職金などの金銭的な雇用条件と連動しているため，乗り換え時に不公平感が生まれるからである。

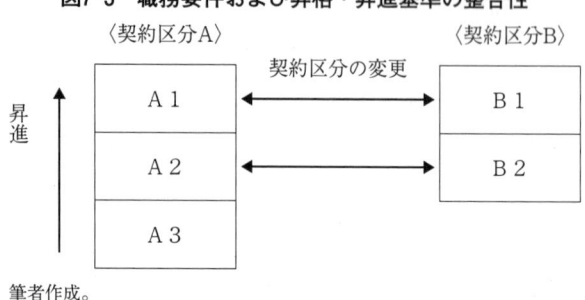

図7-3　職務要件および昇格・昇進基準の整合性

〈契約区分A〉　　契約区分の変更　　〈契約区分B〉

昇進 ↑

A1	⇔	B1
A2	⇔	B2
A3		

筆者作成。

(2) ホテル業内で汎用性がある職務要件および昇進・昇給基準の設定

　通常，このような職務要件および昇進・昇格基準は，各ホテル企業が独自に作成する。しかし，その場合の職務要件および昇進・昇給基準は，一企業内で自己完結しているため，他のホテル企業のそれと比較することができない。

　一方，第5章で示した調査結果を見ると，外部労働市場を用いてキャリア開発を行う女性が5人に1人の割合で存在する（表5-6参照）。また，出産・育児のためにキャリアを中断した女性が，以前の会社に戻らず，他のホテル企業を探すこともあろう。さらに，夫や妻の転勤に伴い転居先でホテルの仕事を求めるかもしれない。

　そのようなとき，現在のシステムでは，自分の能力や過去の職務経験を客観的な手段を用いて明示することができない。そのため，新しい就職先で，従前と同等の地位や給与を得られるとはかぎらず，場合によっては，キャリアのスタート段階に戻ってしまうかもしれない。

　また，ホテル企業は，経験者の中途採用をしばしば行っている。しかし，現在の制度のままでは，面接時の印象や推薦状などに頼らざるをえず，応募者の資質や能力を客観的に判断する資料がない。たしかに，「試用期間」という制度がある。だが，もしその期間満了時に解雇することがあれば，従業員本人にとって不幸であり，ホテル企業にとっても時間と研修費などの損失をもたらす。

　以上述べたように，ホテル従業員のキャリア開発の類型を考慮したとき，複線型人事制度で用いる職務要件および昇進・昇格基準は，可能な限り汎用性があることが望ましい。そして，汎用性の具備を考えるとき，厚生労働省・中央職業能力開発協会が作成する「職業能力評価基準」が参考になる。

(3) **職業能力評価基準の概要**

　この職業能力評価基準は，①経済成長の鈍化による市場競争の激化，②少子化による人手不足，③年功序列から能力主義への移行，④終身雇用制度の崩壊，といった社会情勢の変化を背景に策定された。そして，ホテル業を対象にした

職業能力評価基準は、2004年9月に完成している。

　ホテル企業は、この評価基準を使用することで、従業員に求める能力要件を明示できる。また、従業員も自らの職業能力を第三者が理解しやすい客観的な形式で指し示すことができる。さらに、上述したように職業能力評価基準は、ホテル企業が求めている能力要件の全体像であるため、従業員がそれを参照することで、どのような能力が自分に不足しているかがわかる。そして、必要に応じて、不足する能力の開発・向上に取り組むことができるようになる。

　このように、職業能力評価基準は、企業の人材ニーズと従業員のニーズを適切にマッチングさせることができる「共通言語」になっており、職業能力を適正に評価するための「ものさし」、客観的な指標として使用できる。

　一方、職業能力評価基準では、仕事の内容を、①職種、②職務、③能力ユニット、④能力細目の順に細分化している。そして、ひとつの能力ユニットは、「能力細目」、「職務遂行のための基準」、「必要な知識」の3つから構成されている。さらに、この職業能力評価基準には、以下の特徴がある[51]。

① 職務遂行に求められる「知識や技術・技能」にとどまらず、「成果につながる行動（コンピテンシーを含めた職務遂行基準）」についても定めている。
② 職業能力を評価する基準であると同時に、キャリア開発や能力開発の指針を提示している。
③ 使用する企業のニーズに合わせてカスタマイズすることができる。

　職業能力評価基準のホテル業編をみると、宿泊部門を事例にすれば、図7-4に示したようなキャリア形成の過程を具体的に定めている。そして、レベル1の一般社員段階からレベル4の宿泊部長までのキャリア・パスが俯瞰的に示されている。これにより、従業員は、所属部門内の自己の位置づけと将来のキャリア開発上のロードマップを入手できる。

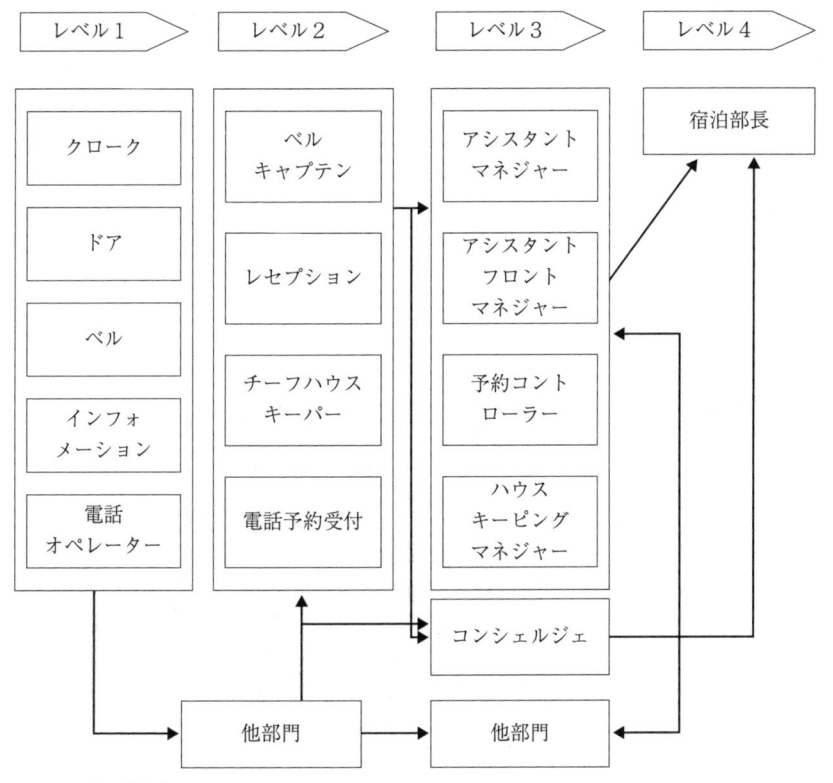

第7章 ダイバーシティ・マネジメントと複線型人事制度　259

図7-4　宿泊職種におけるキャリア形成の例

レベル1	レベル2	レベル3	レベル4
クローク	ベルキャプテン	アシスタントマネジャー	宿泊部長
ドア	レセプション	アシスタントフロントマネジャー	
ベル	チーフハウスキーパー	予約コントローラー	
インフォメーション		ハウスキーピングマネジャー	
電話オペレーター	電話予約受付		
	他部門	コンシェルジェ	
		他部門	

出所：中央職業能力開発協会ホームページ，
　　　http://www.hyouka.javada.or.jp/search_gyoushu/data/00201/#level（2011年8月閲覧）による。

　さらに，職業能力評価基準では，宿泊部門内のフロント・セクションを事例にすると，従業員の役割，仕事の内容，および求められている経験や能力を例示している。また，宿泊フロント業務で役立つ資格を示しており，従業員の教育・自己啓発のための指針として使用することができる（表7-3参照）。加えて，職業能力評価基準では，レベルごとの人事評価表も用意されている。

表7-3 職業能力評価基準が定める宿泊フロント・セクションの役割など

項　目	内　容
役　割	①フロントで来館者を送迎する。 ・お客様によい第一印象を与え，思いやりの心でもてなす。 ②客室に関する手続きやお客様からの問い合わせ，要望に対して正確かつ迅速に対応する。 ・フロントで，宿泊に関する手続きやお客様からのホテルやホテル周辺のことに関する問い合わせ，要望に対応する。ホテルの代表として正確かつ迅速に対応する。 ③レストラン，営業などの各部門に連絡・調整する。 ・お客様からの要望や問い合わせに応じられるように他部門に連絡・調整する。フロントだけで対応できる要望ばかりではない。ホテルの代表としてお客様からの要望や問い合わせに応えるよう他部署に手配する「指揮者的」役割も求められる。
仕事の内容	①電話オペレーター：ホテル内外からの電話問い合わせに対応する。正確かつ迅速に要望に応じ情報提供・取次業務が求められる。 ②インフォメーション：ホテル内外の情報についてお客様からの問い合わせに応対する。正確かつ迅速に要望に応じ情報を提供することが求められる。 ③レセプション：宿泊の登録と宿泊料金の精算を行う。迅速に対応することに加え，おもてなしの気持ちをもちながらお客様と必要なコミュニケーションをすることが必要である。 ④ナイトマネジャー：夜間における総支配人業務を代行する。日中の担当者からホテルの現状について正確に引き継ぐ。また夜間に起きた緊急事態に迅速な判断が求められる。 ⑤アシスタントフロントマネジャー：各セクションの業務・スタッフを管理・監督する。業務向上や業務運営上の課題を分析しその対応策を実行することが求められる。
求められる経験・能力	①採用後ホテルに関する様々な教育・訓練を受けた後に本人の希望と適性に応じて配属が決まり，フロント配属になる可能性がある。 ②お客様からの問い合わせや要望に適切に対応するためのコミュニケーション能力が必要。 ③お客様の状況に応じた接遇をすることが求められることから，お客様の気持ちを察する洞察力も必要。 ④最近では海外のお客様と接する場合も多く，英語等の語学力が必要。
役に立つ資格	①実用英語技能検定 ② TOEIC ③ホテル実務技能認定試験 ④ホテル職業能力認定試験

出所：中央職業能力開発協会ホームページ，
　　　http://www.hyouka.javada.or.jp/search_gyoushu/data/00201/001.html（2011年8月閲覧）を利用し，筆者作成。

(4) 職業能力評価基準がもたらすメリット

職業能力評価基準は，従業員に対して，キャリア・パスを明示する。そのため，従業員はキャリア開発上の指針を得ることができる。また，各部門に設定されている職務要件が公開されているため，従業員は転職時に現在の自分のレベルを客観的に明示できる。加えて，他のホテル企業がこの職業能力評価基準に従う人事評価制度を導入していれば，これまでの職歴や経験を客観的かつ互換性のある形式で比較することもできる。

また，企業側も，従業員に求める能力を予め示すことで，従業員の自主的なキャリア開発を促すことができる。さらに，中途採用者の能力を測定するための基準として使用することが可能である。

厚生労働省・中央職業能力開発協会が作成する「職業能力評価基準」には以上のようなメリットがある。この基準は，汎用性を重視しているため，実際に使用するときには各企業の実情に合わせてカスタマイズする必要がある。しかし，もしこのような基準を，例えば，日本ホテル協会などの業界団体が主導し，普及させることができれば，ホテル企業にとっても，従業員にとっても役立つものとなると考える。

第6節　ダイバーシティ・マネジメントとトップ経営者の役割・責務

1　トップ経営者の役割

ダイバーシティ・マネジメントは，組織変革を求めている。そして，組織変革は一般に，人びとの反発や抵抗を引き起こしやすい。ダイバーシティ・マネジメントの場合は，この反発や抵抗の根底に差別や偏見，ステレオタイプといった非常にやっかいな問題を抱える可能性がある。そのため，有村（2006）は，ダイバーシティ・マネジメントの実現のためにはトップ経営者の強い意志とリ

ーダーシップが不可欠であるという。

　また，西山・益田（2006）は，多様性を活かしながら組織目標に向かって組織全体を統合することは容易ではないという。多様性が成員間に葛藤を生み出し，コミュニケーションが阻害されることがあるからである。そのため，この葛藤を解消し，コミュニケーションを活性化させるためには，強力なリーダーシップが必要になる。

　ダイバーシティ・マネジメントは，強力なリーダーシップを要求する。そのため，前出の有村（2006）は，ダイバーシティ・マネジメントを積極的に推進している米国企業では，専任の担当者が設けられ，副社長やその他の役員がこの担当に就くことが多いといっている。

　ホテル企業のトップ経営者は，このリーダーシップに加えて，ダイバーシティ・マネジメントの効果を発揮させるために，以下の役割を果たすことが重要になる。

⑴　ファシリテーター（facilitator）としての役割

　わが国の企業では，ワーク・ライフ・バランス制度が整備されてきたといわれているが，実際にはあまり活用されていない。その理由として，阿部（2007）は，ワーク・ライフ・バランス制度が短期的に生産性を引き下げる可能性があり，そのため企業は同制度を積極的に運用するインセンティブを感じないからであるという。

　また，阿部・黒沢（2005）は，ワーク・ライフ・バランス制度を導入して間もない場合には，それが業績にマイナスの影響を与えることを指摘している。だが，阿部・黒沢は，導入から時間が経つにしたがい業績にプラスの影響を与えることも明らかにしている。そのため，この経過期間のトップ経営者の役割は重くなる。

　ワーク・ライフ・バランス制度の必要性を感じ，同制度の創出を促すトップ経営者は多い。しかし，制度が完成すると，日々の運営を人事部などに任せて

しまい，急に関心が薄れる経営者も多い。航空機の操縦で離陸時がむずかしいように，ダイバーシティ・マネジメントにおいても，制度が設計され，実際に利用する従業員が増えるまでのあいだは，その後の成功・失敗を決定づけるクリティカルな期間である。そのため，この期間中，トップ経営者が先頭に立ち，制度の推進を促す必要がある。

また，女性活用上のキーマンは，第一線の管理職・監督者である。しかし，女性の活用に消極的な企業では，女性は短期間で辞めてしまうので育成しても意味がない，女性はキャリア意識が低いなどといったステレオタイプ的な考えをもつ管理職が多い[52]。そのような現場管理職に対しては，女性の育成や動機づけに関する教育を施す必要がある。

Harrisonら（2002）が行ったグループ・ワークに関する研究によると，グループが組成された初期段階では，グループ内の表面的な多様性がグループの成果に対してマイナスの影響を与え，中期以降になってはじめて多様性がもたらすプラスの効果が表れるという。つまり，多様性には即効力がなく，共同作業を繰り返すことができる時間的余裕が必要であり，時間の経過に比例して効果が表われる。そのため，効果が顕在化するまでのマイナスの期間をいかに乗り切るかが課題になる。

西山・益田（2006）は，このマイナス期からプラス期への移行に際して，重要な鍵を握るのがグループ成員間の信頼であるという。そして，グループ内の各成員が，自分とは違う人びとと関係をもつことによって，なんらかの利益が得られると確信できれば，この信頼が生まれるという。そのためには，各成員が見知らぬ仲間が有する個性とその仲間がもつ知識，技術，経験などのリソースに注目することが大切であり，この注目を促すことがリーダーの役割であると西山・益田は主張する。

(2) 高信頼者および広報・教育者としての役割

山岸（1998）は，社会的に不確実な状況に直面したとき，「低信頼者（他人を

信頼する度合いが低い人)」は,「高信頼者(他人を信頼する度合いの高い人)」に比べて,特定の相手とのあいだだけでコミットメント関係を築き,この不確実さに対処する傾向があるという。

他方,ダイバーシティ・マネジメントが求める多様性は,この社会的に不確実な状況をつくりだしている。そのため,ダイバーシティ・マネジメントを推進するトップ経営者が,山岸がいう「低信頼者」であれば,彼らがコミットした人びとのみが脚光を浴び,せっかくの多様性を活かしきれない。それゆえ,トップ経営者は,「高信頼者」でなければならない。

一方,Cleaveland ら (2007) が33人の米国ホテルマネジャーを対象に行った研究によると,ホテル業に以前携わったことがある,または,現在ホテル企業で働いている妻(または夫)は,そうではない妻(または夫)に比べて,夫(または妻)の仕事に対する理解度が高かった。

なんらかのホテル勤務経験がある夫または妻は,ホテル企業で働くメリット(例えば,休暇時に格安な料金で他のホテルに泊まれる,高級なホテルにも安価で宿泊できる,さまざまな人びとに出会うことができるなど)を知っているため,相対的に高い理解度を生み出したと考えられる。

そこで,ワーク・ファミリー・コンフリクトを解消する一助として,従業員の仕事を理解してもらうために,その夫または妻に勤務先ホテルを知ってもらうための手段を考えることが必要となる。その場合,本研究は,トップ経営者が主催して家族をホテルに招いたり,従業員の仕事内容を家族に広報したりすることを提案したい。

2 長時間労働の解消に対するトップ経営者の責務

一方,ホテル企業には,従業員,特に管理職に対して,週末や休日を含み,可能な限り長い時間働くことを是とする規範が存在している[53]。つまり,労働効率よりも,「労働時間の長さ=経験量の多さ」を重視している。そして,それは,同僚より早く帰宅すること,または家庭のために休暇を取ることがむずか

しい職場の雰囲気を醸し出す(54)。

　このように，長時間労働は，弊害が多い。しかし，ホテル企業はいつまでたってもこの弊害を根絶できない。それは，長時間労働が仕事に対する従業員の，究極的には所属企業に対する従業員のコミットメント度合いを推し量る手段になっているからである。それゆえ，従業員は，上司より早く帰宅すれば，やる気がないと疑われるのではないかと危惧して，帰宅をためらう。また，同じ理由から，休暇申請を出す決心がつかない。

　Taylor (2006) は，多くの企業において，いかに生産的または効率的に仕事を進めたかではなく，いかに長い時間残業したかにより，昇進が決まるといっている。昨今の経済不況を鑑みると，仕事を守るために，従業員は長時間労働に耐えなければならないのかもしれない。また，すべての残業が悪いわけではない。仕事に打ち込んでいるときや，同僚と一緒に働くことを楽しみにしているときなどでは，長時間労働も苦にならない。

　たしかに，ホテル業は，24時間・年中無休営業であることから，長時間労働がつきまといやすい。しかし，不要・不急の仕事のために残業することは，人件費管理においても，また従業員のワーク・ライフ・バランスにとっても看過できない問題である。

　Wong & Ko (2009) は，香港のホテル企業で働く従業員を対象にした調査から，従業員が定刻で仕事を終わらせることができるかどうかは，上司の「気づき」，つまり，仕事が終わっている部下に気づき，帰宅を促すなどに依存し，上司の気遣いと，上司・部下間の信頼，協力体制の濃淡によって決まるという。

　だが，長時間労働は，多くのホテル企業で普遍的に見られる現象である。それゆえ，現場管理職に改善を委ねるだけではなかなか解決できない。むしろ，この問題の根絶は，トップ経営者の責務と捉えるべきである。

第7節　小　　括

　本研究は，第5章までの考察を通じて，ホテル企業の女性のキャリア観とキ

ャリア開発上の障害を明らかにした。次いで，前章では，そのキャリア観や障害を踏まえ，ホテル企業が解決すべき課題を整理してきた。そして，本章は，この課題に対処するための仕組みとしてダイバーシティ・マネジメントに基づく人的資源管理の重要性について論述した。また，あわせて，トップ経営者の役割や責務について言及した。

一方，ホテル企業の女性はこれまで，特に結婚を契機に，入社後短期間で離職することが多かった。それは，ホテル労働が不規則，変則的であり，かつしばしば長時間にわたるため，家庭生活と両立しにくかったからである。それゆえ，ホテル企業が女性の就労を長期化させるためには，仕事と家庭生活，より拡張すれば，仕事と仕事以外の生活のバランスを保つことが不可欠になる。そして，そのためには，ワーク・ライフ・バランス制度の拡充が求められる。

しかし，仕事と仕事以外の生活のバランスが図れたとしても，女性を積極的に活用し，登用しなければ，やはり就労は長期化しない。そのため，ワーク・ライフ・バランス制度に加えて，ポジティブ・アクション制度の導入が必要になる。特に，女性管理職の増加は，いつになったら理想状態に達するのかと慨嘆するほど遅々として進んでいない。そこで，クオータ（quota）制のように，目標数値を設定する必要があると考える。

女性を活用することは重要であるが，ひとくくりに女性といっても多様である。つまり，独身者もいれば，配偶者をもつ女性もいる。また，配偶者がいて子どもがいない女性もいれば，育児に忙しい女性もいる。この多様性により，働き方に対する女性のニーズは一様ではない。

それゆえ，女性を活用し，適切に処遇するためには，この多様なニーズに対応できる複線型人事制度を欠くことができない。ワーク・ライフ・バランス制度やポジティブ・アクション制度は，この複線型人事制度の完成をもって，それぞれの理念が完結できる。

そして，この完結により，女性は，働きやすさ，働きがいを得ることができる。また，ホテル企業は，優秀な女性の確保とその定着率の向上を図ることが

図7-5　ダイバーシティ・マネジメントを支える3つの制度とその関係性

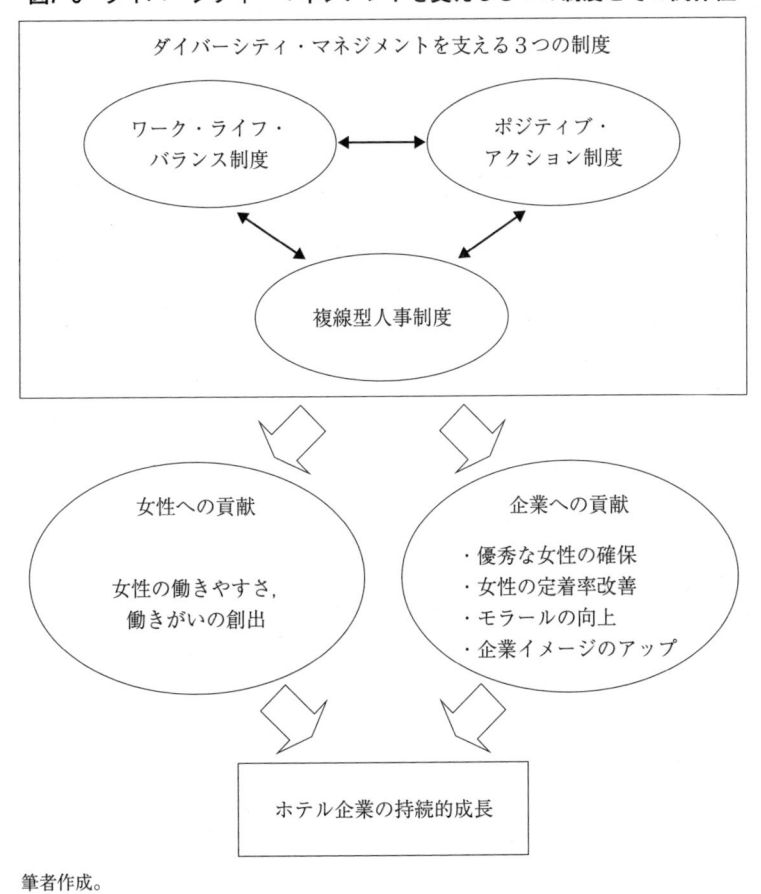

```
ダイバーシティ・マネジメントを支える3つの制度
  ワーク・ライフ・バランス制度 ⇔ ポジティブ・アクション制度
              ↕         ↕
         複線型人事制度
```

↓　　　　　　　　↓

女性への貢献
女性の働きやすさ，働きがいの創出

企業への貢献
・優秀な女性の確保
・女性の定着率改善
・モラールの向上
・企業イメージのアップ

↓　　　　　　　　↓

ホテル企業の持続的成長

筆者作成。

可能になり，女性従業員のモラールを高めることもできる。さらに，ホテル企業は，これにより，自社のイメージを改善することもできるし，持続的な発展への足がかりを得ることができるのである。

　ワーク・ライフ・バランス制度，ポジティブ・アクション制度と複線型人事制度の関係，およびそれらが女性やホテル企業に与える効果をまとめると，図7-5のようになる。

注

（1）Jackson et al.（2003）を参照。
（2）Dittmer & Griffin（1992）p.45を参照。
（3）運輸省大臣官房観光部（1970）1頁を参照。
（4）例えば，Brownell & Walsh（2008）p.118を参照。
（5）例えば，『日本経済新聞』（2008）『河北新報』（2009）など。
（6）例えば，『西日本新聞』（2009）など。
（7）Brownell & Walsh，前掲稿，p.119。
（8）Carbasho（2002），Mccoy-Ullrich（2002）を参照。
（9）Sharkey（2002）を参照。
（10）Hamilton（1999）を参照。
（11）Brownell & Walsh，前掲稿，p.121。
（12）渡辺（2000）を参照。
（13）正木・前田（2003）を参照。
（14）小杉（2004）を参照。
（15）荒金（2006）を参照。
（16）日経連研究会（2001）19頁を参照。
（17）森沢・木原（2006）を参照。
（18）江上（2006）を参照。
（19）客室料金に朝食代やその他のサービス代金を加えセット価格として販売する商品を指す。
（20）木村（1994）を参照。
（21）南（2001）を参照。
（22）同上。
（23）財団法人21世紀職業財団（2007）を参照。
（24）同上。
（25）同上。
（26）『日本経済新聞』（2009）を参照。
（27）Kanter（1983）を参照。
（28）Levine & Moreland（1998）を参照。
（29）谷口（2005），76頁を参照。
（30）Maxwell（1997）p.233を参照。
（31）例えば，Shirley（1995），Smith & Smits（1994）など。
（32）佐藤（2008）を参照。
（33）川本（2004）を参照。
（34）Thomas & Ganster（1995）を参照。
（35）財団法人21世紀職業財団（2007）を参照。

(36) 『労政時報』(2002b) 26頁を参照。
(37) 『総合資料 M & L』(1994) 14頁を参照。
(38) 阿部・中田 (2008), 18頁を参照。
(39) 『ニュー人事システム』(1994) 42頁を参照。
(40) 『労政時報』(2002b) 29頁を参照。
(41) 『月刊人事労務』(2002) 9頁を参照。
(42) 河野 (2004) を参照。
(43) 『労政ファイル』(2002) を参照。
(44) 河野 (2004) を参照。
(45) 同上。
(46) 『労政時報』(2002a) 5-6頁を参照。
(47) 河野前掲稿を参照。
(48) 『労政時報』(2002a) 4-5頁を参照。
(49) 武石 (2006), 122頁を参照。
(50) 『労政ファイル』(2002), 8頁を参照。
(51) 海上 (2006), 25頁を参照。
(52) 財団法人女性職業財団 (1991) を参照。
(53) Munck (2001) を参照。
(54) Thompson et al. (1999) を参照。

終章

本研究の要約，発見，貢献および結論と今後の研究課題

第1節　本研究の要約

　本研究は，これまでほとんど研究が行われてこなかったわが国のホテル企業で働く女性の人的資源管理に焦点をあて，彼女らのキャリア観やキャリア開発上の障害などを把握するとともに，この把握に基づき，ホテル企業が対処すべき女性のキャリア課題を明確にすることを第一義的な目的とした。

　そして，このキャリア課題を解決し，かつ彼女たちの多様な働き方に即した新しい人的資源管理のあり方を考察するとともに，それを具現化するワーク・ライフ・バランス制度，ポジティブアクション制度および複線型人事制度について提言することを終局的な目的にした。

　この目的を果たすため，本研究は，第1章でホテル企業の人的資源管理に関する内外の研究成果をレビューした。まず，わが国の場合をみると，種々のデータベースを活用し，文献検索を行ったところ，この分野に関連する学術的な研究が，1968年から2009年に至るまでのあいだに，27件あることがわかった。

　ただし，そのうちの22件は2000年以降に発表された研究である。さらに，27件のうちの18件は6人の著作である。このことから，ホテル企業の人的資源管理にかかわる研究は，その歴史が浅いとともに，研究者そのものが少ないことが理解できた。また，本研究がテーマとするホテル企業の女性キャリア問題については，飯嶋（2008）以外に見出すことができなかった。

　一方，わが国の先行研究をレビューしたところ，本研究の参考となるいくつ

かの知見を得ることができた。例えば、①若年者の勤続意欲の希薄さ(1)、②ホテル業界内での転職の頻発(2)、③部門間の配置転換の少なさ(3)、④若年者で未婚、かつ高学歴者にみられる高い離職性向(4)、⑤非正規従業員の増加(5)などである。

これに対して、米英などの海外の先行研究は、①女性総支配人の少なさを根拠とする「ガラスの天井」、②主として男性のみ、または主として女性のみが就く仕事のように男女が担う職種が異なるという「性による分離 (sex segregation)」、③キャリア開発を成功させるための要因、④キャリア開発上の障害となる要因、について種々の研究成果があることがわかった。そして、本研究は、この米英などの先行研究には、「わが国」というフィルターを通して見直したとき、3つの問題点があると主張した。その問題点とは、以下である。

① 米英などの先行研究は、「ガラスの天井」の解明に研究の主眼が置かれていたため、この天井の直前で昇進が停滞する女性マネジャーをもっぱら研究対象にしてきた。一方、わが国では一般的に、女性管理職が少ない。また、わが国のホテル企業では、女性の早期離職者が多く、「ガラスの天井」のはるか手前にキャリア開発上の障害が存在する。そのため、わが国では研究対象を、一般社員を含めた女性従業員全般に拡張する必要がある。

② 米英などの先行研究は、フルタイム労働で、キャリアの中断がなく、ホテル業に長期間携わる人をキャリア・モデルとして捉えてきた。しかし、このキャリア・モデルは、出産または育児でキャリアを中断し、そののち非正規化することが多いわが国の女性にとって、適切ではない。

③ 米英などの先行研究は、女性をひとまとめにして、キャリア開発上の阻害要因を分析してきた(6)。しかし、女性の属性（例えば、独身または既婚、子どもの有無）や、ライフ・ステージ（例えば、子育て時期と、子育てが終わった時期）が異なれば、キャリア阻害要因に対する認識が変わるはずで

ある。そのため，女性を「同質」的に取り扱うことは誤りであり，むしろ女性の多様性を前提にし，女性のライフ・ステージに合わせて，阻害要因を把握すべきであった。

　一方，第2章では，既存の調査データを用いて，わが国のホテル業の経営と労働の実態を分析した。その結果，①わが国のホテル市場は細分化されており，多数の単独運営型ホテルにより構成されている，②わが国のホテル企業では宿泊収入よりも料飲などの収入の方が多い，③ホテル従業員の年収は，30歳前半から中頃で400万円前後となり，わが国の企業のなかでは，中位に位置づけられる，④ホテル企業の労働時間は，わが国の産業平均よりも長く，休日日数は少ない，⑤非正規従業員は，ホテル規模の大小を問わず，その大半が女性である，⑥女性従業員の平均勤続年数は5年程度であることが多い，⑦女性従業員の離職率が高く，かつ就業期間の短い離職者が多い，などがわかった。

　第3章では，米英などの先行研究が典型的なキャリア・モデルとして捉え，さらに女性のキャリア目標のひとつと認めるホテル企業の総支配人に着目し，そのキャリア・パスを調べた。また，わが国の総支配人のキャリア・パスを米英などのそれと比較し，両者の異同を論述した。

　その結果，米英などの国ぐにの総支配人は，学生時代にホテル・マネジメントに関する専門教育を受け，多くの場合卒業と同時にホテル業に携わり，またいったん他の産業に就職した場合でも，初期キャリアの段階でホテル業に転身していたことが理解できた。

　加えて，米英などの総支配人は，ホテル業内でもっぱら料飲部門，または宿泊部門でキャリアを積み重ねていた。そして，これら2部門と副総支配人の経験が総支配人になるための主要なキャリア・パスになっていた。さらに，1企業内で昇進機会を待つだけでなく，転職を通じてキャリア・アップを図り，ときには海外のホテルで勤務経験を積みながら，30歳代前半で総支配人になるというキャリア・パスが存在していた。

これに対して、わが国では、学生時代にホテル・マネジメントにかかわる専門教育を受けずにホテル業に携わった総支配人が大半であった。また、総支配人の約半数は、他の産業からの転身者である。そして、この転身が、40歳前後の中期キャリア段階で行われることもめずらしくなかった。

さらに、ホテル企業に加わったのちは、主に管理部門、セールス・マーケティング部門、または宿泊オペレーション部門で勤務し、米英などの総支配人と異なり料飲部門を経験することはまれであった。加えて、本研究の総支配人で海外ホテルの勤務経験を有する人は少なかった。ただし、わが国においても、ホテル業内で転職を経験した総支配人が約3分の1の割合で存在していた。

そして、このようなルートを経て、総支配人に昇進する直前に副総支配人または宴会部門の最高責任者なり、40歳代半ばで初めて総支配人に就任するというキャリア・パスを見出すことができた。

第4章では、女性従業員のキャリア観を知るために、現在の職位に対する満足度、勤続意欲、管理職への昇進意欲、管理職になるために必要な資質や能力、および管理職昇進を阻む要因などについて分析した。

その結果、①昇進意欲はどちらかといえば希薄である、②勤続意欲も希薄であり、「結婚するまで」などの期間限定つきの勤続を希望する女性が半数を占めていた、③「昇進・昇格」、「配属・人事異動」と「人事評価」に男女格差があると考えており、そのなかでも、「昇進・昇格」に格差があると答えた人が多かった、④「問題解決能力」、「仕事に取り組む姿勢」、「効果的なコミュニケーション能力」および「仕事への精励」の4項目を管理職になるために求められる主要な資質・能力と捉えていた、⑤「仕事と家庭生活との両立の困難さ」が管理職に昇進するときのもっとも大きな障害であることがわかった。

第5章では、前章と同じ質問紙を用いて、ホテル企業に勤める男女のキャリア観を聴取し、その異同を把握した。そして、この異同の分析を通じて、女性従業員の勤続および昇進意欲が男性に比べて希薄であることや、キャリア開発に際して女性が直面する障害の捉え方について男女間に相違があることなどが

明らかになった。

また,第5章では,ホテル企業の人事担当者を対象に行った調査結果を分析し,ワーク・ライフ・バランスに配慮した人事制度は存在するもののさほど利用されていないこと,女性従業員を積極的に活用する意思が弱いことなどを明らかにした。

第6章では,第2章から第5章までの分析結果に基づき,女性従業員の円滑なキャリア開発を支援するために,企業側が解決すべき課題を取りまとめた。具体的には,女性の早期離職や勤続・昇進意欲の希薄さ,ワーク・ライフ・バランス,非正規化する女性労働などへの対応について論述した。さらに,第6章では,前章までの考察を参考にして,わが国のホテル従業員が従うキャリア開発上のパターンを整理し,そのパターンにみる男女の違いを議論した。

第7章では,前章でまとめた女性のキャリア課題を踏まえ,彼女たちの多様な働き方を許容する複線型人事制度について論じた。また,女性にとって,仕事と家庭生活との両立が最大のキャリア課題であったため,この複線型人事制度に加え,ワーク・ライフ・バランス支援を同時に実施することが必要であると主張した。

さらに,第7章では,女性従業員を積極的に活用し,成功しているホテル企業を事例に挙げながら,ホテル企業におけるポジティブ・アクション制度の重要性について述べた。そして,女性のキャリア問題を考えるとき,トップ経営者の関与が重要であると認識したため,トップ経営者の役割について付言した。

第2節 本研究の発見

1 キャリア開発を妨げる「時間の障壁」

序章および第1章で述べたように,米英などの先行研究は,女性がトップ・マネジメントに「昇進」することを妨げる要因の解明に,その主たる関心を振り向けてきた。これに対して,本研究は,既存の研究やデータの分析を通じて,

わが国のホテル企業では，大半の女性が入社後5年程度で離職することを明らかにした（表2-21参照）。また，1年未満で離職する女性が相当数存在することも理解できた（表2-26参照）。

それゆえ，このような早期離職と勤続年数の短さという事実に直面するわが国にとって，問題にすべきことは，女性の「昇進」ではなく，女性の「勤続」を阻む要因であると考える。そして，女性の昇進を阻む目に見えない要因を「ガラスの天井」と象徴的に呼称するのであれば，わが国では，筆者が名づけた女性の長期勤続を阻む「時間の障壁」というべきものの解明に努める必要があろう（図終-1参照）。

なぜなら，1年未満から5年程度のあいだに多くの女性が離職しているため，この1年または5年程度という時間が，あたかも障壁のように立ちはだかっており，それを超えた長期にわたるキャリア開発を困難にしているように見受けられるからである。そして，この現象は，ひとつの企業内だけで起こっていることではなく，産業全体に構造化されているからである。

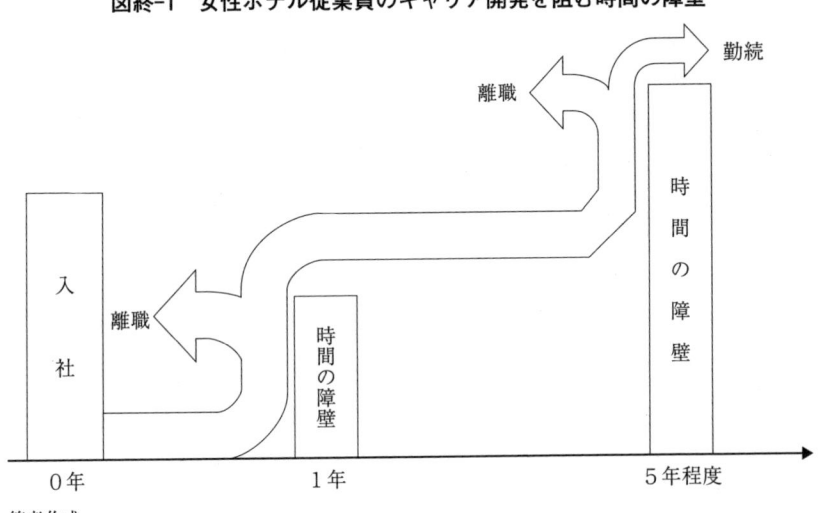

図終-1　女性ホテル従業員のキャリア開発を阻む時間の障壁

筆者作成。

一方，本研究は，第4章で，30歳未満の勤続意欲が希薄であることを見出した。そして，この希薄さは，上述した短期の勤続年数につながると考える。しかし，女性管理職の，その中心は40歳代半ばであるが，勤続意欲はかならずしも希薄ではなかった。むしろ，女性管理職は，それ未満の職位に就く女性に比べて，「定年まで勤めたい」と望む人の割合が高くなる傾向があった（表4-24参照）。つまり，同じ女性であるが，若年者と管理職では，キャリア観に相違，または断絶がある。

　換言すれば，離職を「勤続意欲がまったくなくなった状態」と仮定すると，入社後5年程度働いた多くの女性は，この状態に陥る。しかし，40歳代中盤の管理職になると，この勤続意欲が復活する。この入社後5年程度の時期から，管理職に昇進する時期のあいだに起こる女性の主なライフ・イベントといえば，結婚と出産・育児であろう。そのため，キャリア開発を阻害する時間の障壁の少なくとも一部は，結婚，出産・育児が創造したと考えることができる。

　他方，わが国ではホテル企業にかぎらず一般的に，女性は男性に比べ早期に離職する傾向がある。そして，女性は出産の段階で辞めることが多い（佐藤，2008）。ところが，ホテル企業では，妊娠・出産を待たずして，結婚を契機に女性の離職が生起する。つまり，一般の企業より女性の離職時期が早い。これは本研究によるひとつの発見である。

　だが，なぜホテル企業では，女性の離職時期が早いのであろうか。本研究は，その理由として，ホテル労働の特異性を指摘したい。ホテル業は24時間・年中無休営業が原則である。そのため，シフト勤務，深夜・早朝勤務，週末・休日出勤が常態化しており，それらを避けることがむずかしい。

　また，ホテル労働の基本は顧客に対するサービスの提供であるため，従業員は顧客のスケジュールに合わせて業務を遂行しなければならない。これにより従業員は，能動的なスケジュール管理ができなくなる。さらに，顧客の来店を正確に予測できないことが多く，その来訪を待ち続けることで，しばしば労働時間が長くなる。

このような変則的な勤務形態，能動的スケジュール管理の困難さと長時間労働は，配偶者をもったとき，または特に育児に手間がかかる乳幼児をもったとき，女性にとって大きな負担になる。それゆえ，わが国のホテル企業の女性は，あらかじめその負担を予測し，結婚を契機に離職すると思慮する。

そうであるとすれば，女性の勤続年数を長期化させるためには，もともと両立がむずかしいホテル労働と結婚生活や家庭生活との折り合いを図る必要がある。そのためには，ワーク・ライフ・バランス制度の確立が不可欠になる。そして，本研究は，この制度なしには，時間の障壁の打破は困難であると考えている。

2　主体的で境界なきキャリア開発を行う従業員

Hall (1976) は，今日のビジネス社会では，従業員のキャリア開発を推し進める主体者が企業から従業員本人へと移っているという。また，Arthur (1994) は，雇用関係が短期化，不安定化しているため，従来のように1社にとどまりキャリアを開発するよりも，外部労働市場を利用したキャリア開発を行うべきだと主張する。

他方，ホテル企業の従業員が，主体的で，かつ「組織境界のないキャリア開発」を行っていることをうかがわせる状況証拠は以前から散見していた。例えば，土井 (1999：162) は，「1971年に品川駅前にオープンしたホテルパシフィック開業の際には，ホテルオークラから常務取締役以下150名の社員が動いたといわれている。当時はまだ，転職や企業間の水平移動が認知されている時代ではなかったから，これは極めて珍しいことであった」という。

また，前出の原 (1978) や上野山 (2002) などもホテル業界では，従業員の転職活動がしばしば起こっているという。そして，飯嶋 (2001) は，わが国のホテル業では従業員の組織間移動によりホテル運営ノウハウが伝播してきたといい，新設のホテルを渡り歩く従業員の存在を指摘している。

さらに，Yamashita & Uenoyama (2006) は，わが国のホテル企業の従業員は，

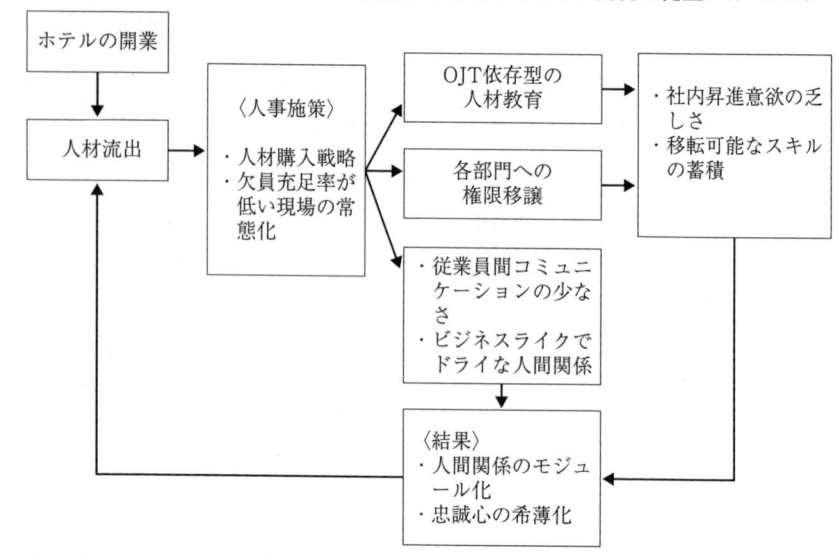

図終-2　ホテル企業における組織境界を超えたキャリア開発の発生メカニズム

```
┌──────────┐
│ホテルの開業│
└────┬─────┘
     │           ┌─────────────┐     ┌──────────────┐     ┌──────────────┐
     ↓           │〈人事施策〉  │ →　 │OJT依存型の   │ →　 │・社内昇進意欲 │
┌──────────┐ →  │・人材購入戦略│     │人材教育      │     │  の乏しさ    │
│ 人材流出 │    │・欠員充足率が│     └──────────────┘     │・移転可能なス │
└────↑─────┘    │  低い現場の  │ →　 ┌──────────────┐     │  キルの蓄積  │
     │           │  常態化      │     │各部門への    │ →　 └──────┬───────┘
     │           └─────────────┘     │権限移譲      │            │
     │                       ↓        └──────────────┘            │
     │                  ┌──────────────────┐                      │
     │                  │・従業員間コミュニ │                      │
     │                  │  ケーションの少なさ│                     │
     │                  │・ビジネスライクで │                      │
     │                  │  ドライな人間関係 │                      │
     │                  └────────┬─────────┘                      │
     │                           ↓                                 │
     │                  ┌──────────────────┐                      │
     │                  │〈結果〉          │                      │
     └──────────────────│・人間関係のモジュ │←─────────────────────┘
                        │  ール化          │
                        │・忠誠心の希薄化  │
                        └──────────────────┘
```

出所：Yamashita & Uenoyama（2006）233頁。

上述したArthur（1994）がいう「組織境界のないキャリア開発」を行っているという。彼らの考え方をまとめると，以下になる（図終-2参照）。

① わが国のホテル企業は，人材を初歩から養成するよりも，即戦力となる人材を外部労働市場から調達する「人材購入戦略」をとることが多い。

② ホテル企業内の各部門の専門性が高いため，中途・新卒採用者に対する教育は各部門に委ねられ，現場でOJT中心の教育が施される。

③ この教育を担当する人は，現場の業務全般に熟知することと，指導力が求められる。そのため，教育担当者になることは，管理職へのキャリア・パスになる。

④ しかし，教育担当になれなかった場合は，昇進の道が閉ざされるため，社外にその機会を求めるようになる。また，ホテル企業の従業員が有するスキルは，移転可能性が高い。そのため，他のホテルの新規開業を契機

に，人材が流出する。
⑤ 人材が流出すると，欠員が生じた職場が生まれ，残された従業員はその補填のために多忙になる。その結果，従業員相互のコミュニケーションが少なくなり，職場の人間関係がビジネスライクでドライになる。そして，人材流出が止まらないと，職場の人間関係がさらに悪化すると同時に，従業員の忠誠心が希薄になり，これがさらなる人材流出をまねく。

しかし，上述した土井（1999）やその他の研究は，一部の例外を除き，「自主的なキャリア開発」，「組織境界のないキャリア開発」を行う人の存在を暗示するものの，「転職が多い」という現象の観察報告にすぎず，かならずしも実証的なデータに基づいて主張しているわけではない。また，Yamashita & Uenoyama（2006）の「組織境界のないキャリア開発」説も，わが国のなかから8ホテルを選び，18人のマネジャーなどにインタビューした結果による「作業仮説（working hypothesis）」的な研究成果である。

これに対して，第3章で行った総支配人のキャリア・パス研究によると，回答者の約3分の1がホテル業内で転職を経験していた。そして，転職経験者は，1人当り平均して，1.53回転職していた。

一方，このキャリア・パス調査に回答を寄せた総支配人を，「学校卒業後の進路」を用いて分類し直すと，「卒業後すぐホテル企業に就職した」総支配人が全体の52.5％，「他の産業からホテル業に転身」した総支配人が残りの47.5％となった。

そして，前者の約47％，後者の約20％がホテル業界で転職を経験している。このことから，総支配人のなかでも，「卒業後すぐホテル企業に就職」した総支配人のように，転職経験者が多いカテゴリーがあること（全回答者の約25％）がわかる（図終-3参照）。

他方，第4章で分析した調査でも，女性回答者の約19％は，ホテル業内で転職経験があった（表4-4参照）。また，第5章で行った調査でも，男性回答者の約

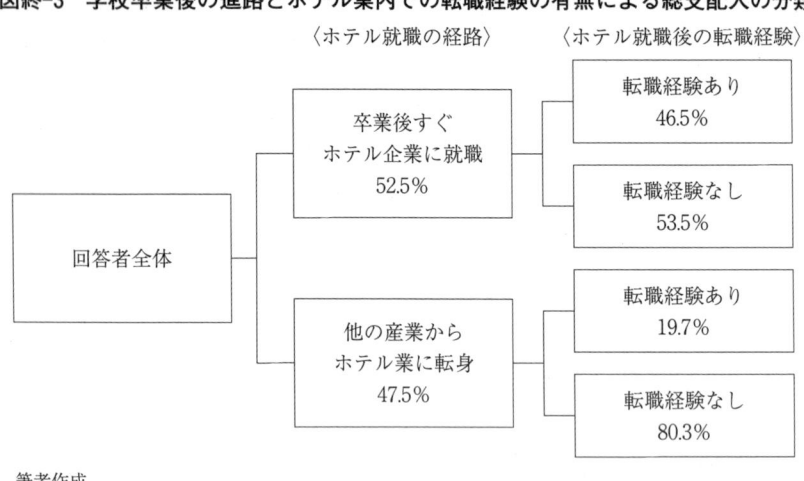

図終-3　学校卒業後の進路とホテル業内での転職経験の有無による総支配人の分類

〈ホテル就職の経路〉　　〈ホテル就職後の転職経験〉

```
                    ┌─ 卒業後すぐ         ┌─ 転職経験あり 46.5%
                    │  ホテル企業に就職 ──┤
                    │  52.5%              └─ 転職経験なし 53.5%
回答者全体 ─────────┤
                    │  他の産業から       ┌─ 転職経験あり 19.7%
                    └─ ホテル業に転身 ────┤
                       47.5%              └─ 転職経験なし 80.3%
```

筆者作成。

4人に1人，女性回答者の約5人に1人の割合で業界内の転職を経験していた（表5-8参照）。

　以上から，ホテル従業員の多数派は伝統的なキャリア開発手法に従う，つまり，ひとつの企業内でキャリアを積み上げる人たちであることがわかる。しかし，一部の従業員（全体の2割から3割程度）は外部労働市場を利用したキャリア開発を行っていることが理解できる。その結果，ホテル従業員のキャリア開発は，伝統的な手法と，Hall や Yamashita & Uenoyama が主張する主体的な，または組織境界のないキャリア開発が混合したハイブリッド型であるといえよう。

3　ホテル従業員が従う6つのキャリア開発の形態

　第2章から第5章までの議論から，ホテル従業員のキャリア開発手法には，6つのタイプがあることがわかった。そのひとつ目は，「1．キャリア開発失敗型」と称することができるタイプである。つまり，ホテル企業に入社後，1年未満で離職し，他の産業へ転出するものであり，ホテル従業員としてのキャリ

ア形成に失敗した人たちを包括するカテゴリーである。若年の男女が、しばしばこのタイプに属する。

　ふたつ目のタイプは、「2．初期キャリア離職型」である。上述の「キャリア開発失敗型」よりも長期にわたりホテル企業で就業するが、5年間程度の初期キャリア段階で離職する人が属するカテゴリーである。また、女性従業員の典型的なキャリア開発手法が、この初期キャリア離職型である。この場合の離職は、結婚を契機に起こることが多く、それによりホテル従業員としてのキャリアの中断、または他産業へ転身する場合にはキャリアからの離脱が起こる。

　3つ目のタイプは、「3．1社勤続型」と称することができる伝統的なキャリア開発手法である。つまり、学校卒業後直ちにホテル企業に加わり、離・転職せず、フルタイムで雇用され、長期間（典型例が定年まで）にわたり同一企業内でキャリア開発を行う人びとが属する。わが国のホテル産業では、男性従業員の典型的なキャリア開発手法であり、女性従業員がこのタイプのキャリア開発を行うことは少ない。

　4つ目のタイプは、「4．他産業からの転身型」である。このタイプには、字義どおり、他の産業からホテル企業に転身し、その後ホテル産業でキャリアを開発する人びとが属する。本研究では、男性総支配人の一部と女性管理職のなかに、このタイプのキャリア開発を行う人がいた。ただし、この転身には本人の自由意思に基づく「能動的転身」と、親会社からの出向や家業の継承などの「受動的転身」の2種類がある。そして、能動的転身は比較的若い年齢で生起しているのに対して、受動的転身は中期キャリア段階で起こることが多い。だが、本研究では、女性従業員で受動的転身を行った事例がなかった。

　5つ目のタイプは、従業員が主体的、かつ外部労働市場を活用してキャリア・アップを図るを行う人びとが属するものであり、「5．組織境界なきキャリア型」ということができる。このタイプのキャリア開発を行う従業員は、少数派であるが、男女ともに存在する。

　そして、本研究は、最後の6つ目のタイプを、「6．非正規新規参入型」と名

表終-1 ホテル従業員が従うキャリア開発の6タイプとその特徴および典型的な該当者

タイプ名	特徴	典型的な該当者
1．キャリア開発失敗型	・1年未満での離職とホテル産業からの離脱 ・ホテル業でのキャリア形成の失敗	若年の男女
2．初期キャリア離職型	・5年程度での早期離職 ・結婚を契機にキャリア開発を中断またはホテル業から離脱	女性
3．1社勤続型	・伝統的なキャリア開発手法 ・1社での長期勤続（例えば，定年まで）	男性
4．他産業からの転身型	・他産業からの転身 ・自由意思に基づく能動的な転身と出向などによる受動的な転身 ・能動的転身はしばしば早期キャリア段階で生起，受動的転身は中期キャリア段階で生起	男性 女性管理職
5．組織境界なきキャリア型	・主体的なキャリア開発 ・外部労働市場を利用し，組織境界の制限を受けないキャリア開発	一部の男女 女性の場合は係長相当職以上の役職者に多い
6．非正規新規参入型	・非正規従業員としてホテル業へ参入 ・中期キャリア段階での新規参入が典型例	女性

筆者作成。

づけた。このタイプのキャリア開発は，本研究の諸調査からは直接導出することができない。しかし，既存の調査データなどから，その存在が認められるひとつのタイプである。新卒時に契約社員などで採用されることもあるが，典型例は，中期キャリア段階以降になってはじめてホテル業に携わり，かつ非正規従業員として働きながら，キャリア開発を行う人びとである。ホテル企業に入社したのちに，登用制度を利用して正規従業員になる人もいる。そして，女性がこのキャリア開発手法に従うことが多い。

以上の6つのタイプの特徴と，各タイプの典型的な該当者を要約すると表終-1のようになる。そして，男女が従う典型的なキャリア開発手法に注目し，以上をまとめると図終-4（283ページ）になる。

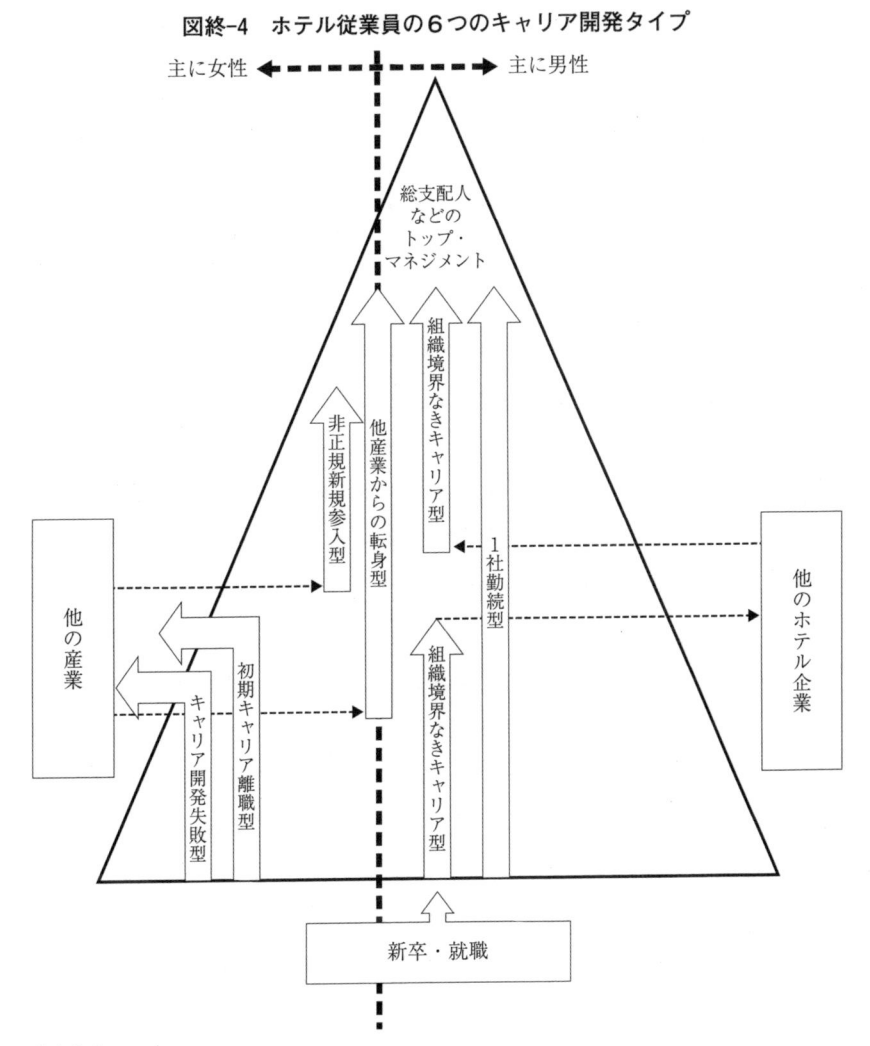

図終-4 ホテル従業員の6つのキャリア開発タイプ

主に女性 ◄-----► 主に男性

- 総支配人などのトップ・マネジメント
- 非正規新規参入型
- 他産業からの転身型
- 組織境界なきキャリア型
- 1社勤続型
- 初期キャリア離職型
- キャリア開発失敗型
- 組織境界なきキャリア型

他の産業 ／ 他のホテル企業

新卒・就職

筆者作成。

4　3次元構造の複線型人事制度

人びとの多様な働き方に対応するためには，それに即した多様な人事制度が

必要になる。特に,女性は,仕事に加え,さまざまな家庭責任を負っており,その責任は,彼女たちのライフ・ステージの局面ごとに,重くなったり,軽くなったりする。

これに対して,ホテル労働は,本節の前段で述べたように,不規則かつ変則的であり,そのうえ長時間労働を強いられることが多い。そのため,女性の家庭責任が重くなる時期,特に結婚から出産・育児に至るまでの期間は,仕事と家庭生活との両立がむずかしい。

一方,いま,従業員の雇用形態を,「フルタイム」と「パートタイム」,「雇用期間の定めがある」と「雇用期間の定めがない」のふたつで区分すると下図終-5のようになる。

図終-5の第1象限は,典型的な正規雇用,第3象限は典型的な非正規雇用であり,これらふたつは在来のものである。そして,第5章で行ったホテル企業の人事担当者に対する調査から,回答企業42ホテルのうち36ホテルは,非正規

図終-5 雇用形態の分類

雇用期間の定めがない

中間型1 ← → 典型的な正規雇用

パートタイム ← → フルタイム

典型的な非正規雇用 ← → 中間型2

雇用期間の定めがある

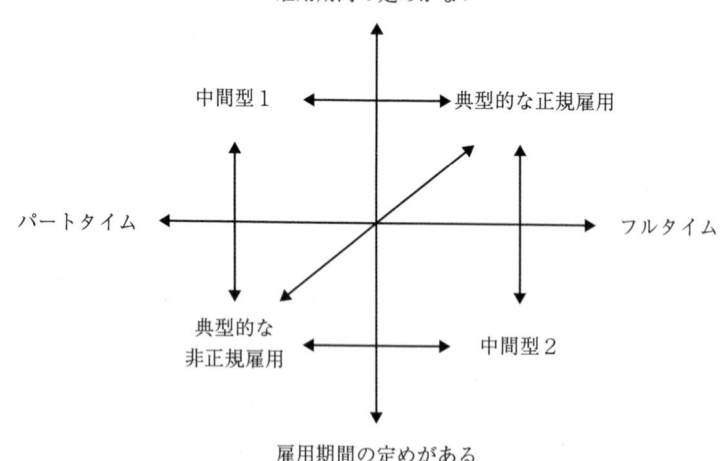

(注) 図中の矢印は,雇用形態の転換を示す。
筆者作成。

から正規に雇用形態を転換する制度を有していることがわかった。

　しかし，これまでのホテル企業の人事制度は，正規従業員を対象にした単線的なものであることが多かった。そのため，なんらかの事情により，フルタイムで働くことができなくなれば，会社を辞めるか，非正規従業員として再雇用されるかという二者択一以外の選択肢がなかった。また，第7章で紹介した京王プラザホテルのように，複線化した人事制度を有していた場合でも，正規従業員が対象となり，非正規は内包されていない。

　これに対して，本研究が推奨するダイエーのCAP制度では，正規，非正規に加え，図終-5の第2象限の「中間型1」と，第4象限の「中間型2」をカバーすることができる。そして，第1象限から第4象限までのそれぞれの雇用区分のあいだで，双方向の転換，乗り換えを許容している。

　そのため，例えば，正規従業員だった女性が，子育て期間中や家族の介護などで家庭生活が忙しいときにパートタイムで働きたいと思えば，「中間型1」に契約区分を変え，子育てや介護などが終わり家庭生活に余裕が生まれた段階で元に戻ることが可能になる。

　ただし，ホテル企業の従業員は，バック・オフィス的なマネジメントや管理業務を担当する人びとと，フロント・オフィス的な接客やセールス業務を担当する人びとに大別できる。一方，社内の各部門は，他の部門から独立した人事管理が行われ，それが部門独自の組織文化を生み出し(7)，さらに，部門間の異動を阻んできた(8)。

　しかし，多様な働き方を実現するためには，部門間の乗り換えと，仕事の内容の変更（例えば，接客業務から管理業務へ）を可能にしなければならない。なぜなら，例えば，フロント業務は24時間営業が基本であり，深夜勤務や泊まり勤務がある。このセクションで働く女性が子どもをもったとき，このような勤務形態では家庭生活と両立しにくい。そこで，育児期間中は，日中の業務が中心である管理部門や料飲部門などへ異動できるという仕組みがあれば，キャリアを中断しなくてもよい。

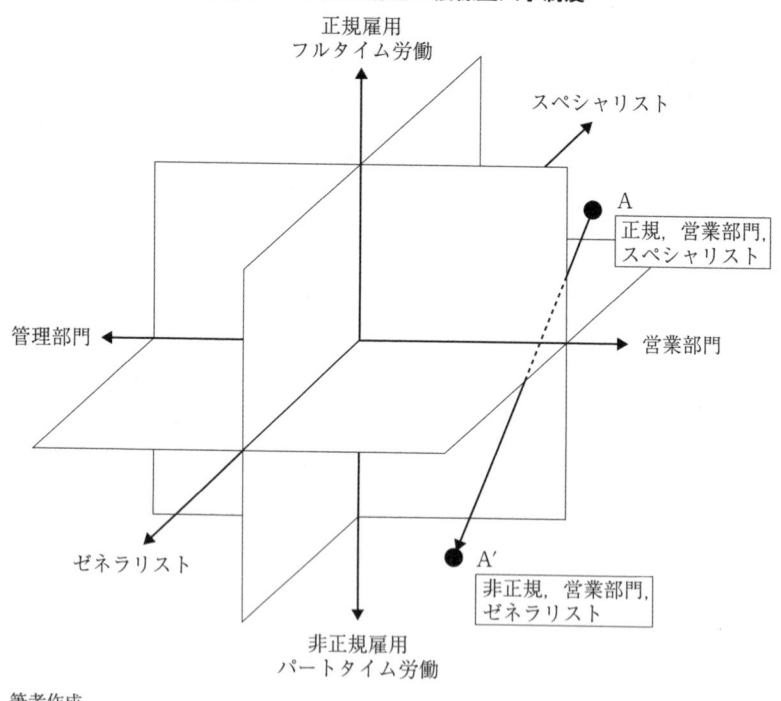

図終-6　3次元構造の複線型人事制度

正規雇用
フルタイム労働

スペシャリスト

A
正規, 営業部門, スペシャリスト

管理部門 ← → 営業部門

ゼネラリスト

A′
非正規, 営業部門, ゼネラリスト

非正規雇用
パートタイム労働

筆者作成。

　他方，同じ従業員であっても，キャリア・ステージによっては，あるときはオペレーションに興味をもったり，またあるときはマネジメントを学びたいと思ったりすることもあろう。そのようなときには，京王プラザホテルのように，仕事内容の転換を許容する人事制度があるとよい。

　以上から，従業員の働き方に対する多様なニーズに対応する仕組みが複線型人事制度であるとすれば，理想的な複線型人事制度は，第7章第5節で述べたダイエーのCAP制度的な複線型人事制度に加え，部門間の異動と仕事内容の転換（例えば，「ゼネラリストとスペシャリスト間の異動」）を可能にする3次元構造になっていなければならない。そして，この3次元構造のなかで，ライフ・ステージや働き方に対するニーズの変化に合わせて，例えば，図終-6に示した

AからA′へのように,自らの座標を変えることができればより好ましい。

第3節　本研究の貢献

1　サービス・マネジメント研究への貢献

　今日,わが国は,サービス経済化という大きな潮流のなかにいる。そして,この現象を経営学の視点から見直したときそれは,わが国の企業や組織がマネジメントすべき主たる対象が,モノからサービスへ移行していることを意味する。ところが,マネジメントの対象が変化したことにより,われわれは,伝統的な,つまりモノづくりに基盤を置いて構築されてきたマネジメント理論の有効性に対して,大きな疑問を感じるようになってきた。

　この点に関して,かつてDavis (1983) は,製造業のモデルを利用してサービス組織を運営することは,農業のモデルで工場を稼働させることと同様に意味がないと述べている。そして,彼の主張の背後には,サービスの生産・提供をマネジメントすることと,モノの生産・提供をマネジメントすることは,明らかに異なる行為であるという考え方が存在する。それゆえ,Davisは,モノづくりに基づく理論では,サービスがうまくマネジメントできないという。そこで,経済活動の実勢に合わせて,1980年代中頃から米国や英国,または北欧諸国を中心にして発展してきたのが,サービス・マネジメントである。

　しかし,わが国のサービス・マネジメント研究は,米英などと異なり,サービス経済化に歩調を合わせ進展しているわけではない。むしろ,30年以上も前からサービスが経済活動の主体であったにもかかわらず[9],長いあいだこの事実に背を向けてきた。そのため,21世紀を迎えた今日においても,わが国のサービス研究は,著しく遅滞しており,量的に少ないだけでなく,質的にも深みに欠けるという印象をぬぐいさることができない。

　他方,序章で述べたように,サービス・マネジメント研究の領域は,①サービス・デリバリー・システムと,②経営理念,組織文化,組織構造,経営者の

リーダーシップなどのマネジメント上のインフラストラクチャーのふたつに大別できる。そして，前者のサービス・デリバリー・システムでは，フロント・オフィス従業員がもっとも重要な役割を果たしている。

例えば，Heskettら (1994) の「サービス・プロフィット・チェーン (service profit chain) 理論」によると，企業が従業員に対して優れた内部サービス（例えば，教育・研修，報酬や称賛，エンパワーメントまたは昇進や昇格など）を提供し就業環境を充実することで，従業員の仕事への満足が高まり，その生産性とモラールが高まる。そして，そのような従業員は，クオリティの高いサービスを顧客に提供できるという。

さらに，満足した顧客は，ロイヤリティ (loyalty) を抱くようになり，この顧客ロイヤリティの向上は，企業の収入と利益を増大させる。加えて，企業収益の増大は，より高次な内部サービスの提供を可能にすることができ，ますます従業員の満足が高まるというプラスの循環が生まれると説いている（図終-7参照）。

このHeskettらの理論は，従業員が顧客満足と顧客ロイヤリティを生み出すという考え方に加え，一種の「刺激・反応モデル」的な考え方に基づいている。換言すれば，従業員は，企業による内部サービスの提供という刺激に対して，受動的に反応し，満足する存在として描かれている。

たしかに，彼らがいうように，内部サービスのクオリティの高さは，従業員の満足を高めることが多いであろう。しかし，仕事への満足には，従業員が自己のキャリアに対して抱く満足度も影響するのではなかろうか。そして，このキャリア満足度は，教育や報酬，または昇進などの他者から与えられるものだけでなく，生きがいや，働きがい，人間としての成長の実感などの内心面もその規定要因になっている。

一方，同様の内部サービスを従業員に提供したとしても，男性と女性がつねに同じ反応をするとはかぎらない。例えば，本研究が明らかにしたように，同じ雇用条件を提示しても，ホテル企業の女性従業員は男性従業員より早期に離

図終-7 サービス・プロフィット・チェーンと従業員の位置づけ

```
内部サービス → 従業員満足 →  従業員の     → 提供する    → 顧客満足の → 顧客      → 企業収益の
の充実                      モラール向上    サービス・    獲得        ロイヤリティ  拡大
                           従業員の       クオリティの              の向上
                           生産性向上     向上
```

出所：Heskett et al.（1994）166頁を用いて筆者一部修正。

職する。また，若年女性は一般的に，勤続意欲が希薄であった。

　このことから，企業が提供する内部サービスはかならずしもすべての従業員に均質な満足を与えるわけではないことが理解できる。むしろ，従業員の働き方や仕事に対する考え方は多様であることから，その多様性を念頭においた内部サービスの付与が必要になる。

　サービス・デリバリー・システムにおいて，従業員が重要であるとすれば，刺激・反応モデルに依拠した従業員ではなく，キャリアという視点から従業員を捉え直した方が，より豊かな研究成果が生まれると考える。従前のサービス・マネジメント研究では，このキャリアの視点から従業員を捉えることが少なかった。これに対して，本研究は，キャリアという新たな研究視点を示したという意味において，サービス・マネジメント研究に貢献できたと思慮している。

2　女性のキャリア研究への貢献

　今日，経済・労働分野で女性の雇用者が増大しており，女性は企業経営において貴重な労働力になってきた。これにともない，わが国においても，女性を対象にしたキャリア研究が進展している。

例えば，わが国では，製造業などの事務職または営業事務職[10]に就く女性のキャリア研究は相対的に進んでおり，優れた成果を生み出している。また，サービス業においても，女性就業者割合が高い小売業[11]や教育[12]，医療や保健衛生・社会事業[13]，または行政組織[14]などでも研究が蓄積されつつある。だが，女性就業者率が高い宿泊・飲食業では，女性のキャリア研究が未着手の状態にある。

総務省の「労働力調査報告（2009年度）」によると，2008（平成20）年度の宿泊・飲食業の就業者数は334万人であり，同年の全就業者に占める宿泊・飲食業のシェアは5.2％にすぎない。つまり，就業者数からみた産業規模はさほど大きくないといえる。

しかし，宿泊・飲食業を女性就業者比率でみれば，わが国のなかでもトップ・クラスに位置づけることができる。また，この比率は，米国などの宿泊・飲食業が発達している国ぐにと比較してもけっして劣後しない（表終-2参照）。そのため，本来であれば宿泊・飲食業は，女性のキャリアを考察するとき，有望な研究フィールドのひとつであったはずである。

一方，わが国の宿泊・飲食業に従事する女性従業員の離職率は，他の産業に

表終-2 女性就業者割合が高い上位4産業の国際比較（2007年度） （％）

順位	日本	米国	英国	ドイツ
第1位	保健衛生・社会事業（76.0）	保健衛生・社会事業（78.7）	保健衛生・社会事業（79.9）	雇用者のいる個人世帯（93.2）
第2位	宿泊・飲食業（59.6）	教育（69.1）	教育（72.6）	保健衛生・社会事業（75.5）
第3位	教育（53.9）	金融仲介（58.5）	雇用者のいる個人世帯（57.8）	教育（67.1）
第4位	金融仲介（50.3）	宿泊・飲食業（52.8）	宿泊・飲食業（55.2）	宿泊・飲食業（58.5）

注：カッコ内の数字は女性就業者比率を示す。
出所：ILO LABORSTA Internet: YEARLYDATA-2B Total Employment by Economic Activity（http://laborsta.ilo.org/STP/guest，2011年8月閲覧）を用いて筆者作成。

表終-3　産業別女性労働者の離職率　　　　　　　　　　　　　(%)

産　業	2004（平成16）年	2005（平成17）年	2006（平成18）年
宿泊・飲食業	31.5	37.1	27.2
製造業	14.3	13.1	12.5
情報通信業	20.9	15.2	22.8
運輸業	12.9	13.4	14.0
卸売・小売業	16.8	20.6	17.0
金融・保険業	16.5	15.8	17.1
不動産業	15.5	19.3	22.4
医療・福祉	15.7	17.1	15.0
教育・学習支援	10.3	10.1	11.1

注：数値にはパートタイマーを含まない。
出所：厚生労働省『雇用動向調査（各年度版）』を利用し筆者作成。

比べて著しく高い。例えば，厚生労働省の「雇用動向調査（2008年度）」によると，宿泊・飲食業の2006（平成18）年度の女性離職率は27.2％であった。そして，この女性離職率を，同じサービス業に属する卸売・小売業，教育・学習支援などのそれと比較すると，1.6倍から2.5倍近く高いことが察知できる（表終-3参照）。また，宿泊・飲食業の大半の離職者は，「自己都合」で会社を辞めている。さらに，2006年度の宿泊・飲食業では，1年未満で辞職した人が全離職者のうちの約45％を占めていた（表2-25参照）。

そのため，このようなデータをみれば，わが国の宿泊・飲食業では，従業員，特に，女性従業員に対する「人的資源管理の失敗」がすぐに理解できたはずである。それゆえ，本来であれば宿泊・飲食業は，卸売・小売業や教育・学習支援などに先駆けて，女性を対象にしたキャリア研究の研究対象になるべきであった。

このような問題意識をもち，本研究は，宿泊・飲食業のなかからホテル業を選び，女性のキャリア問題を考察した。そして，この分野の研究が未開拓であったことから，本研究は，わが国における先駆的な研究事例として位置づける

ことができる。

3　ホテル企業の人的資源管理への貢献

　Brizendine（2008）は，男女間の知的能力の差が「ガラスの天井」をつくり出したわけではなく，「タイミング」の違いがつくりあげたものにすぎないという。女性は，「ガラスの天井」にさしかかったとき，育児などの家庭責任が同時に重くなり，その責任を果たさなければならないことが多い。そのため，仕事に十分コミットできず，せっかくの昇進機会を見逃すことになる。ところが，子育てが終われば再度仕事にコミットする意思があっても，そのときになると今度は昇進する空きポストがない。つまり，昇進時期と家庭責任のピークが重なってしまったのであり，その意味でタイミングが悪かったとBrizendineはいう。

　しかし，なぜ女性は，タイミングの悪さだけで，そのキャリア開発が阻まれてしまうのか。それは，伝統的なキャリア観の支配力が強く，従前の人的資源管理を束縛し続け，これに反する行為を一切許さなかったからにほかならない。

　この伝統的なキャリア観は，所属する企業と一体感をもち，なによりも仕事を優先し，長時間働き，かつ休職せず，長期間就労しながら組織階梯を登り続ける人を理想的な従業員とみなしてきた[15]。だが，ホテル企業がこの伝統的なキャリア観に従うことは，仕事と同時に家庭責任を負う女性のキャリア開発の機会を奪うことになりかねない。

　わが国の女性は，結婚や出産を契機に離職したり，育児期間中に無職になったりして，キャリアを中断することが多いといわれてきた。たしかに，本研究が明らかにしたように，ホテル企業の女性も，結婚や出産・育児というライフ・イベントと仕事との両立がキャリア開発上の最大の障害になっていた（表4-45参照）。

　しかし，24時間・年中無休日営業を前提とするホテル労働ではシフト勤務，深夜労働，休日出勤が常態化しているため，仕事と家庭生活の両立は他の産業以上に重く女性にのしかかる。そのため，わが国のホテル企業では，多くの女性

が出産を待たずに，結婚の段階で離職する。

　他方，わが国のホテル企業は，人材難に直面しており，女性の勤続年数の長期化を望んでいる。そして，ホテル企業が女性の勤続年数を長くしたいと真剣に願うのであれば，彼女たちのワーク・ライフ・バランスを支援する仕組みづくりを優先すべきである。

　そこで，本研究は，女性がライフ・ステージに合わせて働き方を選ぶことができる3次元構造の複線型人事制度を提言した。この3次元構造の複線型人事制度は，契約区分間の異動を許容し，従業員がもっとも適切と考える働き方を選択できるところに特徴がある。そのため，女性だけでなく，男性従業員や非正規従業員にも有効な制度であるといえる。さらに，複線型人事制度の重要性を主張する既存研究の中でも，3次元構造の複線型人事制度を説く研究はなく，これは本研究の独自性といえる。

4　ホテル企業以外へのインプリケーション

　バブル経済崩壊後のわが国では，長引く不況とグローバルな市場競争の激化により，新卒採用の制限に加え，人員削減が行われ，非正規雇用が増大してきた。また，中途採用も頻繁に行われるようになった。

　その結果，多くの企業において，かつてのような安定的かつ長期的な雇用関係を維持することが困難になり，むしろ雇用関係は短期化する傾向にある。そして，この雇用関係の短期化と歩調を合わせて，従業員のキャリア開発に対する主体者が企業から従業員本人へと移ってきた。

　長期雇用を前提にした経営システム下では，企業が発する辞令に従い異動すれば，その企業が求める能力を身につけることができた。そして，その能力が高い従業員ほど，昇進・昇給が早まり，雇用関係がより一層安定した。

　ところが，雇用関係が短期化すると従業員は，離・転職を余儀なくされることが多くなる。その場合は，企業特殊的な能力よりも，エンプロイヤビリティの優劣が問題になる。その結果，今日では，このエンプロイヤビリティを獲得

するために，従業員の自主的なキャリア開発が求められるようになってきた。また，上述したように，以前の企業は，「キャリアを長期的に蓄積する場」であったが，現在では，「中・長期的なキャリア目標を達成するための手段，通過点のひとつ」として認知されている。

そのため，わが国でも，Hall (1976) の「プロティアン・キャリア理論」が見直され，またArthur (1994) の「組織境界のないキャリア開発」が注目されている。前述したように，ホテル企業の従業員のなかには，すべてではないものの，このプロティアン・キャリアや，組織境界のないキャリアを以前から歩む人が相当数存在する。それゆえ，これら理論を精査する場として，わが国のホテル企業は，適切である。また，本研究は，ホテル企業にとどまらず，女性従業員が多い飲食業や小売業を営む企業をはじめとして，広く一般的な企業に対しても，貢献できると考えている。

第4節　本研究の結論

1　ガラスの天井理論の限界性

本研究は，ホテル企業で働く女性のキャリア開発をテーマにした米英などの先行研究に対する3つの疑義が契機になり始動した。そして，そのひとつ目の疑義が，先行研究が主張するガラスの天井理論についてであった。

ガラスの天井理論は，ホテル企業の組織階層の上部に，女性のさらなる昇進を妨げる目に見えないバリアが存在することを認める。そして，このバリアがなぜ形成されたのか，また，そのバリアを除去するためにはなにをなすべきかを議論する。しかし，この理論は，少なくともわが国のホテル企業をみるかぎり，次に述べるふたつの理由から，その普遍妥当性を是認することができない。

(1)　わが国の女性のキャリア開発を妨げる「時間の障壁」

ガラスの天井理論は，ミドル・マネジメントに相当数の女性が存在する英国

や米国のホテル企業では，説得力に富む。ミドル・マネジメントに女性が滞留しているにもかかわらず，トップ・マネジメントに就く女性が少なければ，両者の中間になんらかの障壁が存在していることが直感的にも理解できるからである。

他方，わが国のホテル企業では，たしかに，総支配人などのトップ・マネジメントまで登りつめた女性はきわめてまれである。むしろ，皆無に近いと表現した方が適切になる。そのため，わが国のホテル企業においても，組織の上層部にガラスの天井が存在するといえる。

しかし，わが国のホテル企業では，トップ・マネジメントだけでなく，ミドル・マネジメントを担う女性も希少である。それゆえ，女性の昇進を阻むバリアがあるとしても，それは，組織の上層部ではなく，ミドル・マネジメントに至る前段階の下層部に存在すると推測できる。そして，そうであるとすれば，バリアがつねに組織上層部にあるとは限らないことになる。その結果，米英などの先行研究が依拠するガラスの天井理論は，グローバルな意味での普遍妥当性を欠く。

加えて，わが国のホテル企業では，第2章で述べたように，1年未満での離職が頻発するとともに，平均的な女性従業員の勤続年数が5年程度である。それゆえ，多くの女性が組織階梯をほとんど登らずにホテル企業を辞めていると推察できる。そして，この推察が正しければ，わが国のホテル企業には，組織階層の縦方向に，女性のキャリア開発を阻害するバリアが存在するとは考えにくい。これに対して，ガラスの天井理論は，この縦方向にバリアがあると考える。それゆえ，わが国のホテル企業を通じて同理論を見直したとき，その有効性を首肯できない。

むしろ，わが国をみるかぎり，離職した大半の女性が再びホテル企業に戻ることがないことから，この「1年間」や「5年間程度」という時間の流れが，女性のキャリア開発を終止させているように思われる。そのため，この時間の流れがあたかもバリアのように見受けられる。それゆえ，本研究は，本章第2

節でこの時間がもたらすバリアを「時間の障壁」と名づけた。

一方,本研究は,第4章において,30歳未満の若年女性は,学生時代にホテル企業への就職を希望していた人が多く(表4-47参照),また,彼女たちは卒業と同時にホテル企業に就職していたことを明らかにした。しかし,この若年女性の勤続意欲が,女性のなかでもっとも弱かった(表4-23参照)。ホテル業に携わることが自分の希望にかなっており,入社時は就労意欲も高かったと思われる。そのような女性が,なぜ短期間で勤続意欲が薄れてしまうのか。

逆に,40歳以上になると,定年まで勤めたいと考える人が増える傾向がみられた(表4-23参照)。この事実は,すべての女性の勤労意欲が希薄であるわけではないことを示すと同時に,本研究が主張する時間の障壁の存在をうかがわせる。そのため,わが国のホテル企業を研究対象にする場合は,ガラスの天井を議論するよりも,入社後の5年間程度のあいだに,女性にどのような心理的な変化が起こるのか,そして,なぜ女性はホテル業から離れてしまうのかについて考察すべきであると考える。

(2) 昇進に対して消極的または否定的な考えを抱く女性の存在

ガラスの天井理論は,上述した組織階層上部のバリアに加えて,昇進を積極的に希望する女性の存在を理論の前提にしている。逆に,もし,女性が昇進を望んでないと仮定すれば,この理論は成り立たない。なぜなら,そのような場合,トップ・マネジメントに女性が少なくても,それは自然なことであり,障壁の存在を感じにくいからである。

他方,本研究は,第4章での分析を通じて,多くの女性が必ずしも課長相当職以上の管理職に昇進したいと思っていないことを明らかにした(表4-9参照)。また,第5章での分析から,昇進意欲には性差があり,男性は昇進を積極的に望んでいるのに対して,女性は消極的であることがわかった(表5-13参照)。

そして,これらの結果をみると,わが国のホテル企業の女性は,米英などの先行研究が前提とする女性と異なっていることが理解できる。また,昇進に対

して消極的な，または否定的な考えを抱く女性の割合が高いことから，ガラスの天井理論を安易に受け入れることができない。

だが，わが国のホテル企業が問題にすべきことは，ガラスの天井理論を否定することよりも，なぜ多くの女性の昇進意欲が希薄なのかについて考えることである。この昇進意欲は，前述した勤続意欲とほぼ同じ傾向をみせる。つまり，年齢が高まるほど，昇進意欲が高まり，逆に，30歳未満の若年者のそれが低くなる（表4-29参照）。

このように，昇進という視点からホテル企業の女性をみても，キーポイントになる存在は若年者であるといえる。そのため，わが国のホテル企業が，ミドル・マネジメントからトップ・マネジメントを担う女性を養成したいと思うのであれば，ガラスの天井理論が示唆する組織の上層部ではなく，下層部で働く女性に着目し，その意識を変革させ，昇進を積極的に望む人材を創造しなければならない。

2　男性のキャリア開発をモデルとし昇進・昇給を理想とするキャリア観の錯誤性

米英などの先行研究に対して本研究が抱く疑義のふたつ目は，先行研究が立脚するキャリア観に対してであった。このキャリア観は，継続的，かつ長期にわたるフルタイム労働を念頭に置いている。そして，男性をベンチマークにして，女性の昇進や配属，または金銭的な処遇を考察し，総支配人などのトップ・マネジメントへの昇進や，高額な給与と高い威信の獲得をキャリアの成功と捉えていた。

このように，米英などの先行研究は，男性と女性の比較を行う。しかし，この考察には，ひとつの難点がある。その難点とは，仕事に対する男女の価値観が同一であると考えることである。同一であるからこそ，男女間の差異が問題になるのであり，逆に，同一でなければ，男女間の比較を行う意義を失う。異なる価値観をもつ人びととのあいだにある差異は当然存在するものであり，それ

を解消する必然性を見出しにくいからである。

　しかし，男女の仕事に対する価値観は，かならずしも同一ではないことが以前から知られていた。例えば，Nieva & Guteku (1981) は，女性は昇進や給与よりも，職場の人間関係や仕事の楽しさを重視するといっている。また，Major & Konar (1984) は，男性は高給と昇進を重視し，女性は仕事に対する興味を重視すると述べている。さらに，Jackson ら (1992) は，女性は昇進よりも人間としての成長や職場での対人関係，または仕事と家庭生活との両立を重んじていると主張している。

　この男女の価値観の差異に加えて，今日では，昇進や金銭的な処遇そのものの重要性が色あせはじめている。さらに，フルタイム労働を以前ほど絶対視しなくなってきた。例えば，家族や友人と過ごす時間を増やすために，または自己啓発などのために昇進競争からあえて離脱する男性が増加している[16]。

　さらに，企業が提示する働き方に融通性のなさを感じたり，従業員のワーク・ライフ・バランスに対する企業側の無関心さに失望したりして，独立し起業することで仕事と仕事以外の生活を両立させようとする女性が出現しつつある[17]。加えて，フルタイムで働けるにもかかわらず，意識的にパートタイムの仕事を探したり，フルタイムの仕事であっても時間的に融通がきく仕事に就きたいと希望する女性が増えているといわれている[18]。

　そのため，米英などの国ぐににおいても，昇進や昇格が唯一絶対のキャリア目標ではなくなりつつある。そして，フルタイム労働が一般的であるといえなくなってきた。さらに，キャリアの成功，失敗は，Hall (1976) がいうように，職位の高低や給与の多寡で推し量ることができなくなっている。むしろ，それは，キャリアを歩む本人の主観的な判断に基づくものになってきた。

　他方，バブル経済崩壊後のわが国は，労働環境の激変の渦中にある。日本的経営と喧伝された終身雇用はゆらぎ，年功序列も崩れはじめた。企業に依存することなく，一人ひとりが自分の未来を考えなければならない自律的なキャリア社会が到来している。

そして，自律的なキャリア社会では，働き方やキャリア観の多様性が認められる。それらが固定されていれば，主体的なキャリア開発ができないからである。しかし，米英などの先行研究は，この多様性を無視し，仕事に対する価値観には性差がないと暗黙のうちに仮定している。それゆえ，そのような考え方は是認することができないだけでなく，時代錯誤を感じる。

3　職位やライフ・ステージなどにより変化する　　キャリア開発上の阻害要因

　本研究が米英などの先行研究に抱いた最後の疑義は，女性の同質性に関してであった。つまり，その先行研究では，女性をひとまとめにしてキャリア開発上の阻害要因を考察していた。しかし，本研究が第6章で論じたように，この阻害要因は同じ国内であっても，職位が異なれば，かならずしも同一であるとはいえなかった（表6-3参照）。また，同じ職位であっても，女性が所属する国家が違えば，やはり同一であるとはかぎらなかった（表6-5参照）。

　そのため，女性のキャリア阻害要因は一般化しにくいといえる。その結果，本研究は，この阻害要因を把握するためには，女性を職位や所属する国家などのクラスターにより分類したのちに，それを検討すべきであると考えている。

　一方，Story（2005）によると，米国のエール大学の女子学生の60％は，子どもができたら仕事の量を減らしたい，または仕事を辞めたいと考えているという。また，Hewlett & Luce（2005）は，ハーバード大学のMBAプログラムを1981年，85年，または91年に卒業した女性のうち，現在でもフルタイムで働いている女性は38％にすぎないといっている。

　このように，女性のなかには，子どもをもつことを契機に，働き方を変えたいと考えている人が多い。つまり，女性のキャリア開発は，彼女たちの仕事以外の生活と密接に関連しており，両者を切り離しにくい。そして，女性には，キャリア志向が強い時期もあれば，それが弱い時期がある。その結果，キャリア開発上の障害に対する女性の認識も，彼女たちのライフ・ステージの変化にと

もない変質することがある。

　例えば，わが国のホテル企業の女性は，仕事と家庭生活を両立させることのむずかしさをキャリア開発上の最大の障害と捉えていた（表4-45参照）。しかし，そうであったとしても，未婚女性と既婚女性では，前者は後者ほど障害と考えていないなど，この阻害要因に対する重要度が異なるであろう。また，子どもをもつ既婚女性であっても，その子どもが乳幼児である人と，成長してある程度自立できるようになった子どもである人では，やはり障害に対する認知度が相違するであろう。

　つまり，女性はライフ・ステージに合わせて働き方を変える可能性が高いため，キャリア開発を阻害する要因を一般化しにくい。さらに，同じ要因であっても，ライフ・ステージが異なれば，重要度が異なることがあるように相対的なものである。それゆえ，阻害要因の絶対化はできず，女性の多様性に基づいて把握しなければならない。そして，ここに米英などの先行研究の誤りがあると本研究は考えている。

　ただし，阻害要因の一般化はむずかしいと述べたが，それでも，「長時間・不規則勤務などのホテル労働の特性」と「男女間の昇進の不平等さ」については，米英などの先行研究においても，また本研究においても主要な阻害要因として指摘されていた（表6-5参照）。そして，この2要因が米国などの国ぐにおいても，またわが国においても共通する理由は，以下であると考える。

　今日では，消費者の利便のために，24時間，年中無休で営業する店舗が増えてきた。一方，ホテルはその誕生時からこのような営業形態が一般的である。しかし，24時間，年中無休営業は，従業員に対して変則的な勤務や長時間労働などの負担を強いる。

　そして，この負担を担いながら同時に家庭責任を負うことは役割多重となり，従業員にストレスや肉体疲労などを生みやすい[19]。特に，家庭をもつ女性にとって，家庭責任を代替してくれる人（例えば，夫や両親，ベビーシッターなど）や組織体（例えば，託児所など）が見つからない場合，このような勤務形態は受け

入れにくい。そのうえ，管理職に就いたりすれば，ますます役割が多重になる。そのため，この多重役割を嫌い，どちらか一方の役割に専念しようと試みる。

しかし，そのとき仕事ではなく家庭に軸足を移したとすれば，企業からみればそのような行為は，仕事へのモチベーションが下がった状態と解釈されやすい。その結果，女性は積極的に活用されず，だれにでもできるような仕事を委ねられる。そして，そのような仕事は，昇進・昇給に不利であるため，いつまでたっても男性従業員との格差が縮まらず，むしろ拡大する一方になることで，社内の男女格差が固定化するのである。

このような事態を防ぐためには，ワーク・ライフ・バランス制度が不可欠になる。この制度は，多重役割を軽減する効果もある。また，ポジティブ・アクション制度も必要である。なぜなら，われわれは，他者から期待されていると思うからこそ努力するのであり，困難に立ち向かうのである。それゆえ，ポジティブ・アクション制度による女性の積極的な活用は，仕事と仕事以外の生活の両立に苦しむ女性を鼓舞し，活力を与えると考える。そのため，この両制度は不可分の関係にあるといえる。

4 ダイバーシティ・マネジメントにおける複線型人事制度の意義

今日のホテル企業の顧客は，人種，性別，年齢，職業，所属する社会階層などさまざまであり，多様化している。そのため，世界のホテル企業は，自社の従業員を多様化させることで，顧客の多様化に対処することを目的にしたダイバーシティ・マネジメントに注目しはじめている。

杉田（2004：17）は，このダイバーシティ・マネジメントにおいて，ポジティブ・アクション制度とワーク・ライフ・バランス制度が車の両輪に相当するという（図終-8参照）。つまり，ポジティブ・アクション制度により，女性が積極的に登用されたとしても，仕事と仕事以外の生活とのバランスがとれなければ，女性の就労がむずかしくなり，結果としてダイバーシティ・マネジメントが達成できない。

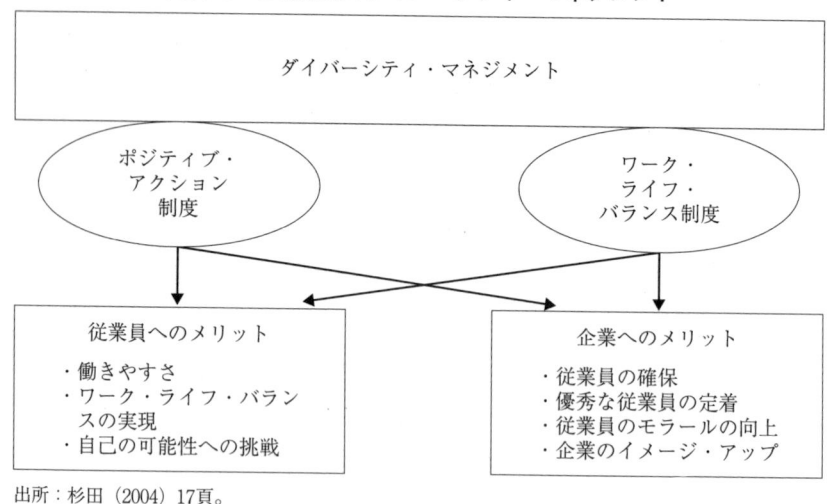

図終-8　2輪構造のダイバーシティ・マネジメント

```
┌─────────────────────────────────────────────┐
│           ダイバーシティ・マネジメント          │
└─────────────────────────────────────────────┘
      ╭─────────╮              ╭─────────╮
     ( ポジティブ・ )            (  ワーク・  )
     ( アクション  )            (  ライフ・  )
     (   制度    )            ( バランス制度 )
      ╰─────────╯              ╰─────────╯

┌──────────────────────┐  ┌──────────────────────┐
│ 従業員へのメリット      │  │ 企業へのメリット        │
│ ・働きやすさ          │  │ ・従業員の確保         │
│ ・ワーク・ライフ・バラン │  │ ・優秀な従業員の定着    │
│  スの実現            │  │ ・従業員のモラールの向上 │
│ ・自己の可能性への挑戦  │  │ ・企業のイメージ・アップ │
└──────────────────────┘  └──────────────────────┘
```

出所：杉田（2004）17頁。

　逆に，仕事と仕事以外の生活とのバランスを保ちながら働くことができたとしても，能力を発揮できる機会がなければ，女性は働きがいを失い，やはりダイバーシティ・マネジメントは実現できない。そのため，企業は，ポジティブ・アクション制度とワーク・ライフ・バランス制度を同時に，かつ，どちらか一方に偏することなく同等に重視しながら，整備しなければならない。

　そして，両制度が整うことで，女性従業員は，仕事と仕事以外の生活のあいだに均衡を保つことができ，働きやすくなるとともに，新しい仕事への挑戦や権限の範囲の拡大などを通じて自己の能力をより一層高めることが可能になる。一方，企業にとっても，従業員の確保に加え，その定着率やモラールの向上，または企業のイメージ・アップというメリットを享受できると杉田はいう。

　しかし，本研究は，ポジティブ・アクション制度とワーク・ライフ・バランス制度のふたつだけで，ダイバーシティ・マネジメントが達成できるとは考えていない。なぜなら，ホテル企業が育児休業制度や時短勤務制度，または介護制度などを用意したとしても，従業員はその制度を期間の定めなく利用できる

わけではないからである[20]。

　一方，わが国では，出産を契機に離職した女性がフルタイムの仕事に戻るには，かなりの時間がかかることが知られている。例えば，第6章で取り上げた厚生労働省の「21世紀出生児縦断調査」によれば，出産前にフルタイマーであった女性が，出産後6年以上経過してもフルタイムの仕事に戻っていない（表6-8参照）。

　そのため，有期を前提に構築されている育児休業制度や介護制度だけでは，女性のキャリアを継続させることがむずかしい。また，休業期間中は，育児休業給付金などの金銭的な支援があるものの，その支給はやはり有期であり，支給金額も満額ではない。それゆえ，育児や介護期間中の生活を維持するために，追加の収入を必要とする場合もあろう。そのような場合，離職して，育児や介護と両立できるパートやアルバイトの仕事を探すことになるのではなかろうか。

　そのようなとき，仕事以外の生活の実情に合わせて，例えば，フルタイマーからパートタイマーへと働き方（雇用契約）を変えることができる人事制度があれば，従業員の離職を防ぐことができる。そして，この人事制度が本章第2節で述べた3次元構造の複線型人事制度であれば，従業員の働き方に多様性が生まれる。

　ポジティブ・アクション制度とワーク・ライフ・バランス制度は，多様な人材を活かす戦略であるダイバーシティ・マネジメントにおいて不可欠である。しかし，複線型人事制度がなければ，従業員の働き方が多様にならない。特に，ホテル企業では，製造業や他のサービス業に属する企業に比べて仕事が変則的であり，仕事と家庭生活との両立がむずかしい。それゆえ，ホテル企業では，複線型人事制度は絶対に欠くことができない。むしろ，この制度の完成をもって，ダイバーシティ・マネジメントが確立すると考える。

　そのため，本研究は，真のダイバーシティ・マネジメントには，前述の杉田がいうようなポジティブ・アクション制度とワーク・ライフ・バランス制度による2輪立てのものではなく，複線型人事制度を加えた3輪構造になっていな

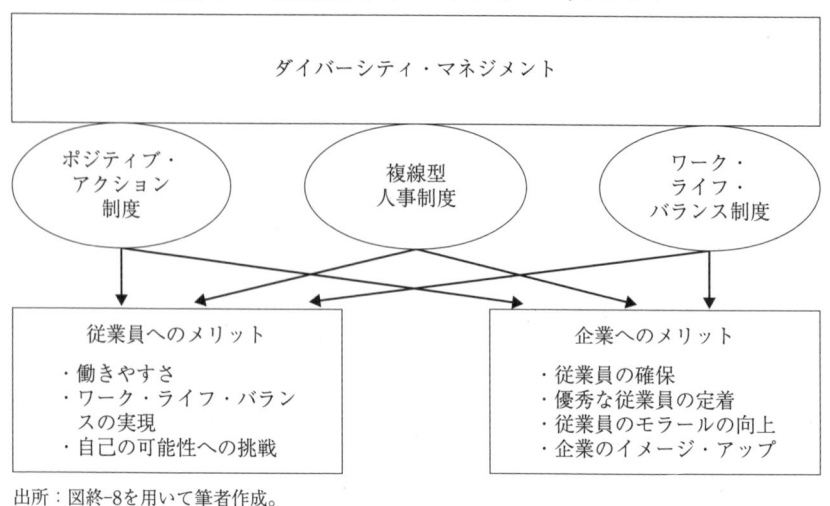

図終-9　3輪構造のダイバーシティ・マネジメント

```
┌─────────────────────────────────────────────┐
│           ダイバーシティ・マネジメント            │
└─────────────────────────────────────────────┘

    ╭─────╮          ╭─────╮          ╭─────╮
   ポジティブ・         複線型           ワーク・
    アクション         人事制度          ライフ・
     制度                            バランス制度
    ╰─────╯          ╰─────╯          ╰─────╯

┌──────────────────┐      ┌──────────────────┐
│ 従業員へのメリット    │      │ 企業へのメリット     │
│ ・働きやすさ         │      │ ・従業員の確保       │
│ ・ワーク・ライフ・バラ │      │ ・優秀な従業員の定着  │
│  ンスの実現         │      │ ・従業員のモラールの向上│
│ ・自己の可能性への挑戦 │      │ ・企業のイメージ・アップ│
└──────────────────┘      └──────────────────┘
```

出所：図終-8を用いて筆者作成。

ければならないと思慮する（図終-9参照）。

　他方，現在のわが国では，いったん仕事を離れ，キャリアを中断すると，フルタイムでの再就職が困難になるといわれている[21]。そして，この困難さが，女性労働の非正規化を生み出す原因のひとつであると考える。また，本研究は第6章で，わが国のホテル企業では女性労働の非正規化が進展していると述べた。さらに，非正規従業員の職域が拡大する傾向があり，将来的には正規・非正規間の均衡処遇がマネジメント課題になると主張した。

　しかし，現状のホテル企業の人事制度は，フルタイム労働を前提にした単線型である。そのため，女性は，なんらかの事情によりフルタイムで働けず，その期間が長くなったとき，いまの制度下では離職せざるをえない。これに対して，本研究が提唱するような3次元構造の複線型人事制度があれば，いったん非正規になったとしても正規従業員に戻ることを可能にする制度であるため，恒常的な非正規化に歯止めをかけることができる。

　また，本研究が考える複線型人事制度は，これまでのような年功ではなく，従

業員が有するスキルによって昇進・昇格を判断する仕組みを内包している。そして，ある職位や給与を得るために求められるスキルは，事前に明示されている。さらに，スキルのレベルが同等であれば，雇用区分を問わず，均衡に処遇することを目的にしている。そのため，なんらかの事情により非正規労働になったとしても，基本的には給与が減ることがない。

一方，スキルは，肩書や制服と異なり，会社を辞めたのちも，本人に付随する。また，女性が出産や育児で休業したとしても，目減りすることが少ない。それゆえ，キャリアを中断しやすい女性にとって，年功であればその中断分だけ不利になるものの，スキルで評価されるのであれば，キャリアの中断の是非を思い悩む必要がない。以上から，本研究の複線型人事制度は，ホテル企業のダイバーシティ・マネジメントにおいて重要な役割を果たすと考える。

5　ホテル企業の人的資源管理と女性従業員

わが国のホテル企業で働く女性従業員の存在を示すもっとも古い事例は，1897（明治30）年4月現在の箱根の富士屋ホテルであり，総人員51人のうちの24人が女性であったといわれている[22]。また，1943（昭和18）年現在の名古屋ホテルでは，ホテル部門で働く従業員63人のうち30人が女性であった[23]。

このように，わが国のホテル企業は，その草創期から多くの女性を雇用していた。しかし，上述の名古屋ホテルをみると，女性従業員の7割は勤続年数が3年未満であった。つまり，半世紀以上も前から，女性の勤続年数は今日と同様に短かった。また，女性の勤続年数が短期であったため，ホテル企業の主体者は，もっぱら男性だったのである。

これに対して，現在のわが国のホテル企業は，少子高齢化社会を迎え，趨勢的には人材不足基調のなかにある。しかし，ホテル企業は一般に，人的サービスを重視しているため，省力化には限界がある。その結果，中間管理職レベルの人材に加え，コックや施設管理技術者などの専門職のあいだにも人材不足が広がりつつある。また，今後もこの人手不足は改善される見込みがない。その

ため,労働力を海外から確保する手段を整備すべき時代を迎えているといわれている(24)。加えて,人材不足解消のためには,定年退職者の再雇用も視野に入れなければならない。

このように,現代のホテル企業は,過去にみられた豊富な人材の流入が期待できない。それゆえ,その流出を防ぎ,既存の人材をいかに効果的,効率的に活用するかが,人的資源管理における要諦になる。その際,女性従業員は,人数的にも過半数以上を占めるだけでなく,勤続年数が著しく短いため,その人的資源管理の中核を担うと考える。また,女性従業員に対するマネジメントの成否は,外国人や高齢者の雇用により今後生起する人材多様化にむけた試金石になると思われる。

他方,バブル経済崩壊後のわが国のホテル企業では,宿泊者の8割がいわゆる「一見客」である(25)。また,今日では,女性客がホテル業を支える一大勢力になってきた。これにより,現在のホテル企業は,反復的にホテルを利用する固定客ではなく,不特定多数のさまざまなニーズに対応しなければならない。その結果,男性従業員だけでは,この多様化したニーズに対処できなくなっている。その意味からも,女性従業員の活躍が望まれる。

しかし,従前のホテル企業は,女性従業員の勤続年数が短いことを理由に挙げて,彼女たちを積極的に登用しなかった。逆に,女性の流動性が高いため,それを前提にして,接客などの日常的,定型的な業務で女性を使用してきた。そのような業務であれば,代替が容易だったからである。そのため,女性は,仕事を通じた成長や将来の展望を感じることがむずかしかった。

一方,女性従業員側も企業が自分たちを登用するつもりがないことに気づいていた。それゆえ,彼女たちの勤続年数は伸長しなかったし,その昇進意欲が希薄だったのである。そして,この希薄さを知った企業は,ますます女性を登用しなくなる。これは不毛な負のスパイラルにほかならない。この負のスパイラルは,終わりにすべきである。

そのためには,ホテル企業は女性を意図して登用し,ワーク・ライフ・バラ

ンス制度を含めて，女性の能力を十分発揮できる職務環境を創造すべきである。これに対して，女性従業員も新しい仕事に挑戦したり，管理職を目指したりなどにより，現状を打破する気構えが必要になる。

第5節　今後の研究課題

1　女性離職者の実態と離職後の進路

　ホテル企業の従業員の離職は，米英などの実務家，または人的資源論，組織行動論の研究者にとって，以前から大きな関心領域になっていた。なぜなら，世界のホテル業では，成長産業のひとつであるにもかかわらず，従業員の離職が頻発するからである[26]。

　このような米英などの現状に反して，これまでのわが国では，従業員の離職がほとんど注目されなかった。その理由は，バブル経済が崩壊するまでのわが国の企業では，長期雇用が一般的であり，人材の組織外への移動は，一部の従業員の定年や疾病による退職，または社命による出向などを除くと，きわめて例外的であったからである[27]。

　また，わが国の離職率が，他の先進諸国に比べてもっとも低い部類に属していたこともその理由であろう。さらに，わが国では，1980年以降特に顕著であったが，労働市場に入職超過が存在していた。そのため，研究者は，従業員の離職を真剣に考察する必要性を感じなかったのかもしれない。

　だが，そのようなわが国においても，いくつかの例外があった。そのひとつが，ホテル企業が所属する宿泊業である。前述したように，ホテル企業では，女性の離職率が高い。この理由について，本研究は第6章で，①将来のキャリア展望のなさ，②成長機会に対する満足度の低さ（表6-1参照），③企業から期待されている役割，職務の内容，必要な知識やスキルに対する理解度の低さ（表6-2参照），を指摘した。

　しかし，それは仮説であり，検証を済ませていない。なぜなら，わが国では，

一部の例外を除き(28)，ホテル業にかかわる離職研究が皆無に近いからである。それゆえ，離職のメカニズムが正確にわからないため，仮説というよりも，推測の域を出ていない。

他方，本研究は，女性のキャリア開発を妨げる「時間の障壁」があると主張した。そして，1年未満での離職が頻発するだけでなく，その関門を無事に通り過ぎた女性であっても，入社後5年程度でなんらかの心理的な変化が起こり，勤続・昇進意欲が希薄になると述べた。このメカニズムを理解することは，ホテル企業にとって，今後の女性従業員のキャリア・マネジメントのために不可欠であると考える。しかし，現状では，そのメカニズムがわからない。

そこで，それを知るために，例えば入社後何年目に，どのような学歴，職位，職務経験をもち，どのような人事評価を得ていた女性が辞めたのか，その離職の背後にある真意はなにかを調べる必要がある。また，彼女たちの離職後の進路，例えば，結婚して専業主婦になるのか，結婚しても他の企業で就業し続けるのか，その場合次に就職する会社はどのような産業に属し，どのような雇用形態で働くのかなどに関する女性従業員の離職研究が求められている。

2　女性上司と女性部下との関係

Brownell (1993) は，ホテル企業内の女性の地位を向上させるためには，女性の上司が女性の部下を積極的に「引き立て」，自分の後継者をつくることが重要であるという。特にわが国のホテル業に従事する女性にとって，女性管理職が元来少ないため，ロールモデルを身近に得ることができない。また，メンターになりうる女性上司を見つけにくい。それゆえ，そのような職場では，女性上司の存在がきわめて貴重である。

また，従前のわが国のホテル企業では，男性だけがリーダーシップを行使してきた(29)。そして，このリーダーシップ下では，女性は優遇されていなかったし，現在においても優遇される見込みがない。それゆえ，女性の地位向上のためには，Brownellがいうように，女性自らが女性管理職をつくり，その人数を

増やすことで，自分たちの未来を切り拓くことが必要になる。

　ところが，Klenke (2003) は，男性マネジャーは一般的に，何の懸念もなく，またそれを正当な行為であるかのように，男性の部下を集める傾向があるという。しかし，女性の部下を引き立て，昇進させる女性マネジャーは，入念に探さないと見つけることができないという。

　また，Johnes (2003) は，企業のトップ経営者に女性が少ないだけでなく，女性がCEOであったとしても，彼女らはかならずしも他の女性を養成し，自分の後継者となりうる地位に昇格させたり，または他の女性のメンターになったりしないという。つまり，女性上司は，自分を組織内で唯一の「女王蜂」として位置づけたいと思うため，競合する女性を排除するとJohnesはいう。

　さらに，Kattara (2005) によると，エジプトの女性ホテル・マネジャーは，他の女性と混ざって仕事をするよりも，男性の中で働くことの方がよい人間関係を築けると考えている。つまり，エジプトの女性マネジャーは，女性の上司，同僚，または部下と働きたいと思っておらず，むしろ男性と働きたいと望んでいたのである。

　他方，わが国の女性も，女性の上司に対しては，心理的な抵抗があるようである。第4章では，調査回答者に対して，①上司をもつとき，②同僚をもつとき，③部下をもつときの3つの仮想的な状況下で，「男女どちらを好むか」と質問した。その結果，「男女どちらでもよい」と答えた人が大半であった（表4-12参照）。

　しかし，この結果を仔細に分析すると，「上司をもつとき」とそれ以外では，やや状況が異なることに気づく。なぜなら，「部下または同僚をもつとき」には「男性がよい」と答えた人がそれぞれ約12％，15％であったのに対して，「上司をもつとき」には「男性のほうがよい」と答えた人が約35％存在していたからである。そのため，女性の上司と女性の部下の関係は重要だとしても，実際にはそれほど単純ではないことが理解できる。

　わが国のホテル企業には女性上司が少なく，圧倒的多数が男性である。その

ため，本研究が行った調査の回答者は，女性上司という未知の存在に対する漠然とした忌避感が作用して，男性上司を好んでいるだけなのかもしれない。そうだとすれば，女性部下が女性上司に抱く心理的な抵抗感は，女性管理職増にともない霧消するだろう。そして，この抵抗感を解消させるためにも，女性管理職の増加が必要になる。

しかし，わが国の女性管理職が前出の Johnes（2003）がいう「女王蜂」であったとしたら，女性の登用はなかなか進まないだろう。そのため，女性部下をもつ女性上司のリーダーシップスタイルに関する研究を今後進める必要があると考える。

3　部門間異動を妨げる要因

本研究は，本章第2節において，女性従業員の多様な働き方を実現するために，①正規・非正規，フルタイム・パートタイム，②ゼネラリスト・スペシャリスト，③営業部門・管理部門のあいだの異動を可能にする3次元構造の複線型人事制度について論述した。しかし，この制度のメリットを引き出すためには，事前に究明，解決しておくべき問題がある。それは，ホテル企業内の部門間移動についてである。

第1章で述べたように，原（1978）の調査では，回答者の半数は，配置転換により過去10年間で，宿泊や料飲などの3つの部門を経験していた。また，過去5年間に絞り込むと，2部門を経験していた。

しかし，Yamashita & Uenoyama（2006）は，ホテル企業では部門を超える配置転換はまれであるといっている。また，上野山（2002）は，宿泊や料飲などの部門が異なると，それぞれの部門を支える組織文化も異なるという。さらに，呉（1997a, 1997b）も同様に，ホテル企業における配置転換の少なさを指摘している。そのため，Yamashita & Uenoyama や呉の主張どおりだとすれば，女性従業員が部門間の乗り換えを求めても，実際にはそれが困難になる。

一方，顧客は多くの場合，例えば，宿泊して（これは宿泊部門が担当する），

図終-10　顧客とホテル企業との相互作用

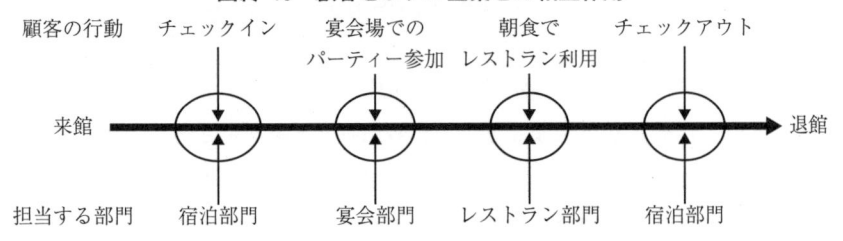

| 顧客の行動 | チェックイン | 宴会場での
パーティー参加 | 朝食で
レストラン利用 | チェックアウト |

来館 ──────────────────────────────→ 退館

| 担当する部門 | 宿泊部門 | 宴会部門 | レストラン部門 | 宿泊部門 |

（注）上図の楕円は顧客と各部門との相互作用が行われる「場」，例えば，フロントやレストラン店
　　　内を意味する。
筆者作成。

　レストランを利用する（これは料飲部門が担当する）など，部門を横断してホテル企業が提供するサービスを消費している（図終-10参照）。

　そして，顧客の満足・不満足は，これら部門を横断的に利用した結果に対する総合的な評価に基づき決定され，その評価がプラスであれば顧客は満足し，逆に，マイナスになれば不満を感じる。それゆえ，ホテル企業が真の顧客満足を追求するのであれば，部門を超えて，「全社一丸となり顧客を満足させる」という姿勢が不可欠になる。

　また，この姿勢をもつためには，従業員一人ひとりが，全社的な視点をもち，自己の担当業務が全体のなかで果たす役割や重要性を理解することが求められる。そのためには，外部からの観察に頼るよりも，多くの部門で直接働くことの方が有効である。

　ところが，現実のホテル企業では，従業員の部門間移動がまれであるといわれている。なぜ，重要であるはずの部門間移動が少ないのか。なんらかの要因がそれを妨げているのだろうか。また，その要因とはなにであり，なぜそれが生起するのか。これらの疑問に対する回答の探求は，女性のキャリアを考える際にも重要になると考える。

4 旅館を対象にした人的資源管理にかかわる研究

　旅館は，ホテルと並び，わが国の宿泊業の一方の旗手である。また，それは，土地の文化，伝統，食生活などを具現する施設でもある。さらに，例えば，温泉地や景観地では，複数の旅館が集積し，旅館街を形成するとともに，経済的な波及効果により，地域の雇用と種々の生産活動を支えている。とりわけ女性の雇用の場として，重要な役割を果たしている。

　他方，わが国は，2003（平成15）年からの「ビジット・ジャパン・キャンペーン」により，観光立国を目指し，訪日外国人数を2010（平成22）年までに1,000万人にする目標を掲げている。この目標は，2010年の訪日客数が約861万人であったため，残念ながら達成できなかった。しかし，2010年は，2003年の1.65倍増であったことから，観光のポテンシャリティの高さを確認することができた。そこで，次に，2020（平成32）年までに訪日外国人を2,000万人にすることを目標にした新たな計画が立案されている[30]。

　しかし，もし，この計画が達成できれば，既存のホテルだけでは圧倒的に客室が不足すると予想されている[31]。そこで，旅館がこの不足分を補填することを期待されている。また，旅館は，上述したように，わが国の伝統文化そのものであることから，観光を媒介にした国際理解にも貢献できる。さらに，現在，欧米を中心にポップカルチャーや日本食などの日本文化への関心が高まっている。そのため，旅館は今後，外国人観光者を誘引する貴重な観光資源になるだろう。

　ところが，これらの期待に反して，近年，わが国の旅館は淘汰されつつあり，厚生労働省の「保健・衛生行政業務報告（2008年度）」によると，その施設数は2003年の59,754軒から2007（平成19）年の52,259軒へと5年間で7,495軒も減少している。そのなかには，歴史のある名門老舗旅館の破綻も多く含まれている[32]。

　この経営破綻は，団体客の増加を見込んで施設の大規模化や多機能化を図ったものの，バブル崩壊後に団体客が激減したため，過去の投資が足かせになっ

たことに起因するといわれている。また，団体客に代わって主たる顧客になった個人客のニーズに適切に対応できなかったことも旅館経営を苦しくしている一因になっている[33]。

そのため，わが国の多くの旅館は現在，この苦境から脱却するための再生期にある。そこで，各旅館は，積極的な経費削減に取り組んでいる。だが，経費削減だけでは，旅館の復活はありえない。旅館もホテルと同様に，人的サービスを重視していることから，人的資源管理のあり方を再度見直す必要がある。

なぜなら，経営が不振である旅館ほど，縦割り組織を墨守し，部門間の交流がほとんど行われていないからである[34]。また，海老原（2007：129）は，①旅館企業のトップ・マネジメントを一族が占めているケースが多く，従業員はその一族から脈絡のない指示・命令を受けており，非効率な業務が行われている，②外部から人材を雇って支配人に任じることが多いが，トップ・マネジメントは支配人に責任ばかり押し付けて権限を委譲しないため，支配人はリーダーシップがとれず，部下を効果的，効率的に活用できない，③トップ・マネジメントと従業員が一丸になって働いていないなどと述べ，旅館企業の人的資源管理の問題点を指摘している。

このように，わが国の旅館は一般に，オーナーによる「家業」という色彩が濃く，所有，経営，運営機能が未分化である。また，単体での運営が大半で，チェーン化が著しく遅れている。そのため，経営の実態が不透明であることから，旅館をテーマにした学術的な研究はほとんど行われていない。

しかし，旅館は，ホテル企業以上に，女将を中心にした女性社会である。そのため，人的資源関連の研究のうち特に，女性を対象にした研究を行うとき旅館は，興味深い研究フィールドになる。

例えば，女性社会における仲居のキャリア開発の実態や，女将のリーダーシップスタイルなどは，同じく女性社会を形成する看護師，保育士，または航空輸送の客室乗務員などのそれらとどのように異なり，または同じなのかを探求することは学術的興味をそそる研究課題になる。ひるがえって，同じ宿泊業

に従事する女性であっても，ホテル企業と旅館企業では，キャリア意識に相違があるのかなども研究上の重要な論点になろう。

注
（1）　例えば，原（1978），飯嶋（2007）など。
（2）　例えば，原（1978），上野山（2002），Yamashita & Uenoyama（2006），呉（1997a），呉（1997b）など。
（3）　例えば，上野山（2002），呉（1997a），呉（1997b）など。
（4）　例えば，劉（2002）など。
（5）　例えば，金（2004）など。
（6）　例えば，Mooney & Ryan（2009）など。
（7）　例えば，上野山（2002）など。
（8）　例えば，呉（1997a），呉（1997b）など。
（9）　わが国では，1965年にサービス生産が国内総生産の5割を超え，1973年にはサービス産業の就業者数も全就業者の過半数を超えた。そのため，サービス経済化は，少なくとも1970年代前半からはじまっているといえる。
（10）　例えば，浅海（2001, 2006），駒川（1998, 2007），大内（1999），冨田（1992）など。
（11）　例えば，原・松繁（2003），本木（2003），脇坂（1986, 1993）など。
（12）　例えば，高野・明石（1992），原（1999）など。
（13）　例えば，鈴木（2003）など。
（14）　例えば，合谷（1998）など。
（15）　例えば，Moen & Roehling（2005）など。
（16）　Ibarra（2003）を参照。
（17）　Moore（2000）を参照。
（18）　Higgins et al.,（2000）を参照。
（19）　例えば，Presser（2004）は，不規則労働は結婚生活の破綻と離婚とのあいだに相関性があり，また家族と過ごす時間を短くさせ，問題行動ある子どもを生み出すなどのコンフリクトを従業員に与えるといっている。
（20）　例えば，現在の育児・介護休業法によると，子どもが生まれてから1歳になるまでのあいだに，従業員の申し出た期間，連続して休みが取れる。また，保育所に入所できないなどの事情がある場合，子どもが1歳6ヵ月になるまで延長が可能であるが，やはり期間の制限がある。さらに，子ども1人につき一度限りしか活用できない。
（21）　徳永（2006）20頁を参照
（22）　木村（2006）145頁を参照。

(23) 木村前掲書，199頁を参照。
(24) 中村（2009）を参照。
(25) 永宮（2008）100頁を参照。
(26) Bonn（1992）を参照。
(27) 山下（1994）を参照。
(28) 例えば，飯嶋（2001）など。
(29) 田中（2009）を参照。
(30) この計画は，2009年3月に開催された第13回観光立国推進戦略会議（座長，牛尾治朗ウシオ電機会長）においてとりまとめられた「訪日外国人2,000万人時代の実現へ：もてなしの心によるあこがれの国づくり」で述べられている。しかし，現実には，2011（平成23）年3月11日に発生した東日本大震災により，2011年の訪日外国人が激減した。そのため，この訪日外国人数を2020年までに2,000万人にするという目標は容易ではない。しかし，わが国の観光は潜在能力が高いと思われ，中・長期的にはこの数字も高まり，目標値に近づくと推測する。
(31) 井門（2003）9頁を参照。
(32) その後営業を再開しているが，江戸時代開業の石川県山代温泉の「山下屋」や島根県玉造温泉の「保性館」，明治時代の開業の石川県片山津温泉の「せきや」などがその事例である。
(33) 徳江（2006）1-2頁を参照。
(34) 細谷（2003）23頁を参照。

あとがき

　従前のわが国のホテル企業は，米英などのそれと異なり，従業員の人種や彼・彼女らが抱く労働に対する価値観などに差異が少なかったため，従業員の多様性をマネジメントする必要がなかった。むしろ，多様性を認めず，男性中心の企業文化に，女性や年配者，または非正規従業員などを順応させる人的資源管理を行ってきたのが実態である。

　そして，この企業文化のもとで従業員は，フルタイムで，長時間働くことが尊ばれ，休・祝日出勤やシフト勤務を甘受しなければならなかった。また，キャリア開発を中断することは，その後の昇進や昇給にきわめて不利であった。しかし，このような働き方は，仕事と同時に家庭責任を負うことが多く，また出産や育児でキャリアを中断することが多いわが国の女性にとって望ましいものではない。

　そのため，ホテル企業の女性は一般的に，勤続意欲が希薄であり，勤務年数も短かった。そして，彼女らは，管理職への昇進についても，消極的，または否定的な考えを抱くことが多かった。特に，ホテル企業の未来を担うべき立場の若年女性は，しばしばそのような考え方をもっていた。

　一方，若年者は，職場の先輩の姿に自分自身の未来像を重ね合わせるといわれている。例えば，大久保（2007）は，自分もそのようになりたいと思えるようなロールモデルが職場にいれば就業を継続するし，それがいないときは新しい職場を探しはじめるという。しかし，現在のわが国のホテル企業には，若年女性のロールモデルになれるような家庭や子どもをもつ女性従業員がほとんどいない。そのため，若年女性は，将来の予測ができず，ホテル企業を去っていくのではないだろうか。

　また，前出の大久保は，日々成長しているという実感をもつことも，若年者のキャリア開発に重要な役割を果たすといっている。つまり，成長していると

いう評価を上司や先輩，または顧客から得ていれば，今後も成長できると思い，仕事を続けるという。しかし，第6章でみたように，ホテル企業の若年従業員には，この成長の実感も乏しい。それゆえ，勤続年数が伸長しない。だが，ロールモデルがいないことや，成長の実感を得られないことは，彼女らに問題があったからではなく，それらを創造できなかった企業側の責任である。つまり，従前のホテル企業の人的資源管理が誤っていたからにほかならない。

他方，小杉（2004）は，従業員が1つの企業に在職し続ける時代は終わったという。自律的なキャリア社会が到来したことに加え，外部労働市場が整備されはじめたことにより，転職のチャンスが拡大したからである。

そのため，小杉は，人材に関する企業の最大の関心事は，採用でも，育成でもなく，リテンション（retention 維持）であるという。そして，「attract（人材の誘引）→ develop（人材開発）→ retain（維持）」の仕組みをいかに効果的に運用するかで，企業の死命が決するといっている。

これに対して，ホテル企業は基本的に，労働集約型の産業に属している。ところが，従業員の離職率は他の産業に比べて著しく高い。そのため，過去のホテル企業は，小杉の主張に逆行した人的資源管理を行ってきたといえる。さらに，従前のホテル企業は，若年者の離職を意図的に放置してきたのではないと思われる。なぜなら，若年者の新規採用が容易であったため，離職者が担っていた仕事を新たに雇用した若年者が引き継ぐことにより，労働コストの上昇を抑制できたからである。しかし，少子高齢化などにより，人材そのものが不足しつつある現在，このような管理手法は，いつまで続けられるのであろうか。

さらに，Pizam（2006）は，1975年に米国のマサチューセッツ大学でホテル経営を専攻する学生の80％が男性であったが，2006年になるとその69％が女性になったといっている。そして，他の米国内の大学や欧州内の大学においても，同じ傾向であろうと推測する。ところが，米国の大学の経営学部では，依然として男性が優位であり，学生全体の57％を占める。

Pizamは，ホテル経営専攻に女性が多い理由として，ホテル業の仕事が対人

関係志向であり，他者にサービスする，手助けする，慈しむといったイメージをもつ女性的な仕事であると思われているからではないかと推察する。わが国においても，観光系大学をみると，女子学生が多いことは米国と同様である。そのため，Pizamの推察が正しければ，今後のホテル企業に対する主な人材供給源は，男性ではなく，女性になるであろう。

さらに，将来のわが国のホテル企業では，人材不足を補填するために，外国人や高齢者が雇用されるようになると考える。また，観光などでわが国を訪れる外国人客が多様化すれば，日本人を雇用するよりも，外国人を雇用した方が，来訪者のニーズを察知しやすく，きめ細かいサービスが提供できるのではなかろうか。加えて，人材不足とは別に，企業の社会的責任の一環として，身体障害者の雇用も進むであろう。

そのような場合，これまでのような男性を中心にした企業文化に，これらの人びとを順応させるという人的資源管理には無理がある。逆に，それぞれの事情に合致した弾力的な働き方を提供できなければ，彼・彼女らを雇用し続けることは困難になろう。

女性は，結婚や出産・育児などのライフ・イベントに合わせて，働き方を変えることがある。しかし，そうだからといって，仕事をないがしろにしているわけではない。むしろ，仕事を通じて自己実現を果たしたいと考えている。つまり，仕事と仕事以外の生活を同時に充実させたいと望んでいる。そのため，もし，わが国のホテル企業が，この女性の気持ちを理解できなければ，外国人や高齢者，または身体障害者などのマネジメントができるとは思えない。そのうえ，近年では，わが国においても，仕事と仕事以外の生活の両立を重視する男性が増えてきた。

「隗より始めよ」という古からのことわざがある。人材多様化時代がまもなく到来するわが国のホテル企業は，現在においても人員的に過半以上を占める女性にまず着目すべきである。そして，彼女たちが仕事と仕事以外の生活のバランスを保ち，中・長期的なキャリア目標をもちながら，充実した職業生活を過

ごしているかを確認しつつ，女性の活用を図る必要があると考える。

　今回，本書を執筆するにあたり，ホテル企業とそこで働く人びとを対象にして，いくつかのアンケート調査を実施した。この調査に回答を寄せていただいた多くのホテル企業や従業員の方々のご協力がなければ，本書は誕生できなかった。また，本書の編集・出版に対して，株式会社学文社の田中社長をはじめとする社員の方々から多大なご尽力を賜ることができた。特に，校正を担当する社員の方の仕事に取り組む真摯な姿勢に感銘を受けた。そして，同社が学術書出版界で高い評価を得ていることを改めて実感した。最後になったが，これらの皆様方に心よりお礼申し上げたい。

2011年10月

飯嶋　好彦

引用文献一覧

序 章

Aldrich, H. & Herker, D. (1977). Boundary spanning roles and organization structure. *The Academy of Management Review*, 2(2): 217-230.
American Marketing Association (1960). *Marketing Definition: A Glossary of Marketing Terms*. MI: University Microfilms International.
Andorka, F. K. J. (1996). Employee shortage inspires recruitment efforts. *Hotel & Motel Management*, 211(6): 4-21.
Barr, S. (2006). High staff turnover eats into hotels' profits. (www3.griffith.edu. au/03/ertiki/tiki-reas_.article.php?articleId=6701 2008年10月1日アクセス).
Bass, B. M. & Avolio, B. J. (1994). Transformational leadership and organizational culture. *International Journal of Public Administration*, 17(3): 541-554.
Baum, T. (2006). *Human Resource Management for Tourism, Hospitality and Leisure: An international perspective*. London: Thomson Learning.
Bessom, R. M. (1973). Unique aspects of marketing services. *Arizona Business Bulletin*, 20(9): 8-15.
Bitner, M. J., Booms, B. H. & Tetreault, M. S. (1990).The service encounter: Diagnosing favorable and unfavorable incidents. *The Journal of Marketing*, 54(1): 71-84.
Brownell, J. (1993). Communicating with credibility: The gender gap. *Cornell Hospitality Quarterly*, 44(2): 52-61.
―― (1994). Women hospitality managers: General managers' perceptions of factors related to career development. *International Journal of Hospitality Management*, 13(2): 101-117.
Dermady, M. B. & Holloway, R. W. (1998). Recruitment and retention of managers: Developing a management career package. *Cornell Hospitality Quarterly*, 39(6): 20-25.
Diaz, P. E. & Umbreit, W. T. (1995). Women leaders: A new beginning. *Hospitality Research Journal*, 19(1): 47-57.
Eagly, A. & Carli, L. (2007). *Through the Labyrinth: The Truth About How Women Become Leaders*. MA: Harvard Business School Press.
Gallup Organization, Inc. (1988). *Customers' Perceptions Concerning the Quality of American Products and Services*. American Society for Quality Control Publication No. T771.

Gregg, J. B. & Johnson, P. M. (1990). Perceptions of discrimination among women as managers in hospitality organizations. *FIU Hospitality Review*, 8(1) : 10-22.

Grove, S. & Fisk, R. (1996). The dramaturgy of services exchange. In C. H. Lovelock (Ed.), *Services Marketing* (3rd Ed.). Toronto: Prentice-Hall, 97-105.

Grönroos, C. (1990). *Service Management and Marketing: Managing the Moments of Truth in Service Competition*. MA: Lexington Books.

Guerrier, T. (1986). Hotel manager: An unsuitable job for a woman? *The Service Industries Journal*, 6(2) : 227-240.

Herzberg, F. (1966). *Work and the Nature of Man*. NY: Thomas Y. Crowell.

Heskket, J., Jones, T. O., Loveman, G. W., Sasser, W. E., Jr. & Schlesinger, L. A. (1994). Putting the service profit chain to work. *Harvard Business Review*, 72(2) : 164-174.

Hinkin, T. R. & Tracey, J. B. (2000). The cost of turnover. *Cornell Hospitality Quarterly*, 43(1) : 14-21.

Hofman, W. H. A. & Steijn, A. J. (2003). Students or lower-skilled workers? 'Displacement' at the bottom of the labor market. *Higher Education*, 45(2) : 127-146.

Hotel and Catering Industry Training Board (HCTB). (1987). *Women in Hotel and Catering Industry*. Webbley: HCTB.

Kattara, H. (2005). Career challenge for female managers in Egyptian hotels. *International Journal of Contemporary Hospitality Management*, 17(3) : 238-251.

Knutson, B. J. & Schmidgall, R. S. (1999). Dimensions of the glass ceiling in the hospitality industry. *Cornell Hospitality Quarterly*, 40(6) : 64-70.

Kotler, F. (1991). *Marketing Management: An Analysis, Planning, Implementation and Control* (7th Eds.). NJ: Prentice-Hall.

Ladkin, A. (2002). Career analysis: A case study of hotel general managers in Australia. *Tourism Management*, 23(4) : 379-388.

Lam, T., Zhang, H. & Baum, T. (2001). An investigation of employees' job satisfaction: The case of hotels in Hong Kong. *Tourism Management*, 22(2) : 157-165.

Lehtinen, J. (1983). *Customer-oriented Service Firm*. Finland: Weilin Goos.

Li, L. & Leung, R. W. (2001). Female managers in Asian hotels: Profile and career challenges. *International Journal of Contemporary Hospitality Management*, 13(4) : 189-196.

Lovelock, C. H. (1992). A basic toolkit for service managers. In C. H. Lovelock (Eds.), *Managing Services: Marketing, Operation, and Human Resources* (2nd Eds.). NJ: Prentice-Hall.

Maxwell, G. A. (1997). Hotel general management: Views from above the glass ceiling. *International Journal of Contemporary Hospitality Management,* 9(5-6) : 230-235.

―, McDougall, M. & Blair, S. (2000). Managing diversity in the hotel sector: The emergence of a service quality opportunity. *Managing Service Quality,* 10(6) : 367-373.

Mckenna, M. & Larmour, R. (1994). Women in hotel and catering management in the UK. *International Journal of Hospitality Management,* 3(3) : 85-102.

Moen, P. & Roehling, P. V. (2005). *The Career Mystique: Cracks in the American Dream.* Boulder: Rowman & Littlefield Pub Inc.

Mooney, S. (2009). *Career Barriers for Women Hotel Managers in Australasia.* Verlag: VDM Verlag Dr. Müler.

―― & Ryan, I. (2009). A woman's place in hotel management: Upstairs or downstairs? *Gender in Management: An International Journal,* 24(3) : 195-210.

Nebel, E. C., Lee, J. S. & Vidakovic, B. (1995). Hotel general managers career paths in the United States. *International Journal of Hospitality Management,* 14(3/4) : 245-260.

Ng, C. W. & Pine, R. (2003). Women and men in hotel management in Hong Kong: Perceptions of gender and career development issues. *International Journal of Hospitality Management,* 22(1) : 85-102.

Pfeffer, J. (1994). *Competitive Advantage Through People: Unleashing the Power of the Work Force.* MA: Harvard Business School Press.

Poulston, J. (2008). Metamorphosis in hospitality: A tradition of sexual harassment. *International Journal of Hospitality Management,* 27(2) : 232-240.

Purcell, K. (1996). The relationship between career and job opportunities: Women's employment in the hospitality industry as a microcosm of women's employment. *Women in Management,* 11(5) : 17-24.

Pizam, A. (2006). The new gender gap. *International Journal of Hospitality Management,* 25(4) : 533-535.

Richardson, S. (2009). Undergraduates' perceptions of tourism and hospitality as a career choice. *International Journal of Hospitality Management,* 28(3) : 382-388.

Robinson, R. & Barron, P. (2007). Developing a framework for understanding the impact of deskilling and standardization on the turnover and attrition of chefs. *International Journal of Contemporary Hospitality Management,* 26(4) : 913-926.

Schneider, B. (1980). The service organization: Climate is crucial. *Organizational Dynamics,* 9(2) : 52-65.

Sullivan, S. E. & Mainiero, L. A. (2007). The changing nature of gender roles, alpha/beta careers and work-life issues: Theory-driven implications for human re-

source management. *Career Development International*, 12(3) : 238-263.
Smith, P. L. & Smits, S. J. (1994). The feminization of leadership? *Training and Development*, 48(2) : 43-46.
Sparrowe, R. T. & Iverson, K. M. (1999). Cracks in the glass ceiling? An empirical study of gender difference in income in the hospitality industry. *Journal of Hospitality and Tourism Research*, 23(1) : 4-20.
Thomas, R. F. Jr. (1990). From affirmative action to affirming diversity. *Harvard Business Review*, 68(2) : 107-117.
Umbreit, W. T. & Diaz, P. E. (1994). Women in hospitality management: An exploratory study of occupation choice variables. *Hospitality and Tourism Educator*, 6(4) : 7-9.
Vandermerwe, S. & Chadwick, M. (1989). The internationalization of services. *The Service Industries Journal*, 9(1) : 79-93.
Woods, R. H. & Viehland, D. (2000). Women in hotel management. *Cornell Hospitality Quarterly*, 41(5) : 51-54.
Zeithaml, V. A. & Bitner, M. J. (1996). *Services Marketing*. NY: McGraw-Hill.
飯嶋好彦 (2001).『サービス・マネジメント研究 わが国のホテル業をめぐって』文眞堂.
—— (2007).「わが国ホテル総支配人のキャリア・パス：その国際比較と今後の研究課題を中心に」『ツーリズム学会誌』7 : 1-17.
—— (2008).「わが国の女性ホテル従業員のキャリア意識」『ツーリズム学会誌』8 : 33-60.
市川幸子 (2003).「事例 東京ドームホテル アルバイトを積極採用し，社員と同じきめ細かな教育プログラムで戦力化を図る」『企業と人材』36 : 17-21.
小川 穣 (2007).「パンパシフィックホテル横浜での人材育成について」『産業訓練』2 : 8-13.
川本裕子 (2004).「女性を活用する会社は滅ぶ」『日経ビジネス』12月6日号，102-103.
金 蘭正 (2007).「日本のホテル業における人的資源管理における"柔軟性"の研究」『立教観光学研究紀要』9 : 83-90.
小久保みどり (2002).「大学生の就職選択のジェンダー差」『立命館大学経営学』41(2) : 69-87.
呉 美淑 (1997).「日本のホテル業界の内部労働市場に関する一考察」『三田商学研究』40(1) : 91-101.
国際労働事務局 (2007).『国際労働経済統計年鑑』財団法人日本ILO協会.
財団法人女性職業財団 (1991).『働く女性の能力活用研究会報告書：ホテル・旅館業』財団法人女性職業財団.

週刊ホテルレストラン（2009b）．「ホテル業界人意識調査　景気後退局面のいまホテル業界人は何を感じ，何を思っているのか」『週刊ホテルレストラン』2月6日号，63-72.
―――（2009e）．「ホテルウーマンへのアンケート」『週刊ホテルレストラン』8月21日号，50-54.
―――（2009f）．「ホテルが取り組む女性支援策＆キャリア構築支援　一人一人の能力，状況に応じて活躍のチャンスを与える」『週刊ホテルレストラン』8月21日号，66-67.
関口みゆき（2009）．「雇用側への提言　労働環境を整え生産性を上げる」『週刊ホテルレストラン』8月21日号，76-78.
武石恵美子（2006）．「企業からみた両立支援策の意義：両立支援策の効果研究に関する一考察」『日本労働研究雑誌』48(8)：19-33.
中村　裕（2009）．「客観情勢は極めて厳しいが，一筋の光明も　観光庁の発足，そしてキーワードは『官民一体』」『週刊ホテルレストラン』1月9日号，42-43.
日経連研究会（2001）．「日本型ダイバーシティ・マネジメント　人材と働き方の多様化が競争力の源に：女性や高齢者など法制度に基づく多様化から戦略発想へ転換必要」『賃金・労務通信』54(26)：18-20.
日本労働研究機構（1994）．『ホテル・旅館業界の労働事情』日本労働研究機構．
羽田昇史（1998）．『サービス経済と産業組織』同文館．
松浦克己・滋野由紀子（2005）．「大都市圏における育児と女性の就業」『会計検査研究』32：181-213.
南　安（2006）．「新時代の総支配人に聞く　わが社が求める人材と教育手法」『月刊ホテル旅館』43(9)：54-55.
渡辺佳枝（2008）．「ダイバーシティ・マネジメントを支援する人事システムの要件」『Exa Review』No.9, 1-10（http://www.exa-corp.co.jp/technews/data/2009/01_watanabe.pdf　2009年2月10日アクセス）．

第1章

Almedia, D. M. (2004). Using daily diaries to assess temporal friction between work & family. In A. C. Crouter & A. Booth (Eds.), *Work-Family Challenges for Low-Income Parents and Their Children*. NJ: Lawrence Erlbaum, 127-136.
Baloglu, S. & Assante, L. M. (1999). A concept analysis of subject area and research methods used in five hospitality management journals. *Journals of Hospitality and Tourism Research,* 23(1)：53-70.
Baum, T. (2007). Human resources in tourism: Still waiting for change. *Tourism Management,* 28(6)：1383-1389.

Blair-Loy, M. (2003). *Competing Devotions. Career and Family among Women Executives*. MA: Harvard University Press.
Boxall, P. & Purcell, J. (2003). *Strategy and Human Resource Management*. NY: Palgrave Macmillan, 47-70.
Brizendine, L. (2008). One reason women don't make it to the C-Suit. *Harvard Business Review*, 86(6) : 36.
Brownell, J. (1994). Women hospitality managers: General managers' perceptions of factors related to career development. *International Journal of Hospitality Management*, 13(2) : 101-117.
Burrell J., Manfredi, S., Rollon, H., Price, L. & Stead, L. (1997). Equal opportunities for women employees in the hospitality industry: A comparison between France, Italy, Spain and the UK. *International Journal of Hospitality Management*, 16(2) : 161-179.
Callanan, G. A. (2003). What price career success? *Career Development International*, 8(3) : 126-133.
Carbery, R., Garavan, T. N., O'Brien, F. & McDonnell, J. (2003). Predicting hotel managers' turnover cognitions. *Journal of Managerial Psychology*, 18(7) : 649-679.
Cichy, R. E. & Schmidgall, R. S. (1996). Leadership qualities of financial executives in the US lodging industry. *Cornell Hospitality Quarterly*, 37(2) : 56-62.
Correll, S. J., Benard, S. & Paik, I. (2007). Getting a job: Is there a motherhood penalty? *American Journal of Sociology*, 112(5) : 1297-1338.
Diaz, P. & Umbreit, W. T. (1995). Women leaders: A new beginning. *Hospitality Research Journal*, 18 (3), 47-60.
Deloitte & Touche (1997). *Working Out Way Up: Mentoring the Next Generation*. WA: Deloitte & Touche LLP.
Doeringer, P. B. & Piore, M. J. (1971). *Internal Labor Market and Man Power Analysis*. MA: Heath Lexington Books.
Downs, C. W. & Hazen, M. D. (1977). A factor analytic study of communication satisfaction. *The Journal of Business Communication*, 14(3) : 63-73.
Eagly, A. & Carli, L. (2007). *Through the Labyrinth: The Truth About How Women Become Leaders*. MA: Harvard Business School Press.
Guerrier, T. (1986). Hotel Manager: An unsuitable job for a woman? *The Service Industries Journal*, 6(2) : 227-240.
Hall, D. T. (2002). *Careers In and Out Organization*. California: Sage Publications.
Heskett, J., Jones, T. O., Loveman. G. W., Sasser, W. E. Jr. & Schlesinger, L. A. (1994). Putting the service-profit chain to work. *Harvard Business Review*, 72

(2) : 164-174.
Hicks, L. (1990). Excluded women: How can this happen in the hotel world? *The Services Industry Journal*, 80(4) : 66-73.
Iverson, K. M. (2000). The paradox of the contended female manager: An empirical investigation of gender difference in pay expectation in hospitality industry. *Hospitality Management*, 19 : 33-51.
Jackson, L. A., Gardner, P. D. & Sullivan, L. A. (1992). Explaining gender differences in self-pay expectations: Social comparison standards and perceptions of fair pay. *Journal of Applied Psychology*, 77(5) : 651-663.
Kattara, H. (2005). Career challenge for female managers in Egyptian hotels. *International Journal of Contemporary Hospitality Management*, 17(3) : 238-251.
Knutson, B. J. & Schmidgall, R. S. (1999). Dimensions of glass ceiling in hospitality industry. *Cornell Hospitality Quarterly*, 40(6) : 64-75.
Kusluvan, S. & Kusluvan, Z. (2000). Perceptions and attitudes of undergraduate tourism students towards working in the tourism industry in Turkey. *Tourism Management*, 21(3) : 251-269.
Li, L. & Leung, R. W. (2001). Female managers in Asian hotels: Profile and career challenges. *International Journal of Contemporary Hospitality Management*, 13 (4) : 189-196.
Major, B. & Konar, E. (1984). An investigation of sex difference in pay expectations and their possible causes. *Academy of Management Journal*, 27(4) : 777-792.
Marshall, J. (1984). *Women Managers: Travelers in a Male World*. Chester: Wiley.
Maxwell, G. A. (1997). Hotel general management: Views from above the glass ceiling. *International Journal of Contemporary Hospitality Management*, 9(5/6) : 230-235.
Moen, P. & Roehling, P. V. (2005). *The Career Mystique: Cracks in the American Dream*. Boulder: Rowman & Littlefield. Publishers, Inc.
Morrison, A. M., White, R. P., van Velsor, E. & Center for Creative Leadership (1987). *Breaking the Glass Ceiling: Can Women Reach the Top of America's Largest Corporations?* MA: Addison-Wesley.
Mooney, S. (2009). *Career Barriers for Women Hotel Managers in Australasia*. Verlag: VDM Verlag Dr. Müler.
―――― & Ryan, I. (2009). A woman's place in hotel management: Upstairs or downstairs? *Gender in Management: An International Journal*, 24(3) : 195-210.
Nebel, Ⅲ. E. C., Lee, J. S. & Vidakovic, B. (1995). Hotel general managers career paths in the United States. *International Journal of Hospitality Management*, 13 (3/4) : 245-260.

Nieva, V. F. & Guteku, B. A. (1981). *Women and Work: A Psychological Perspective.* NY: Praeger.

Ng, C. W. (1993). Attitudes towards women as managers in some male-dominated professions in Hong Kong. In M. Orhant & R. I. Westwood (Eds.), *Proceedings of the First International Conference on Women in Management in Asia,* 51-64, HK: Chinese University of Hong Kong.

―― (1995). Hong Kong MBA students' attitudes towards women as managers: An empirical study. *International Journal of Management,* 12(4) : 454-459.

Ng, C. Q. & Pine, R. (2003). Women and men in hotel management in Hong Kong: Perceptions of gender and career development issues. *International Journal of Contemporary Hospitality Management,* 22(1) : 85-102.

Powers, T. (1992). *Introduction to Management in the Hospitality Industry.* NY: John Wiley & Sons.

―― & Barrows, C. W. (1999). *Introduction to Management in the Hospitality Industry* (6th Ed.). NY: John Wiley & Sons.

Pressor, H. (2004). Employment in a 24/7 economy: Challenges for the family. In A. C. Crouter & A. Booth (Eds.), *Work-Family Challenges for Low-income Parents and Their Children,* NJ: Lawrence Erlbaum, 83-106.

Purcell, K. (1996). The relationship between career and job opportunities: Women's employment in the hospitality industry as a microcosm of women's employment. *Women in Management Review,* 11(5) : 17-24.

Rapoport, R. N. & Rapoport, R. (1989). Dual-career families: The evolution of a concept. In E. Trist & H. Murray (Eds.), *The Social Engagement of Social Science: A Tavistock Anthology,* Vol.1, PA: University of Pennsylvania Press, 352-377.

Settles, I. H., Cortina, L. M., Malley J. & Stewart, A. J. (2006). The climate for Women in academic science: The good, the bad, and the changeable. *Psychology of Women Quarterly,* 30(1) : 47-58.

Sparrowe, R. T. & Iverson, K. M. (1999). Cracks in the glass ceiling? An empirical study of gender difference in income in the hospitality industry. *Journal of Hospitality and Tourism Research,* 23(1) : 4-20.

Swanljung, M. (1981). How hotel executives made climb to the top. *Cornell Hospitality Quarterly,* 22(1) : 30-34.

Walker, J. R. (2007). *Introduction to Hospitality Management (2nd Eds.).* NJ: Pearson Prentice Hall.

Welington, S. W. (1996). *Women in Corporate Leadership: Progress and Prospects.* NY: Catalyst.

Williamson, O. R. (1981). The economics of organization: The transaction cost ap-

proach. *American Journal of Sociology,* 87(3)：548-577.
Woods, R. H. & Kavanaugh, R. R. (1994). Gender discrimination and sexual harassment as experienced by hospitality industry managers. *Cornell Hospitality Quarterly,* 35(1)：16-21.
Woods, R. H., Schmidgall, R. S. & Rutherford, D. (1998). Hotel general managers: Focused on the core business. *Cornell Hospitality Quarterly,* 39(6)：38-45.
Woods, R. W. & Viehland, D. (2000). Women in hotel management. *Cornell Hospitality Quarterly,* 41(5)：51-54.
Yamashita, M. & Uenoyama, T. (2006). Boundaryless career and adaptive HR Practices in Japan's hotel industry. *Career Development International,* 11(3)：230-242.
飯嶋好彦（2007）.「わが国ホテル総支配人のキャリア・パス：その国際比較と今後の研究課題を中心に」『ツーリズム学会誌』7：1-17.
────（2008）.「わが国の女性ホテル従業員のキャリア意識」『ツーリズム学会誌』8：33-60.
上野山達也（2002）.「ホテル産業における人的資源管理の内的整合性と変革」『福島大学地域創造』14(2)：67-76.
運輸省大臣官房観光部（1970）.『ホテル業の現状と問題点』大蔵省印刷局.
金　蘭正（2003）.「ホテル従業員の職務意識に関する研究：正規・非正規社員の比較を中心に」『立教観光学研究紀要』5：35-42.
────（2004）.「日本のホテル業における雇用の"柔軟性"に関する研究」『観光研究』15(2)：9-18.
────（2007a）.「日本のホテル業における人的資源管理における"柔軟性"の研究」『立教観光学研究紀要』9：83-90.
────（2007b）.「日本のホテル業における非正規社員に対する人事管理制度化水準に関する研究」『東北亜観光研究（韓国）』3(1)：85-104.
月刊ホテル旅館（2009）.「ホテル・旅館の人材マネジメントの考え方　日本の宿　古窯」『月刊ホテル旅館』10月号, 42-44.
小池和男（1977）.『日本の労働組合と参加』東洋経済新報社.
────（1991）.『仕事の経済学』東洋経済新報社.
呉　美淑（1997a）.「日本のホテル業界の内部労働市場に関する一考察」『三田商学研究』40(1)：91-101.
────（1997b）.「従業員の教育訓練参加への影響要因に関する研究：ホテル業界の経営形態による差を中心として」『三田商学研究』40(5)：69-87.
崔　錦珍（2005）.「日本のホテル従業員の感情労働に関する研究」『立教観光学研究紀要』7：25-32.
────（2008）.「感情労働がホテル従業員の職務態度に及ぼす影響」『立教観光学研究紀

要』, 10:41-52.
佐藤万亀子(1986).「労働生活の精神的充足要因の検討:某ホテル従業員の意識調査結果に基づいて」『関西大学社会学部紀要』18(1):185-230.
佐野嘉秀(2002).「パート労働の職域と要員をめぐる労使交渉:ホテル業B社の事例」『大原社会問題研究所雑誌』521:1-19.
作古貞義(2002).「人材育成の視点 顧客満足と人財育成:ホテル産業の事例をもとに」『経営センサー』39:46-50.
財団法人女性職業財団(1991).『働く女性の能力活用研究会報告書:ホテル・旅館業』財団法人女性職業財団.
鈴木 博(1988).『ホテル』日本経済新聞社.
── ・大庭祺一郎(1999).『基本ホテル経営教本』柴田書店.
鈴木淳子(1997).『レクチャー社会心理学Ⅲ 性役割:比較文化の視点から』垣内出版.
武石恵美子(2006).『雇用システムと女性のキャリア』勁草書房.
竹田明弘(2009).「ホテルスタッフにおける職務満足」『和歌山大学観光学部設置記念論集』151-165.
仲谷秀一・杉原淳子・森重喜三郎(2006).『ホテル・ビジネス・ブック』中央経済社.
永宮和美(2008).『日本のホテル大転換』ダイヤモンド社.
西田憲正(2004).『東横インの経営術』日本評論社.
──(2005).「東横インの経営術 女性のセンスを生かして日本一のホテルチェーンを造る」『日経研月報』321:4-10.
西山徹也(2007).「ホテル宿泊サービス業の類型と顧客接点人材の採用・育成」『Works review』2:238-241.
日経ベンチャー(2004).「本に載ってない『必勝! 女性活用術』 東横イン西田憲正社長」『日経ベンチャー』239:40-43.
日本労働研究機構(1994).『ホテル・旅館業界の労働事情』日本労働研究機構.
能力開発21(2005).「企業は今 未経験女性社員をプロの支配人に育てる (株)東横イン」『能力開発21』26(4):6-9.
原 勉(1978).「ホテル業と旅行業における大卒従事者のキャリア形成に関する調査報告」『応用社会学研究』19:133-144.
村瀬慶紀(2007).「ホテル従業員に対する人事考課の公平理論の適用可能性」『東洋大学大学院紀要(国際地域学研究科)』44:59-71.
森田淳・橋本淳史(2009).「『宿泊特化ホテル』の開発上のポイントと今後の展望」,『月刊ホテル旅館』3月号,60-65.
吉田方矩(1999).「望ましいホテルマンの人間像と採用」『奈良県立大学研究季報』10(3):15-30.
──(2001a).「ホテルにおける従業員教育のあり方」『奈良県立大学研究季報』11

(3)：1-24.
―― (2001b).「日本のホテルの業績向上は如何なる人事評価制度の下で可能か」『奈良県立大学研究季報』12(2)：85-102.
―― (2003).「日本のホテルにおける雇用量と効率化」『奈良県立大学研究季報』14(2・3)：203-211.
―― (2004).『人材活用で生きるホテル現場：ホテル人的資源管理論』柴田書店.
劉　亨淑 (2002a).「ホテルにおける従業員の職務満足とデモグラフィック特性との関係性」『立教観光学研究紀要』4：27-34。
―― (2002b).「ホテルにおける従業員の転職性向とデモグラフィック特性との関係性」『総合観光研究』1：73-81.
―― (2002c).「ホテル業におけるコミュニケーション満足・職務満足・生産性に関する研究：構造方程式モデルを用いて」『観光研究』13(1/2)：11-20.
和田　烈 (2007).「ホテル業における非正規社員の活用に関する研究：働く側の職務意識の把握を中心に」『松蔭大学紀要』7：153-162.

第2章

Deloitte & Touche LLP (2007). *Hotel Benchmark: Annual Profitability Survey*. Deloitte & Touche LLP.
Knutson, B. J. & Schmidgall, R. S. (1999). Dimensions of glass ceiling in hospitality industry. *Cornell Hospitality Quarterly*, 40(6)：64-75.
オータパブリケイションズ (2009).『日本ホテル年鑑』オータパブリケイションズ.
厚生労働省大臣官房統計情報部 (2009).『保健・衛生行政業務報告（平成19年度）』財団法人厚生統計協会.
財団法人女性職業財団 (1991).『働く女性の能力活用研究会報告書：ホテル・旅館業』財団法人女性職業財団.
週刊ホテルレストラン (2009a).「2008年日本のホテルチェーン・グループ一覧」『週刊ホテルレストラン』1月4日号，74-104.
―― (2009b).「ホテル業界人意識調査　景気後退局面のいまホテル業界人は何を感じ，何を思っているのか」『週刊ホテルレストラン』2月6日号，63-42.
―― (2009c).「ホテルマンの賃金実態」『週刊ホテルレストラン』5月15日号，36-46.
作古貞義 (2002).『ホテル事業論　事業化計画・固定投資戦略論』柴田書店.
日本労働研究機構 (1994).『ホテル・旅館業界の労働事情』日本労働研究機構.
日経産業新聞 (2008).『日経市場占有率』日本経済新聞出版社.
労政時報 (2001a).「資料　ホテルの労働条件実態調査　正社員，パートタイマー等の賃金，労働時間，福利厚生の取り扱い」『労政時報』3509：66-71.
―― (2001b).「労働時間，休日日数2001年度所定労働時間と2000年度の年休取得・

時間外・総実労働」『労政時報』3505：4-11.
運輸省大臣官房観光部（1970）.『ホテル業の現状と問題点』大蔵省印刷局.
吉田方矩（2003）.「日本のホテルにおける雇用量と効率化」『奈良県立大学研究季報』14(2-3)：203-211.

第3章

Arnaldo, M. J. (1981). Hotel general managers: A profile. *Cornell Hospitality Quarterly*, 22 (3), 53-56.
Anderson, G. K. (1991). The education and training of general managers in Scotland. *International Journal of Contemporary Management*, 3(2)：26-29.
Baum, T. (1989). Managing hotels in Ireland: Research and development for change. *International Journal of Contemporary Hospitality Management*, 8(2)：131-144.
Bentivegna, A. & Sluder, L. III (1989). Hotel GMs bring diverse background to the job. *Lodging*, June, 61-62.
Diaz, P. & Umbreit, W. (1995). Women leaders: A new beginning. *Hospitality Research Journal*, 18(3)：47-60.
Flanders, M. L. (1994). *Breakthrough: The Career Woman's Guide to Shattering the Glass Ceiling*. London: Paul Chapman Publishing, 1-11.
Gamble, P., Lockwood, A. & Messenger, S. (1994). European management skills in the hospitality industry. *International Journal of Tourism Research*, 1(3)：167-193.
Guerrier, Y. (1987). Hotel managers' careers and their impact on hotels in Britain. *International Journal of Hospitality Management*, 6(3)：121-130.
―― & Lockwood, A. (1989). Developing hotel managers: A reappraisal. *International Journal of Hospitality Management*, 18(1)：9-15.
Harper, S., Brown, C. & Wilson, I. (2005). Qualifications: A fast-track to hotel general manager? *International Journal of Contemporary Hospitality Management*, 17 (1)：51-64.
Knutson, B. J. & Patton, M. E. (1992). How prepared am I to succeed in the hospitality industry? What the students are telling us. *Hospitality and Tourism Education*, 4(3)：38-43.
Ladkin, A. (2000). Vocational education and food and beverage experience: Issues for career development. *International Journal of Contemporary Hospitality Management*, 12(4)：226-233.
―― (2002). Career analysis: A case study of hotel general managers in Australia. *Tourism Management*, 23(4)：379-388.

―― & Juwaheer, R. (2000). The careers of hotel managers in Mauritius. *International Journal of Contemporary Hospitality Management*, 8(3): 215-225.

―― & Riley, M. (1996). Mobility and structure in the career paths of UK hotel managers: A labor market hybrid of the bureaucratic model? *Tourism Management*, 17(6): 443-452.

Nebel, Ⅲ. E. C., Lee, J. S. & Vidakovic, B. (1995). Hotel general managers career paths in the United States. *International Journal of Hospitality Management*, 13(3/4): 245-260.

Ng, C. W. & Pine, R. (2003). Women and men in hotel management in Hong Kong: Perceptions of gender and career development issues. *International Journal of Hospitality Management*, 22(1): 85-102.

Pickworth, J. R. (1982). Managerial jobs in chain organizations. *Cornell Hospitality Quarterly*, 22(4): 30-33.

Riley, M. (1990). Role of age distributions in career path analysis: An example of U.K. hotel managers. *Tourism Management*, 15(1): 38-44.

―― & Turam, K. (1989). The career paths of UK hotel managers: A developmental approach. *Signet Quarterly*, 1(1): 1-13.

Ruddy, J. (1989). Career development of hotel managers in Hong Kong. *International Journal of Hospitality Management*, 8(3): 215-225.

―― (1991). Patterns of hotel management development in South East Asia. *Hospitality Research Journal*, 14(2): 349-361.

Schmidt, W. I. (1961). *The Study of the Origins, Education and Occupational Definition of Hotel Managers as Related to Career Patterns of Security and Success*, Doctorial Dissertation, Michigan State University.

Swanljung, M. (1981). How hotel executives made climb to the top. *Cornell Hospitality Quarterly*, 22(1): 30-34.

Williams, P. W. & Hunter, M. (1992). Supervisory hotel employee perceptions of management careers and professional development requirements. *International Journal of Hospitality Management*, 11(4): 359-372.

Woods, R. H., Rutherford, D. G., Schmidgall, R. & Sciarini, M. (1998). Hotel general managers: Focused on the core business. *Cornell Hospitality Quarterly*, 39(6): 38-44.

Woods, R. W. & Viehland, D. (2000). Women in hotel management. *Cornell Hospitality Quarterly*, 41(5): 51-54.

飯嶋好彦 (2001). 「第3章 ホテル業における従業員の離職とそのインパクト」『サービス・マネジメント研究』文眞堂, 96-143.

稲垣 勉 (1992). 『ホテル用語辞典 (第2版)』トラベルジャーナル.

仲谷秀一 (2005). 『新総支配人論』嵯峨野書院.
原　忠之 (2009). 「米国のホスピタリティ経営モデルに学ぶ」『週刊ホテルレストラン』8月7日号, 62-64頁.

第4章

Brownell, J. (1994). Women hospitality managers: General managers' perceptions of factors related to career development. *International Journal of Hospitality Management*, 13(2) : 101-117.
Kattara, H. (2005). Career challenge for female managers in Egyptian hotels. *International Journal of Contemporary Hospitality Management*, 17(3) : 238-251.
Li, L. & Leung, R. W. (2001). Female managers in Asian hotels: Profile and career challenge. *International Journal of Contemporary Hospitality Management*, 13(4) : 189-196
Ng, C. W. & Pine, R. (2003). Women and men in hotel management in Hong Kong: Perceptions of gender and career development issues. *International Journal of Hospitality Management*, 22(1) : 85-102.
飯嶋好彦 (2007). 「わが国ホテル総支配人のキャリア・パス：その国際比較と今後の研究課題を中心に」『ツーリズム学会誌』7：1-17.
―― (2001). 「第3章　ホテル業における従業員の離職とそのインパクト」『サービス・マネジメント研究』文眞堂, 96-143.

第6章

Alliance for Work-life Progress (AWLP). (2004). *The Categories of Work-life Effectiveness, Successfully Evolving Your Organizations' Work-life Portfolio*. Alliance for Work-life Progress.
Brownell, J. (1994). Women hospitality managers: General managers' perceptions of factors related to career development. *International Journal of Hospitality Management*, 13(2) : 101-117.
Deery, M. A. & Shaw, R. N. (1999). An investigation of the relationship between employee turnover and organizational culture. *Journal of Hospitality & Tourism Research*, 23(4) : 387-400.
Dex, S. & Scheibl, F. (1999). Business performance and family-friendly policies. *Journal of General Management*, 24(4) : 22-37.
Eagly, A. & Carli, L. (2007). *Through the Labyrinth: The Truth About How Women Become Leaders*. MA: Harvard Business School Press.

Mulvaney, R. H., O'Neill, J. N., Cleveland, J. N. & Crouter, A. C. (2007). A model of work-family dynamics of hotel managers. *Annals of Tourism Research.* 34(1): 66-87.

Ng, C. W. & Pine, R. (2003). Women and men in hotel management in Hong Kong: Perceptions of gender and career development issues. *International Journal of Hospitality Management,* 22(1): 85-102.

Pizam, A. & Thornburg, S. W. (2000). Absenteeism and voluntary turnover in Central Florida hotels: A pilot study. *International Journal of Hospitality Management,* 19(2): 211-217.

Rosin, H. M. & Korabik, K. (1990). Marital and family correlates of women managers' attrition from organizations. *Journal of Vocational Behavior,* 37(1): 104-120.

Rowley, G. & Purcell, K. (2001). 'As cooks go, she went': Is labor churn inevitable? *International Journal of Hospitality Management,* 20(2): 163-185.

Stalcup, L. D. & Pearson, T. A. (2001). A model of the causes of management turnover in hotels. *Journal of Hospitality & Tourism Research,* 25(1): 17-30.

Trost, C. (1990). Women managers quit not for family but to advance their corporate climb. *Wall Street Journal,* May2, B1-B2.

Urry, J. (1990). *The Tourist Gaze: Leisure and Travel in Contemporary Societies.* CA: Sage Publications.

Watanabe, S., Takahashi, K. & Minami, T. (1997). The emerging role of diversity and work-family values in global context. In E. P. Christopher & E. Miriam (Eds.), *New Perspectives on International Industrial/Organizational Psychology.* CA: The New Lexington Press, 276-318.

Wong, S. C. & Ko, A. (2009). Exploratory study of understanding hotel employees' perception on work-life balance issues. *International Journal of Hospitality Management,* 28(2): 195-203.

旭　健治 (2004).「事例　新阪急ホテルにおけるパートタイマー・契約社員の活用 (特集　有期雇用をめぐる諸課題)」『関西経協』58(12): 24-26.

飯嶋好彦 (2001).「第3章　ホテル業における従業員の離職とそのインパクト」『サービス・マネジメント研究』文眞堂, 96-143.

小川　穣 (2007).「パンパシフィックホテル横浜での人材育成について」『産業訓練』2: 8-13.

奥津眞里 (2009).「主婦の再就職と働き方の選択」『日本労働研究雑誌』586: 68-77.

小野晶子 (2001).「大型小売業における部門の業績管理とパートタイマー」『日本労働研究雑誌』498: 99-109.

禿あや美 (2003).「小売業における処遇制度と労使関係：パート労働の職域拡大が持

つ意味」『社会政策学会誌第9号　雇用関係の変貌』法律文化社.
金井篤子（2002）.「ワーク・ファミリー・コンフリクトの規定因とメンタルヘルスの影響に関する心理的プロセスの検討」『産業・組織心理学研究』15(2)：107-122.
川本裕子（2004）.「女性を活用する会社は滅ぶ」『日経ビジネス』12月6日号，102-103.
財団法人女性職業財団（1991）.『働く女性の能力活用研究会報告書：ホテル・旅館業』財団法人女性職業財団.
財団法人21世紀職業財団（2006）.『パートタイム労働者実態調査報告書』財団法人21世紀職業財団.
佐野嘉秀（2000）.「パート労働の職域と労使関係：百貨店A社の事例」『日本労働研究雑誌』481：12-25.
佐藤博樹・佐野嘉秀・原ひとみ（2003）.「雇用区分の多元化と人事管理の課題：雇用区分間の均衡処遇」『日本労働研究雑誌』518：31-46.
週刊ホテルレストラン（2009e）.「ホテルウーマンへのアンケート」『週刊ホテルレストラン』8月21日号，50-54.
——（2009d）.「階層別人材育成の現状と課題」『週刊ホテルレストラン』6月19日号，42-45.
——（2009f）.「ホテルが取り組む女性支援策＆キャリア構築支援　一人一人の能力，状況に応じて活躍のチャンスを与える」『週刊ホテルレストラン』8月21日号，66-67.
鈴木淳子・柏木惠子（2006）.『ジェンダーの心理学：心と行動への新しい視座』培風館.
総理府（2000）.『男女共同参画社会に関する世論調査　男性のライフスタイルを中心に』総理府内閣総理大臣官房広報室.
武石恵美子（2000）.「就業形態多様化の動きと処遇の実態」『ニッセイ基礎研report』40：9-14.
——（2003）.「非正規労働者の基幹労働力化と雇用管理」『日本労務学会誌』5(1)：2-11.
——（2005）.「企業が取り組む次世代育成支援：ワーク・ライフ・バランスの取り組みを提案する」『ニッセイ基礎研report』94：18-23.
——（2006）.「企業からみた両立支援策の意義　両立支援策の効果研究に関する一考察」『日本労働研究雑誌』48(8)：19-33.
竹澤史江（2007）.「組織社会化における意味形成とキャリア開発　プロティアン・キャリアと職業威信を用いた検討」『キャリア開発論集』3：13-21.
徳永英子（2006）.「女性のキャリア形成におけるライフ・イベントの影響」『Works』12(1)：19-21.
長瀬弥生（1999）.「父母と共につくる保育内容」『季刊保育問題研究』179：115-119.

日経ビジネス (2001).「できる人材を逃すな！ 採用で成功する4つの秘訣」『日経ビジネス』, 4月30日号, 26-29.
日経MJ (2009).「自分の振る舞いをビデオでチェック, 担当者の『支援日記』で助言」『日経MJ』2月13日号, 9.
日本労働研究機構 (1994).『ホテル・旅館業界の労働事情』日本労働研究機構.
原田順子 (2005).「増加する非典型雇用 人材ポートフォリオ, 日本的労使関係からの考察」『放送大学研究年報』23：45-50.
御船美智子 (2008).「家庭と職場のあり方とジェンダーセンシティブなワーク・ライフ・バランス論をめざして」山口一男・樋口美雄編『論争 日本のワーク・ライフ・バランス』日本経済新聞出版社, 82-105.
劉 亨淑 (2002).「ホテルにおける従業員の転職性向とデモグラフィック特性との関係性」『総合観光研究』1：73-81.
労働政策研究・研修機構 (2006).『仕事と育児の両立支援 企業・家庭・地域の連携を』労働政策研究・研修機構.

第7章

Bass, B. M. & Avolio, B. J. (1994). Transformational leadership and organizational culture. *International Journal of Public Administration,* 17(3)：541-554.
Brownell, J. & Walsh, K. (2008). Women in hospitality. In B. Brotherton & R. C. Wood (Eds.), *The SAGE Handbook of Hospitality Management,* 107-128. London: Sage, 107-128.
Carbasho, T. (2002). Survey offers insight into what female business travelers seek. *Pittsburg Business Times,* September 26, 7：24.
Cleaveland, J. N., O'Neil, J. W., Himelright, J. L., Harrison, M. M., Oruter A. C. & Drogo, R. (2007). Work and family issues in the hospitality industry: Perspectives of entrants, managers, and spouses. *Journal of Hospitality & Tourism Research,* 31 (3)：275-298.
Dittmer, P. R. & Griffin, G. G. (1992). *Dimensions of The Hospitality Industry: An Introduction.* NY: Van Norstrand Reinhold.
Hall. D. T. (1976). *Careers in Organizations.* IL; Scott Foresman.
—— (2002). *Careers In and Out of Organizations.* CA: Sage.
Hamilton, C. (1999). You are getting sleepy: Do women make better business travelers than men? *CMA Management,* 73(7)：38.
Harrison, D. H., Price, K. H., Gavin, J. H. & Florey, A. T. (2002). Time, teams, and task-performance: Changing effects of surface- and deep-level diversity on group functioning. *Academy of Management Journal,* 45(5)：1029-1045.

Jackson, S. E., Aparma, J. & Nicolas, L. E. (2003). Recent research on team and organizational diversity: SWOT analysis and implications. *Journal of Management*, 29(6) : 801-830.

Kanter, R. M. (1977). *Men and Women of the Corporation*. NY: Basic Books.

—— (1983). *The Change Masters: Innovations for Productivity in The American Corporation*. NY: Simon and Schuster.

Levine, J. M. & Moreland, R. L. (1998). Small groups. In D. T. Gilbert, S. T. Fiske, & G. Lindzey (Eds.), *The Handbook of Social Psychology* (4th ed., Vol. 2). Boston: McGraw-Hill, 415-469.

Maxwell, G. A. (1997). Hotel general management: Views from above the glass ceiling. *International Journal of Contemporary Hospitality Management*, 9(5/6) : 230-235.

McCoy-Ullric, D. (2002). Travel industry responds to women' security needs. *Road and Travel, Magazine*, 1 : 5-7.

Munck, B. (2001). Changing a culture of face time. *Harvard Business Review*, 79(10) : 125-131.

Ng, C. W. & Pine, R. (2003). Women and men in hotel management in Hong Kong: Perceptions of gender and career development issues. *International Journal of Hospitality Management*, 22(1) : 85-102.

Rosener J. B. (1990). Ways women lead. *Harvard Business Review*, 68(6) : 119-25.

Sharkey, J. (2002). The hotel industry is increasingly paying attention to the number of women on the road. *The New York Times*, June 7 : C.10.

Shirley, S. (1995). Getting the gender issues on the agenda. *Professional Manager*, January, 12-14.

Smith, P. L. & Smits, S. J. (1994). The feminization of leadership? *Training and Development*, 48(2) : 43-46.

Taylor, A. (2006). "Bright lights" and "twinkies" : Career pathways in an education market. *Journal of Education Policy*, 21(1) : 35-57.

Thomas, L. T. & Ganster, D. C. (1995). Impact of family-supportive work variables on work-family conflict and strain: A control perspective. *Journal of Applied Psychology*, 80(1) : 6-15.

Thompson, C. A., Beaurais, L. L. & Lyness, K. S. (1999). When work-family benefits are not enough: The influence of work-family conflict. *Journal of Vocational Behavior*, 54(3) : 392-415.

Waterman, R. H. Jr., Waterman, J. A. & Collard, B. A. (1994). Toward a career-resilient workforce. *Harvard Business Review*, 72(4) : 87-95.

Wong, S. C. & Ko, A. (2009). Exploratory study of understanding hotel employees'

perception on work-life balance issues. *International Journal of Hospitality Management,* 28(2): 195-203.
阿部正浩 (2007)「ポジティブ・アクション，ワーク・ライフ・バランスと生産性」『季刊・社会保障研究』43(3): 184-196.
阿部正浩・黒沢昌子 (2005).「両立支援と企業業績」『両立支援と企業業績に関する研究会報告書』株式会社ニッセイ基礎研究所，145-160.
阿部亮一・中田正則 (2008).「京王プラザホテル　トータル人材育成システムの一環として『役割等級』を基軸に，人材・企業価値の創造・向上を図る」『人事実務』45(1043): 14-18.
荒金雅子 (2006).「同質化でなく『異質』を尊重しあうことで組織能力の最大化を　2006年度の組織・人事戦略のためのダイバーシティ・マネジメントの手法と実践」『Omni-management』15(2): 8-11.
――― (2008).「働き方の変革『ワーク・ライフ・バランス』を考える」『労政時報』3729: 53-70.
有村貞則 (2006).「組織の存亡をかけて米国で誕生。取り組みの成否を分けるトップの対応　ダイバーシティ・マネジメントとは何か，企業にもたらすメリットと留意点は」『Omni-management』15(2): 2-7.
石倉洋子 (2008).「『組織の怠惰』が女性活用を阻んでいる」『Diamond ハーバード・ビジネス・レビュー』33(6): 52-55.
運輸省大臣官房観光部 (1970).『ホテル業の現状と問題点』大蔵省印刷局.
牛尾奈緒美 (2002).「アメリカ型アファーマティブアクションの日本への導入　日本的なジェンダー・マネジメントの構築に向けて」『三田商学研究』45(5): 155-173.
江上節子 (2006).「新たなビジネスモデルと女性の能力発揮」『経営システム』16(1): 4-9.
太田　肇 (2000).『「個力」を活かせる組織』日本経済新聞社.
荻野勝彦 (2003).「ダイバーシティ・マネジメント　多様な人材を活用する」『労基旬報』231: 4-5.
海上周也 (2006).「自立型社員養成に『職業能力評価基準』をどう利用すればよいか　会社が求める人材要件や行動基準の明確化が鍵となる」『企業と人材』39(874): 24-31.
河北新報 (2009).「女性用サービスでハートをつかめ　仙台中心部・新規開業ホテル」10月1日.
川本裕子 (2004).「女性を活用する会社は滅ぶ」『日経ビジネス』12月6日号，102-103.
木村吾朗 (1994).『日本のホテル産業史』近代文藝社.
木谷　宏 (2008).「ダイバーシティ・マネジメント入門　ダイバーシティ・マネジメントの現状と展望」『人事実務』45(1048): 46-50.

経済産業省（2005）.『男女共同参画に関する調査：女性人材活用と企業の経営戦略の変化に関する調査』経済産業省.
月刊人事労務（2002）.「㈱ダイエーの契約区分制度：能力とヤル気を重視したパート社員の活用」『月刊人事労務』14(7)：7-12.
河野靖彦（2004）.「ダイエーの契約区分制度CAP」奥林康司・平野光俊編著『フラット型組織の人事制度』中央経済社，19-34.
小杉俊哉（2004）.「自律的キャリア開発とキャリア・コンピタンシー　キャリア自律のためのプログラムを中心に」『企業と人材』37(847)：11-17.
財団法人女性職業財団（1991）.『働く女性の能力活用研究会報告書：ホテル・旅館業』財団法人女性職業財団.
財団法人21世紀職業財団（2007）.「女性社員のモチベーション・アップと幹部候補育成のため，『女性プロジェクト』を発足」『ESSOR』124（http://www.kintou.jp/essor/124.html，2008年9月9日アクセス）.
佐藤博樹（2008）.「営業ウーマン，その限りない可能性　『男性』『女性』という発想が，女性の活躍の場を狭めている」『ダイヤモンド・ビジョナリー』44(6)：28-32.
総合資料Ｍ＆Ｌ（1994）.「プロ社員を管理職と同等に処遇　京王プラザ　部長並みのエキスパート手当を支給」『総合資料Ｍ＆Ｌ』12月1日号，14-18.
武石恵美子（2006）.「企業からみた両立支援策の意義：両立支援策の効果研究に関する一考察」『日本労働研究雑誌』48(8)：19-33.
田中　勝（2009）.「ウーマンパワーの活用　パラダイムシフトを乗り越え，活力あるホテル業界の発展を目指して」『週刊ホテルレストラン』8月21日号，60-62.
谷口真美（2005）.『ダイバシティ・マネジメント：多様性をいかす組織』白桃書房.
土井久太郎（2002）.「これからの女性マーケット戦略戦術を考える　女性客を魅了するホテルだけが栄える？」『山梨学院大学商学論集』28：53-71.
日経連研究会（2001）.「日本型ダイバーシティ・マネジメント　人材と働き方の多様化が競争力の源に　女性や高齢者など法制度に基づく多様化から戦略発想へ転換必要」『賃金・労務通信』54(26)：18-20.
日本経済新聞（2008）.「ホテルオークラ福岡に仏最高級エステサロン『ゲラン　パリ』」1月12日，九州経済面.
――（2009）.「ヴィーナスプロジェクト（千葉そごう）　20代女性チーム，商戦を演出（ちばの風）」6月19日，地方経済面（千葉），3.
日経ビジネス（2004）.「野口弘子（パークハイアット東京セールス＆マーケティング支配人）真摯な働きでホテルの要に」『日経ビジネス』12月6日号，96-98.
西日本新聞（2009）.「『女性仕様』広がる　鹿児島市内のホテル」10月4日.
西山徹也・益田勉（2006）.「多様な人が生き生きと働ける『ユニバーサル』組織」『Works Review』1：134-147.

ニュー人事システム（1994）.「"その道のプロ"を生かす専門職制度　京王プラザホテル」『ニュー人事システム』4月号, 39-47.
本橋恵一（2008）.「ジェンダーの違いをパフォーマンスに活かす　女性の強みは強みとする　IHG・ANA・ホテルズグループジャパン人材開発担当部長神保美由紀」『ダイヤモンド・ビジョナリー』44(6)：43-45.
正木祐司・前田信彦（2003）.「オランダにおける働き方の多様化とパートタイム労働」『大原社会問題研究所雑誌』535：1-13.
南　敦子（2001）.「コロンブスの林檎　商品開発物語21　帝国ホテル『レディース・フライデー』」『エコノミスト』79(48)：68-69.
森沢　徹・木原裕子（2006）.「女性社員の活用を経営戦略として実践するには：女性社員を起点に社員一人ひとりの多様性を活用して経営的リターンを」『Omni-management』15(2)：12-15.
山岸俊男（1998）.『信頼の構造』東京大学出版会.
労政時報（2002a）.「特集脱正社員化　パートタイマー戦力化の最新事例1　ダイエー　働き方で決定する契約区分と仕事に基づき処遇, 店長への抜てきも」『労政時報』3551：3-9.
――（2002b）.「特集脱正社員化　パートタイマー戦力化の最新事例4　ファーストリテイリング　個人の働き方に配慮し, 行き来自由な四つの契約形態を用意」『労政時報』3551：25-29.
労政ファイル（2002）.「ダイエーの契約区分制度『CAP』：正社員, パートの垣根外し幅広い人材登用」『労政ファイル』10月1日号, 13-18.
渡辺　峻（2000）.「第3章　現代の企業社会と経営学を学ぶ意義」片岡信之ほか『はじめて学ぶ人のための経営学』文眞堂, 35-52.
渡辺木綿子（2009）.「正社員登用事例にみる雇用の多元化と転換の現状」『日本労働研究雑誌』586：49-58.

終章

Arthur, M. B. (1994). The boundaryless career: A new perspective for organizational inquiry. *Journal of Organizational Behavior,* 15(4)：295-306.
Bonn, A. B. (1992). Reducing turnover in the hospitality industry: An overview of recruitment, selection and Retention. *International Journal of Hospitality Management,* 11(1)：47-63.
Brizendine, L. (2008). One reason women don't make it to the C-Suit. *Harvard Business Review,* 86(6)：36.
Brownell, J. (1993). Communicating with credibility: The gender gap. *Cornell Hospitality Quarterly,* 44(2)：52-61.

Davis, S. M. (1983). Management model for the future. *New Management*, Spring, 12-15.
Hall, D. T. (1976). *Careers in Organizations*. IL; Scott Foresman.
Hewlett, S. A. & Luce, C. B. (2005). On ramps and off ramps: Keeping talented women on the road to success. *Harvard Business Review*, 83(3) : 43-54.
Heskett, J., Jones, T. O., Loveman. G. W., Sasser, W. E. Jr. & Schlesinger, L. A. (1994). Putting the service profit chain to work. *Harvard Business Review*, 72(2) : 164-174.
Higgins, C., Duxbury, L. & Johnson, K. L. (2000). Part-time work for women: Does it really help balance work and family? *Human Resource Management*, 39(1) : 17-32.
Ibarra, H. (2003). *Working Identity: Unconventional Strategies for Reinventing Your Career*. MA: Harvard Business School Press.
Jackson, L. A., Gardner, P. D. & Sullivan, L. A. (1992). Explaining gender differences in self-pay expectations: Social comparison standards and perceptions of fair pay. *Journal of Applied Psychology*, 77(5) : 651-663.
Johnes, D. (2003). Few women hold top executive job, even when CEOs are female. *USA Today*, 22 January, 1-2B.
Kattara, H. (2005). Career challenge for female managers in Egyptian hotels. *International Journal of Contemporary Hospitality Management*, 17(3) : 238-251.
Klenke, K. (2003). Gender influences in decision-making processes in top management teams. *Management Decision*, 41(10) : 1024-1034.
Major, B. & Konar, E. (1984). An investigation of sex difference in pay expectations and their possible causes. *Academy of Management Journal*, 27(4) : 777-791.
Moen, P. & Roehling, P. V. (2005). *The Career Mystique: Cracks in The American Dream*. Boulder: Rowman & Littlefield.
Mooney, S. & Ryan, I. (2009). A woman's place in hotel management: Upstairs or downstairs? *Gender in Management: An International Journal*, 24(3) : 195-210.
Moore, D. P. (2000). *Careerpreneurs: Lessons from Leading Women Entrepreneurs on Building A Career Without Boundaries*. CA: Davie-Black Publishing.
Nieva, V. F. & Guteku, B. A. (1981). *Women and Work: A Psychological Perspective*. NY: Praeger.
Presser, H. B. (2004). Employment in a 24/7 Economy. In A. Crouter and A. Booth (Eds.), *Work-Family Challenges for Low-Income Parents and Their Children*. NJ: Erlbaum, 83-106.
Story, L. (2005). Many women at elite colleges set career path to motherhood. *New York Times*, September 20 (http://hcwc.fas.harvard.edu/NYT%20Women%20

at%20Elite%20 Colleges.pdf 2009年12月6日閲覧).
Yamashita, M. & Uenoyama, T. (2006). Boundaryless career and adaptive HR Practices in Japan's hotel industry. *Career Development International*, 11(3): 230-242.
浅海典子 (2001).「情報通信機器営業職場における課業編成:『女性事務労働は定型・補助』通説の検証」『日本労働研究雑誌』498: 87-98.
—— (2006).『女性事務職のキャリア拡大と職場組織』日本経済評論社.
飯嶋好彦 (2001).「第3章 ホテル業における従業員の離職とそのインパクト」『サービス・マネジメント研究』文眞堂, 96-143.
—— (2007).「わが国ホテル総支配人のキャリア・パス:その国際比較と今後の研究課題を中心に」『ツーリズム学会誌』7: 1-17.
—— (2008).「わが国の女性ホテル従業員のキャリア意識」『ツーリズム学会誌』8: 33-60.
井門隆夫 (2003).「旅館業を取り巻く環境変化と再生の意義」『旅館・ホテル業の再生と実務』経済法令研究会, 4-10.
上野山達也 (2002).「ホテル産業における人的資源管理の内的整合性と変革」『福島大学地域創造』14(2): 67-76.
海老原靖也 (2007).「再生をめざす旅館の最重要課題」『月刊ホテル旅館』2月号, 128-130頁.
大内章子 (1999).「大卒女性ホワイトカラーの企業内キャリア形成:総合職・基幹職の実態調査より」『日本労働研究雑誌』471: 15-28.
木村吾郎 (2006).『日本のホテル産業100年史』明石書店.
金 蘭正 (2004).「日本のホテル業における雇用の"柔軟性"に関する研究」『観光研究』15(2): 9-18.
呉 美淑 (1997a).「日本のホテル業界の内部労働市場に関する一考察」『三田商学研究』40(1): 91-101.
—— (1997b).「従業員の教育訓練参加への影響要因に関する研究 ホテル業界の経営形態による差を中心として」『三田商学研究』40(5): 69-87.
合谷美江 (1998).『女性のキャリア開発とメンタリング』文眞堂.
駒川智子 (1998).「銀行における事務職の性別職務分離 コース別人事管理制度の歴史的位置付け」『日本労働社会学会年報』9: 151-175.
—— (2007).「女性事務職のキャリア形成と女性活用:ジェンダー間職務分離の歴史的形成・変容過程の考察」『大原社会問題研究所雑誌』582: 31-56.
佐藤博樹 (2008).「営業ウーマン,その限りない可能性 『男性』『女性』という発想が,女性の活躍の場を狭めている」『ダイヤモンド・ビジョナリー』44(6): 28-32.
杉田あけみ (2004).「多様な人材を活かす戦略 ダイバーシティ・マネジメント (2)

ポジティブ・アクション」『Management Consultant』628：17-23.
鈴木真理子（2003）．「女性ソーシャルワーカーのキャリア発達とライフヒストリー研究：その1　キャリア理論の変化と専門職アイデンティティ」『岩手県立大学社会福祉学部紀要』6(1)：63-70.
高野良子・明石要一（1992）．「女性校長のキャリア形成の分析：職業生活と意識に関する全国調査を中心として」『千葉大学教育学部研究紀要第一部』40：139-156.
田中　勝（2009）．「ウーマンパワーの活用　パラダイムシフトを乗り越え，活力あるホテル業界の発展を目指して」『週刊ホテルレストラン』8月21日号，60-62.
徳江順一郎（2006）．「地方宿泊産業の潮流　旅館と海岸のリゾートを中心とした変遷」『経営行動研究年報』15：39-43.
徳永英子（2006）．「女性のキャリア形成におけるライフ・イベントの影響」『Works』75：19-21.
冨田安信（1992）．「女性営業職の育成と動機づけ」『大阪府立大學經濟研究』36(4)：131-144.
土井久太郎（1999）．『よくわかるホテル業界』日本実業出版社.
中村　裕（2009）．「客観情勢は極めて厳しいが，一筋の光明も　観光庁の発足，そしてキーワードは『官民一体』」『週刊ホテルレストラン』1月9日号，42-43.
永宮和美（2008）．『日本のホテル大転換』ダイヤモンド社.
原　勉（1978）．「ホテル業と旅行業における大卒従事者のキャリア形成に関する調査報告」『応用社会学研究』19：133-144.
原　琴乃・松繁寿和（2003）．「昇進競争における学歴と性別：百貨店業の事例」『国際公共政策研究』17(2)：1-19.
原　ひろ子（1999）．『女性研究者のキャリア形成』勁草書房.
細谷亮夫（2003）．「銀行（債権者）からみた温泉旅館の特徴と経営上の問題点」『旅館・ホテル業の再生と実務』経済法令研究会，19-24.
本木喜美子（2003）．『女性労働とマネジメント』勁草書房.
山下昌美（1994）．『現代労務管理の再構築』白桃書房.
劉　亨淑（2002）．「ホテルにおける従業員の職務満足とデモグラフィック特性との関係性」『立教観光学研究紀要』4：27-34.
脇坂　明（1986）．「スーパーにおける女性労働」『岡山大学経済学会雑誌』17(3)：495-508.
――（1993）．「職場類型からみた日本企業の女性活用」『社会政策学会年報』37：43-58.

あとがき

Pizam, A. (2006). The new gender gap. *International Journal of Hospitality Manage-*

ment, 25(4): 533-535.

大久保幸夫 (2007).「転職の常識は本当か」『一橋ビジネスレビュー』55(3): 34-46.

小杉俊哉 (2004).「自律的キャリア開発とキャリア・コンピタンシー：キャリア自律のためのプログラムを中心に」『企業と人材』37(847): 11-17.

索　引

あ　行

育児休業制度　246
エンプロイヤビリティ　18, 234, 293

か　行

ガラスの天井　21, 22, 30, 72-74, 77, 80, 82, 129, 138, 271, 274, 292, 296
ガラスの天井理論　77, 295, 296, 297
簡易宿泊所　38
キャリア
　――阻害要因　74
　――の成功　23, 78, 79, 84, 235, 298
　――の横幅　48
　組織境界のない――（開発）　53, 54, 277-280, 294
キャリア開発　281
　――上の阻害要因　84, 271
　――を妨げる時間の障壁　274, 276
　自主的な――　279, 294
　伝統的な――手法　280, 281
キャリア観　78, 177
　自己志向的な――　79
　伝統的な――　22, 23, 292
キャリア・ステージ　286
キャリア・パス　15, 22, 26, 30, 55, 115, 117, 134, 138, 201, 204, 205, 261, 272, 273, 278, 279
キャリア満足度　288
キャリア・モデル　26, 30, 115, 271, 272
京王プラザホテル　248, 249, 250, 251, 286
下宿　38, 39

顧客との相互作用性　5, 8
顧客満足　288
顧客ロイヤリティ　288
国際観光ホテル整備法　39, 84
国際的なホテル分類　40, 43, 44, 45
コミュニティホテル　43, 46

さ　行

サービス
　無形性　4, 5
　顧客との相互作用性　3, 4
　デリバリー・システム　1, 6, 8, 9, 287, 289
　プロフィット・チェーン理論　288
CAP 制度　252, 254, 255
ダイエー――　251, 253, 254, 286
ジェンダー・ダイバーシティ　234
時短勤務制度　245
宿泊特化型ビジネスホテル　43
職業能力評価基準　257, 258, 259, 261
女性的なリーダーシップスタイル　243
自律的なキャリア社会　298, 299
正規・非正規従業員間の均衡処遇　225
性による分離　71, 77, 82, 138, 271
セクシャル・ハラスメント　236
総支配人　14, 15, 19, 22, 23, 26, 30, 54, 55, 71, 73, 78, 82, 114, 117, 138, 201, 209, 210, 211, 215, 272

た　行

ダイバーシティ・マネジメント　12, 13, 25, 32, 33, 221, 229-231, 236, 237, 240, 261, 262, 266, 301, 303, 305

3輪構造の―― 304
多重役割　217, 218
帝国ホテル　237, 238, 239, 244
トークン集団　242
都市ホテル　37, 44

　　　　な　行

内部サービス　288, 289

　　　　は　行

バック・オフィス　6, 7, 9
ビジネスホテル　37, 43, 45
非正規従業員
　　――の質的基幹化　103, 224, 225
　　――の量的基幹化　102, 247
複線型人事制度　26, 32, 33, 230, 246,
　249, 255, 256, 257, 266, 267, 270, 274,
　286, 293, 304
　　3次元構造の――　293, 303, 304,
　　310
物理的環境　7
フル・サービス型ホテル　40-43, 45,
　106
プロティアン・キャリア理論　294
フロント・オフィス　6, 7, 9
　　――従業員　6, 8, 9, 10, 288
ポジティブ・アクション　25, 242, 244,
　245
　　――制度　33, 231, 245, 266, 267, 274,
　　301, 302, 303
ホテル
　　――の構造および設備　39, 84
　　――の定義　38
　　――の分類手法　38, 40

ホテルオークラ東京ベイ　238, 239, 245
ホテル館　42, 87

　　　　ま　行

マネジメント
　インフラストラクチャー　1, 288
　女性化　19, 243

　　　　ら　行

ライフ・イベント　292
ライフ・ステージ　271, 272, 293, 299,
　300
ラグジャリー型都市ホテル　45, 46
離職の組織外インパクト　11
リゾートホテル　37, 42, 45
リミテッド・サービス型ホテル　40,
　41, 43, 45, 48, 116
旅館　38, 39
　　――の構造および設備　39, 84
旅館業法　37, 38, 84
旅館業法施行令　39
ロールモデル　242, 243, 244, 308

　　　　わ　行

ワーク・ファミリー・コンフリクト
　　　　　　　　　　218, 244, 264
ワーク・ライフ・バランス　25, 28, 32,
　82, 220, 227, 244, 245, 265, 274, 293,
　298
　　――の困難　32, 75
　　――制度　33, 230, 245, 246, 262, 266,
　　267, 277, 301, 302, 303

著者略歴

飯嶋　好彦（いいじま　よしひこ）

現　　職：東洋大学国際地域学部国際観光学科教授
1956年　神奈川県横浜市生まれ
京浜急行電鉄株式会社，東洋大学短期大学観光学科を経て現職
博士（経営学）

専門分野・サービス・マーケティング＆マネジメント，ホテル経営

主要著書・論文
飯嶋好彦(1993)『サービス・マネジメント研究　わが国のホテル業をめぐって』文眞堂
飯嶋好彦(2008)「わが国の女性ホテル従業員のキャリア意識」『ツーリズム学会誌』8：33-60
飯嶋好彦(2007)「わが国ホテル総支配人のキャリア・パス：その国際比較と今後の研究課題を中心に」『ツーリズム学会誌』7：1-17
飯嶋好彦(2006)「中国における内資ホテルの活性化戦略」『国際観光学会論文集』13：4-10
飯嶋好彦「中国国有ホテル改革とその課題」『ERINA REPORT』68：43-48

フル・サービス型ホテル企業における女性の人的資源管理

2011年10月30日　第1版第1刷発行

著　者　飯　嶋　好　彦
発行者　田　中　千津子
発行所　株式会社　学　文　社
〒153-0064　東京都目黒区下目黒3－6－1
電話（03）3715-1501(代)　振替 00130-9-98842
http://www.gakubunsha.com

落丁・乱丁の場合は，本社にてお取替します
定価は，売上カード・カバーに表示してあります

印刷／新灯印刷㈱
〈検印省略〉

ISBN 978-4-7620-2222-7
© 2011　IIJIMA YOSHIHIKO　Printed in Japan